"十二五"职业教育国家规划教材

经全国职业教育教材审定委员会审定

高职高专经管类核心课教改项目成果系列规划教材

财务管理

（第二版）

王希旗　主编

王红珠　吴　岩　副主编

科学出版社

北　京

内 容 简 介

根据《企业会计准则》、《企业财务通则》和《企业所得税法》等法律法规，本书从编写体例、内容组织、案例选择等方面对第一版进行了全面修订。从企业财务管理的基本要求出发，在内容组织上，以财务决策为核心，紧扣财务管理环节的主题内容，以资金管理过程为主线构建教材的逻辑体系；在体系编排上，采用新的体例；在编写风格上，更重视基础知识的阐述，而不是公式的列示；融入思维引导元素，使教材更加贴近教学需求；将最新的贴近财务管理的仿真实训案例、参考案例纳入本教材，以培养学生运用所学知识解决实际问题的能力。

本书可供职业院校经管类专业、成人高等学校各专业财务管理课程作为教材使用，亦可供相关社会人士参考。

图书在版编目（CIP）数据

财务管理/王希旗主编. —2 版. —北京：科学出版社，2014
（“十二五”职业教育国家规划教材）
ISBN 978-7-03-041696-4

I. ①财… II. ①王… III. ①财务管理-高等职业教育-教材 IV. ①F275

中国版本图书馆 CIP 数据核字（2014）第 196433 号

责任编辑：田悦红 朱大益 / 责任校对：王万红
责任印制：吕春珉 / 封面设计：东方人华平面设计部

科学出版社 出版
北京东黄城根北街 16 号
邮政编码：100717
http://www.sciencep.com
北京中科印刷有限公司 印刷
科学出版社发行 各地新华书店经销
*
2008 年 7 月第 一 版 开本：787×1092 1/16
2014 年 12 月第 二 版 印张：17 1/4
2021 年 7 月第七次印刷 字数：409 000

定价：49.00 元

（如有印装质量问题，我社负责调换〈中科〉）
销售部电话 010-62134988 编辑部电话 010-62138978-2018

第二版前言

《财务管理（含实训与案例）》是我们于 2008 年编写出版的含理论和实训与案例的综合性教材，自出版以来，经过 6 年多的使用，受到了广大师生的广泛认可，很好地满足了专业教学需求，使用情况和反响很好。

经过多年课程建设与教材开发的探索和实践，我们深感教材内容及结构随着课程改革需要同步改革的重要性。为了使本书更加符合职业岗位和课程教学改革的实际需要，也为了更加方便地满足教师和学生的使用，借成功申报国家“十二五”职业教育国家规划教材的契机，在第一版的基础上，经过认真研讨和修订，我们编写出版了本书——《财务管理》。

本书的修订根据最新《企业会计准则》、《企业财务通则》和《企业所得税法》等法律法规，从企业财务管理的基本要求出发，力图做到理论知识与实际操作紧密结合，力求突出针对性、实践性、应用性、先进性和整体性。与第一版相比，本书主要在教材名称、编写体例、内容组织、案例选择等方面进行了修订。具体来说，第二版特点如下。

（1）书名更加突出教材内容设计特点

为了突出本书内容设计的理论与实训相结合的特点，第二版书名更改为《财务管理》。

（2）内容组织上体现了简洁和使用方便的特点

为了兼顾第一版内容的完整性和第二版使用的方便性，采取了将第一版主教材和配套教材在有效对接基础上的整合处理，形成了单一教材。在编写过程中遵循了“精选理论、加强案例、突出技能”的原则，以方便学生学习、理解和应用。

（3）在修订中融入思维引导元素，使本书更加贴近教学需求

改变第一版以文字为主的编写形式，修订过程中更多采用了图形、表格与文字相互结合的形式，特别是增加了许多图表，使复杂问题简单化、简单问题容易化、容易问题图表化，从而提高学生的学习兴趣和辨析能力，通过独立思考完成作业，充分调动学生学习的积极性。

（4）与时俱进，吸收财务管理领域的最新研究成果

修订中将最新的贴近财务管理的仿真实训案例、参考案例纳入本书，以培养学生运用所学知识解决实际问题的能力和素养。

（5）以人为本，体现人性化的设计

为方便学生学习和记录，本书在每章后面增加了“本章学习笔记”空白插页，学生在学习过程中可以很方便地进行记录和梳理。

本书由王希旗在第一版的基础上修订完成，并对全书进行了总纂。吴岩老师参与了第三章、第九章的修订。

在编写本书的过程中，我们参考了大量的国内外专家学者的研究成果及相关文献，并得到了科学出版社的大力支持，田悦红女士为本书的策划、编辑做了大量细致的专业工作，在这里一并表示衷心的感谢！

由于编者水平有限，书中难免出现疏漏，恳请各相关院校师生及广大读者批评指正，并将意见及时反馈给我们，以便再次修订时进一步完善。

编　者

2014 年 12 月

第一版前言

财务管理是企业管理的核心，是关于资金筹集、投放、营运和分配等一系列管理活动的总称。企业财务管理工作早已受到世人的广泛关注。随着我国市场经济体系的逐步健全，企业如何在复杂多变的市场经济大潮中，面对各种风险和机遇，把握主动，迎接挑战，以求得生存与发展，并最终实现企业价值而获得盈利，在很大程度上取决于其财务管理水平，即取决于企业的财务管理人员能否真正做到及时筹措资金、有效投放资金、合理使用和灵活调控资金，这正是本书阐述的主要内容。

拥有先进的管理理念，掌握科学的管理方法和技术，具有丰富的管理经验的高级管理人才是目前企业急需的人才。高等职业教育正是在这样的大背景下，教育理念和教学指导思想发生了重大的变化。本书正是在这样的思想指导下，根据最新颁布的《企业会计准则》、《企业财务通则》和《企业所得税法》的内容，从企业财务管理的基本要求出发组织编写的。

全书力图做到理论知识与实际操作紧密结合，并力求突出针对性、实践性、应用性、先进性和整体性。全书共 10 章，结构合理，每章均包括知识点、技能点、案例导入、小结、复习思考题等内容。并配套同步出版了《财务管理实训与案例》，与本书对应章节内容编写了练习题、实训题和案例分析题，既起到巩固学生所学理论知识、将理论运用于实践的作用，又可培养学生解决实际问题的综合能力。

本书由王希旗、王红珠两位老师任主编，吴小蕾、茅瀛怀、刘霞玲 3 位老师任副主编。王希旗老师对全书进行了总纂和总体修订。王希旗老师担任财务管理总论、货币时间价值和风险价值部分的撰写工作，王红珠老师担任资本成本和资本结构、成本控制两部分的撰写工作，张勋阁老师担任筹资管理部分的撰写工作，茅瀛怀老师担任营运资金管理部分的撰写工作，罗美娟老师担任长期投资管理部分的撰写工作，吴小蕾老师担任利润分配部分的撰写工作，刘霞玲老师担任财务分析部分的撰写工作，崔立群老师担任财务监督部分的撰写工作。

编者在撰写过程中参考了大量的文献，在这里对这些文献的作者一并表示衷心的感谢！

由于编者自身的学识水平和实践经验有限，书中疏漏与不妥之处在所难免，敬请有关专家、学者及广大读者不吝赐教，以便进一步修改与提高。欢迎本实训教材的使用者提出宝贵的意见和建议。

编　者

2008 年 2 月

目　录

第一章　财务管理总论

知识点 ☞　通过本章相关知识的学习，学生应了解和掌握以下知识点：财务管理的基本概念和内容；财务管理的目标和原则；财务管理的环节和环境；财务管理的方法。

技能点 ☞　会分析和思考财务管理的目标，财务管理的环境；了解财务管理实践的全过程。

引导案例

企业经营的目的是获利。企业一旦成立，就会在经营中面临竞争，并始终处于生存和倒闭、发展和萎缩的矛盾之中。企业必须生存下去才可能获利，只有不断发展才能求得生存。财务管理就是研究企业在经营中资金运动的规律性，并使其产生最大效益的一门学科。它将告诉你如何融通资金、如何评价投资、如何聚财生财……

你所熟悉的企业获利吗？获利的企业一定是由谙熟财务管理基本理念和方法的企业家所经营管理的企业。经商不懂理财，就如同捕鱼不知收网，忙忙碌碌，一无所获。本章将引领你进入财务管理奥秘的世界。

（资料来源：陈玉菁．2003．中小企业财务管理通．上海：立信会计出版社．）

第一节　财务管理概述

财务管理是一项独立的经济管理活动，也是一门发展势头迅猛的应用学科。随着市场经济体制的确立和完善，财务管理在我国企业中的地位和作用日益重要，财务管理理论也获得了迅速发展。在机会与风险并存的现代经济生活中，财务管理对企业经营的理性指导作用将不断增强。为了研究企业财务管理，首先要对企业的财务活动、形成的财务关系和财务管理的概念和特征有一个总括的了解。

一、财务活动

企业财务活动就是企业再生产过程中的资金运动，它体现企业同各方面的经济关系。企业财务管理是对企业财务活动的管理。要深入认识财务管理的概念，就必须研究企业财务活动的经济内容及其体现的财务关系。这是企业财务管理学科必须解决的基本理论问题。

随着企业再生产过程的不断进行，企业资金总是处于不断的运动之中。企业资金总是从货币资金开始，依次通过购买、生产、销售 3 个阶段，分别表现为固定资金、生产储备资金、未完工产品资金、成品资金等各种不同形态，然后又回到货币资金形态。从货币资金开始，经过若干阶段，又回到货币资金形态的运动过程，叫作资金的循环。企业资金周而复始不断重复地循环，叫作资金的周转。这种资金的循环与周转体现着资金运动的形态变化。

企业的财务活动包括筹资活动、投资活动、资金营运活动和资金分配活动 4 个部分。

（一）筹资活动

企业要进行生产经营活动，必须首先筹集一定量的资金。筹资是企业资金运动的起点，也是财务管理的一项最基本、最原始的职能。筹资是指企业为了满足生产经营活动的需要，从一定渠道，采用特定的方式，筹集资金的过程。在市场经济条件下，企业所需的资金可以从不同方式筹集，即企业可以通过吸收直接投资、发行股票等方式从投资者那里取得。也可以通过向银行借款、发行债券和应付款项等方式筹集债务资金。企业筹集来的资金，一般是货币形态的资金，也可以是实物、无形资产形态，对实物和无形资产要通过资产评估确定其货币金额。

（二）投资活动

企业筹集资金的目的是投资，投资是为了实现企业的经营目标。投资有广义和狭义之分。广义的投资是指将企业筹集的资金投入使用的过程，包括企业内部使用资金的过程和企业对外投资的过程，前者如购置固定资产、无形资产、流动资产等；后者如投资购买其他公司的股票、债券，或与其他企业联营，或投资于外部项目。狭义的投资是指企业采用一定的方式以现金、实物或无形资产对外或其他单位进行投资。

企业在投资过程中，必须考虑投资规模，即为确保获取最佳投资收益，企业应投入的资金数额；同时还必须通过投资方向和投资方式的选择，来确定合适的投资结构，提高投资效益，降低投资风险。

（三）资金营运活动

为满足企业日常营业活动的需要而垫支的资金，称为营运资金。资金营运活动是指企业在正常生产经营过程中所发生的资金收付活动。

首先，企业的生产过程是各种资源的耗费过程，包括耗费各种材料，损耗固定资产，支付职工工资和其他费用。同时在购销过程中也同样要发生一些耗费，这样，企业所耗费的固定资金、生产储备资金、用于支付工资的资金等，先转化为未完工产品资金，随着产品制造完成，再转化为成品资金。在发生资金耗费的过程中，生产者创造出新的价值，包括为自己劳动创造的价值和为社会劳动创造的价值。所以，资金的耗费过程又是资金的积累过程。其次，企业生产出来的产品通过销售，按产品价格取得销售收入，收回资金，实现产品的价值，不仅可以补偿产品成本，而且可以实现企业的利润。最后，如果资金不能满足企业经营需要，还要采取短期借款方式来筹集所需资金。

（四）资金分配活动

企业在经营过程中所取得的产品销售收入，要用以补偿生产耗费，并按规定缴纳税金，其余部分为企业的营业利润，同时也可能会因对外投资而分得利润。企业的利润要按规定的程序进行分配。首先，要依法纳税；其次，要用来弥补亏损，提取公积金、公益金；最后，向投资者分配利润。企业从经营中收回的货币资金，还要按计划向债权人还本付息。用以分配投资收益和还本付息的资金，就从企业资金运动过程中退出。

资金分配是一次资金运动过程的终点，又是下一次资金运动过程开始的前奏。

上述财务活动的 4 个方面，是相互联系、相互依存的。正是上述互相联系且又有一定区别的四个方面，构成了完整的企业财务活动，如图 1.1 所示。这 4 个方面也是企业财务管理的基本内容。

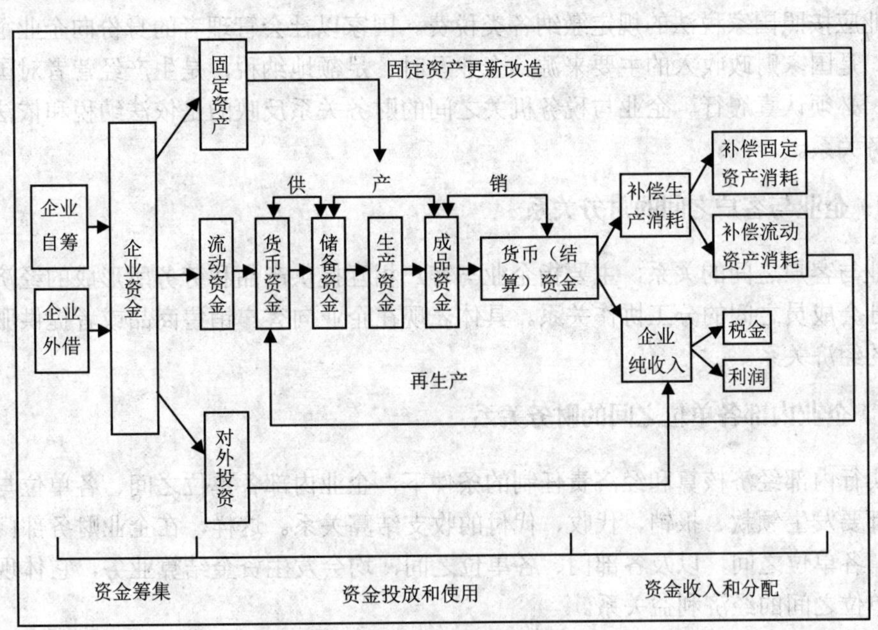

图 1.1　企业财务活动

二、财务关系

企业资金的筹集、投放、耗费、收入和分配，与企业内外相关的各经济主体有着广泛的联系。企业财务关系主要包括以下几个方面。

（一）企业与投资者和受资者之间的财务关系

企业从投资者那里筹集资金，进行生产经营活动，并将所实现的利润按各投资者的出资比例或合同规定进行分配。企业还可以将自身的法人财产向其他单位投资，这些被投资单位即为受资者。企业按约定履行出资义务，参与被投资单位的利润分配。企业与投资者、受资者之间的财务关系，体现了所有权性质，反映的是经营权和所有权的关系。

（二）企业与债权人和债务人之间的财务关系

企业除利用资本金进行生产经营外，还要借入一定数量的资金，以扩大企业生产经营规模。企业的债权人主要有债券持有人、贷款机构、商业信用提供者、其他出借资金给企业的单位和个人。企业利用债权人的资金后，要按约定的利率，及时向债权人支付利息，债务到期时，要合理调度资金，按时向债权人归还本金。当资金闲置时，企业可通过购买其他企业的债券、提供借款或商业信用等形式借出资金，它有权要求其债务人按约定的条件支付利息和归还本金。企业与债权人、债务人的关系，在性质上属于债权与债务关系。

（三）企业与税务机关之间的财务关系

企业应按照国家税法的规定缴纳各类税费。国家以社会管理者的身份向企业征收的相关税费，是国家财政收入的主要来源。企业及时、足额地纳税，是生产经营者对国家应尽的义务，必须认真履行。企业与税务机关之间的财务关系反映的是依法纳税和依法征税的权利义务关系。

（四）企业与客户之间的财务关系

企业与客户之间的关系，主要指企业与客户相互提供产品和劳务所形成的经济关系，体现了社会成员之间的分工协作关系。具体表现在企业向客户销售商品或者提供服务过程中形成的经济关系。

（五）企业内部各单位之间的财务关系

在实行内部经济核算和经济责任制的条件下，企业内部各单位之间、各单位与财务部门之间都要发生领款、报销、代收、代付的收支结算关系。这样，在企业财务部门同其他各部门、各单位之间，以及各部门、各单位之间，均会发生资金结算业务，它体现了企业内部各单位之间的经济利益关系。

（六）企业与职工之间的财务关系

企业与职工之间的财务关系，主要指企业向职工支付工资、津贴、奖金等，这种企业与职工之间的财务关系，体现了企业和职工个人在劳动成果上的分配关系。

企业的财务活动具有社会性，企业的上述财务关系体现着各种经济利益关系，如图 1.2 所示。

三、财务管理要素

财务管理要素是企业财务管理的重要组成内容，是财务管理主体和客体的统一，也是财务管理目标与财务职能的统一。根据财务管理的内涵和实质，资金筹集、资产运营、成本控制、收益分配、信息管理、财务监督便构成了财务管理的六大要素。

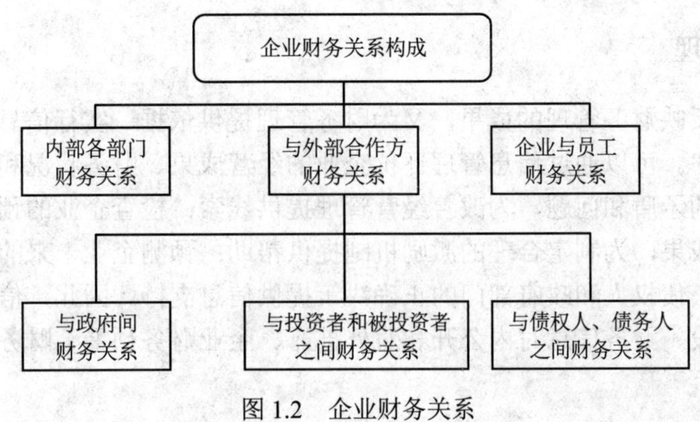

图 1.2　企业财务关系

（一）资金筹集

资金筹集是企业生存和发展的必要条件，任何企业的诞生、存在和发展都是以筹集与生产规模相适应的资金为前提条件的。筹资的过程：首先根据企业投资规模和时机确定筹资数额；其次根据企业经营战略、资金成本和风险确定资本结构；然后根据筹资数额和资本结构确定资金来源；最后以合理和经济的方式、渠道取得资金。

（二）资产运营

资产运营是企业为了实现企业价值最大化而进行的资产配置和经营运作的活动。资产运营就是合理利用资产、优化配置资源、开展现金流量管理、资产安全控制等。资产运营具体包括企业资金调度管理、销售合同的财务审核，以及应收款项管理、存货管理、固定资产管理、无形资产管理、对外担保和对外捐赠管理、高风险业务管理、代理业务管理、资产损失与资产处理管理等。

（三）成本控制

成本直接影响企业的利润大小、职工的权利和福利，间接影响着企业的社会责任和社会经济秩序。例如，管理者将企业的成本费用用于个人的不合理消费，就将减少企业的盈利，损害企业所有者的利益，逃避税收，损害国家的利益等。成本控制，就是借助科学的方法，保障必需的支出，控制不合理的支出。具体内容包括产品成本控制、期间费用管理、研发费用管理、社会责任承担、业务费用的支付、薪酬办法、职工劳动保护与职工奖励、职工社会保险及其他福利、缴纳政府性基金等。

（四）收益分配

企业的净利润主要是分配给投资者和用于再投资两个方面。如何在这两方面进行分配，构成了企业收益分配的基本内容。一个企业的利润分配不仅影响其筹资、投资决策，而且还涉及国家、投资者、经营者和其他职工等多方面的利益关系，涉及企业长远利益和近期利益、整体利益和局部利益等关系。收益分配的具体内容包括企业收入的范围、股权转让收益管理、年度亏损弥补办法、利润分配项目和顺序、其他要素参与分配的财务处理。

（五）信息管理

财务信息既反映财务管理的成果，又为财务管理提供依据，实行信息化管理还可以提高财务管理的效率。可以通过信息管理评价企业的经营成果、财务状况和现金流量，发现财务活动中存在的矛盾和问题，为改善经营管理提供线索；检查企业的预算完成情况，考核经营者的经营成果，为制定合理的激励机制提供帮助；预测企业未来的风险和报酬，为投资者、经营者、债权人和政府部门的正确决策提供信息支持。因此，信息管理涉及企业财务信息管理手段、财务信息对内公开和对外披露、企业财务预警、财务评价等财务管理的方方面面。

（六）财务监督

财务监督是企业财务活动有效开展的制度保障。它主要借助会计核算资料，检查企业经济活动和财务收支的合理性、合法性和有效性，及时发现和制止企业财务活动中的违法违规行为，保障法律、法规和财务规章及企业内部财务制度的贯彻执行，维护财务秩序；及时发现并纠正预算执行的偏差，保障企业财务活动按照经营规划和既定的财务目标进行，同时，监督经营者、投资者的财务行为，保护企业相关利益主体的合法权益，维护社会经济稳定。

四、财务管理的含义和特点

财务管理是指企业按照国家法律、法规和政策及企业经营要求，遵循资本运营规律，对企业财务活动进行组织、预测、决策、计划、控制、分析和监督等一系列管理工作的总称。其基本特征是价值管理，管理的客体是企业的财务活动，管理的核心是企业财务活动所体现的各种财务关系。因此，企业财务管理是利用价值形式对企业财务活动及其体现的财务关系进行的综合性管理工作。

企业管理包括多方面内容，如生产管理、技术管理、人力资源管理、设备管理、营销管理、财务管理等。各项工作既互相联系、紧密配合，又有科学分工，具有各自的特点。财务管理是企业管理的一个重要的组成部分，财务管理的基本特点如下。

（一）财务管理是一种价值管理

财务管理主要是运用价值形式对经营活动实施管理，通过价值形式，把企业的一切物质条件、经营过程和经营结果都合理地加以规划和控制，达到不断提高企业效益、不断增加企业财富的目的。

（二）财务管理与企业各方面具有广泛的联系

在企业中，一切涉及资金收支的活动，都与财务管理有关。财务管理的触角常常伸向企业管理的各个角落，每个部门都会通过资金的使用与财务部门发生联系。财务部门也要对每一个部门在合理使用资金、节约资金支出、提高经济效益等方面进行指导，而与其他各部门密切合作。

（三）财务管理是一项综合性管理工作

企业管理在实行分工、分权的过程中形成了一系列专业管理，有的侧重于使用价值的管理，有的侧重于价值的管理，有的侧重于信息的管理。因此，财务管理既是企业管理工作中的一个重要的组成部分，又是一项综合性很强的管理工作。

第二节　财务管理的目标

财务管理的目标是指企业进行财务活动所要达到的根本目的，它决定了企业财务管理的基本方向。因此，制定正确的财务管理目标是做好财务管理工作的前提条件。企业财务管理的目标离不开企业的总目标，并受财务管理自身特点的制约。

一、企业的目标

企业是在国家宏观调控下，按照市场需求自主组织生产经营，以提高劳动生产率、实现保值增值和盈利为目标的组织，其出发点和归宿是盈利。企业一旦成立，就会面临竞争，并始终处于生存与倒闭、发展与萎缩的抉择之中。企业只有生存下去才可能获利，只有不断发展才能求得生存。因此，企业的目标可以概括为生存、发展和获利。

（一）生存

企业只有生存，才可能获利。企业生存的“土壤”是市场，企业生存在各种市场中，包括商品市场、金融市场、人力资源市场、技术市场等。企业在市场中生存下去有两个基本条件：以收抵支和到期偿债。企业一方面付出货币，从市场上取得所需的资源；另一方面提供市场所需的商品或服务，从市场上换回货币。以收抵支即要求企业从市场上获得的货币至少要等于付出的货币，以便维持继续经营。这是企业长期存续的基本条件。因此，企业的生命力在于它不断创新，不断降低成本，以减少货币流出。反之，企业没有足够的货币从市场上换取必要的资源，抑或是提供的商品或服务无法满足市场需求，企业就会萎缩直到倒闭。此外，企业为扩大业务规模或满足经营周转的临时需要，可以向其他经济组织或法人借债。企业如果到期偿还不了债务，就有可能被债权人接管或被法院判定破产。因此，企业生存还必须能够到期偿债。

企业生存的主要威胁来自两个方面：一个是长期亏损，它是企业终止的内在原因；另一个是不能偿还到期债务，它是企业终止的直接原因。力求保持以收抵支和到期偿还债务的能力，减少破产的风险，使企业能够长期、稳定地生存下去是对财务管理的第一个要求。

（二）发展

企业是在发展中求得生存的。企业的生产经营如“逆水行舟”，不进则退。在近代经济中，产品不断更新换代，企业必须不断创新产品，才能在市场中立足。在竞争激烈的市场中，各个企业此消彼长，优胜劣汰。一个企业如不能发展，不能提高产品和服务质量，不能扩大自己的市场份额，就会被其他企业排挤出去。

企业的发展集中表现为扩大收入。扩大收入的根本途径是提高产品质量，扩大销售数量，这就要求企业不断更新设备和工艺，并不断提高各种人员的素质，也就是要投入更多、更好的物资资源和人力资源，并改进技术和管理。在市场经济中，各种资源的取得，都需要付出货币。企业发展离不开资金。因此，筹集企业发展所需的资金是对财务管理的第二个要求。

（三）获利

企业必须能够获利，才有存在的价值。企业虽然有提高产品质量、减少环境污染、扩大市场份额等多种目标，但是增加盈利是最具综合能力的目标。盈利不但体现了企业的出发点和归宿，同时也概括了其他目标的实现程度，并有助于其他目标的实现。从财务上看，盈利就是资产获得超过其投资的回报。在市场经济中，没有“免费使用”的资金，资金的每项来源都有其成本。每项资产都是投资，都要求获得回报。因此，财务管理人员必须有效地利用企业所获得的资金。所以，通过合理、有效地使用资金使企业获利，是对财务管理的第三个要求。

二、财务管理的总体目标

财务管理的总体目标既要与企业的目标相一致，又要直接、集中地反映财务管理的基本特征，体现财务活动的基本规律。根据现代企业财务管理的理论和实践，最具有代表性的财务管理目标主要有以下 3 种观点。

（一）利润最大化

利润是企业生存和发展的必要条件。因此，持利润最大化观点者认为：企业经营活动的主要目的是为了获取利润，利润代表了企业新创造的财富，利润越多则企业的财富增加得越多，追求利润最大化应是财务管理的根本目的。如果每个企业都以利润最大化为目标，全社会财富的增长就可以达到最大化，同时由于资金具有追逐利润的特性，在充分的资本市场条件下，资金总会流向利润高的企业，从而有利于社会资源的最佳配置。因此，以利润最大化为目标可以实现企业与社会利益的统一。

然而实践证明，如果片面地以财务报表上表现的利润最大化为财务管理的目标是不恰当的。原因有 4 个。

第一，利润最大化只是利润绝对额的最大化，没有反映出所得利润同投入资本之间的投入产出关系，因而不能科学地说明企业经济效益水平的高低。例如，同样获得 200 万元利润，一个企业投入资本 400 万元，另一个企业投入 700 万元，哪一个更符合企业的目标？不与投入的资本额联系起来，就难以做出正确判断。不考虑利润和投入资本额的关系，会使财务决策优先选择高投入的项目，不利于高效率的项目。

第二，利润最大化中的利润是一定时期内实现的利润，它没有说明企业利润发生的时间，也即没有考虑货币的时间价值。例如，今年获利 200 万元和明年获利 200 万元，哪一个更符合企业的目标？不考虑货币的时间价值，就难以做出正确判断。

第三，利润最大化没有考虑风险的影响。一般来说，报酬越高，风险越大，追求利润最大化也可能会增加企业的风险，以致使企业不顾风险大小而一味追求更多的利润。例如，同样投入1000万元，年获利300万元，一个获利已全部转化为现金，另一个则全部是应收账款，并可能发生坏账损失，哪一个更符合企业的目标？不考虑风险大小，就难以做出正确判断。不考虑风险，会使财务决策优先选择高风险的项目，一旦不利的事实出现，企业将陷入困境，甚至可能破产。

第四，利润最大化可能导致企业侧重短期行为的种种消极因素，忽视在科技开发、产品开发、人才开发、生产安全、技术装备、履行社会责任等方面的投入，对企业长期健康发展造成不良影响。针对这些问题，在中西方分别提出了资本利润率和每股盈余最大化作为财务管理的目标。

（二）资本利润率最大化或每股盈余最大化

资本利润率最大化和每股盈余最大化的特点是把企业实现的利润额同投入的资本或股本数进行对比，能够说明企业的盈利率，可以在不同资本规模的企业或期间之间进行比较，揭示其盈利水平的差异。但是，它们存在以下缺陷：①仍然没有考虑投入资本或股本，以及获取利润的时间性和持续性；②仍然没有考虑风险因素。对企业来说，要提高资本利润率或每股盈余的最简单方法是利用负债经营减少资本或股本数额，而这样做的结果必然增加企业的财务风险。

（三）财富最大化或企业价值最大化

创办企业的目的是扩大财富，企业的价值在于它能给所有者带来报酬，包括获得股利和出售股权换取现金。如同商品一样，企业的价值只有投入市场才能通过价格表现出来。企业价值是企业全部财产的市场价值，是企业有形资产和无形资产的市场评价，它反映了企业潜在的或预期的获利能力。企业价值的评价通常是通过投资大众的市场评价进行的。这是因为投资者在投资过程中，通过对企业获利能力的预期确定投资方向，当预期企业未来的获利能力趋高时，投资者都转向企业投资，这必然提高企业的价值，这一点在股票投资中最为明显。在股份制经济条件下，投资者将资金投于股票，其本人成为股东，其财产就体现在股票这种虚拟资本上。股东的财产价值不是股票的票面价值，而是股票的市场价格，即股票市价。股价的高低，代表了投资大众对企业价值的客观评价。它以每股价格表示，反映了资本和获利之间的关系；它受预期每股盈余的影响，反映了每股盈余大小和取得的时间，它还受企业风险大小的影响，可以反映每股盈余的风险。所以，财富最大化或企业价值最大化不仅与业主利益一致，同时也与那些同公司有利害关系的集团利益一致，能同时满足这些利益要求，这也是本书所支持的观点。

三、财务管理的具体目标

财务管理的具体目标是为实现财务管理的总体目标而确定的企业各项具体财务活动所要达到的目的。具体可以概括为以下几个方面。

（一）筹资管理的目标

企业要在筹资活动中贯彻财务管理总目标的要求，企业的筹资管理的具体目标就是在满足企业生产经营的情况下，以较小的筹资成本和筹资风险获取同样多或较多的资金。

首先，必须以较小的筹资成本获取同样多或较多的资金。企业的筹资成本包括利息、股利等向出资者支付的报酬，也包括筹资中的各种筹资费用，企业降低筹资过程中的各种费用，尽可能使利息、股利的付出总额最低，即可增加企业的总价值。

其次，必须以较小的筹资风险获取同样多或较多的资金。筹资风险主要是到期不能偿债的风险，企业降低这种风险，即会使内含于企业价值中的风险价值相对增加。

（二）投资管理的目标

企业要在投资活动中贯彻财务管理总目标的要求，企业的投资管理的具体目标就是以较小的投资额和较低的投资风险，获取同样多或者较多的投资收益。

首先，必须使投资收益最大化。企业的投资收益始终与一定的投资额和资金占用额相联系，企业投资报酬越多，就意味着企业的整体获利能力越高，也就会有两个方面对企业的价值产生影响：一是企业已获得的投资收益会直接和实际地增加企业资产价值；二是投资收益较高会提高企业的市场价值。

其次，由于投资会带来投资风险，因此企业还必须使投资风险降低。投资风险是投资不能收回的风险，企业降低这种风险，就会使内含于企业价值中的风险价值相对增加。

（三）营运资金管理目标

企业的营运资金是为满足企业日常营业活动的要求而垫支的资金。营运资金的周转与生产经营周期具有一致性。在一定时期内资金周转越快，就可以利用相同数量的资金，生产出更多的产品，获取更多的收入，获得更多的报酬。因此，企业营运资金管理的具体目标是合理使用资金，加速资金周转，不断提高资金的使用效率。

（四）收益分配管理的目标

企业收益分配管理的具体目标是正确计算收益和成本，合理确定利润的留分比例及分配形式，以提高企业潜在的获利能力，从而提高企业总价值。分配就是将企业的净利润，在企业与相关利益主体之间进行分割。这种分割不仅涉及各利益主体的经济利益，而且涉及企业的现金流出量，从而影响企业财务的稳定和安全。此外，由于分配涉及各利益主体经济利益的多少，因此不同的分配方案还会影响企业的价值。企业当期分配较多的利润给投资者，将会提高企业的即期市场评价，但由于利润大部分被分配出去，缺乏即期现金或是发展和积累资金，将影响企业未来的市场价值。

第三节　财务管理的环节

财务管理的环节是指企业财务管理的工作步骤和一般程序。财务管理的基本环节包括财务预测、财务决策、财务计划、财务控制和财务分析，如图 1.3 所示。这些环节相互配合，紧密联系，构成了完整的企业财务管理工作体系。

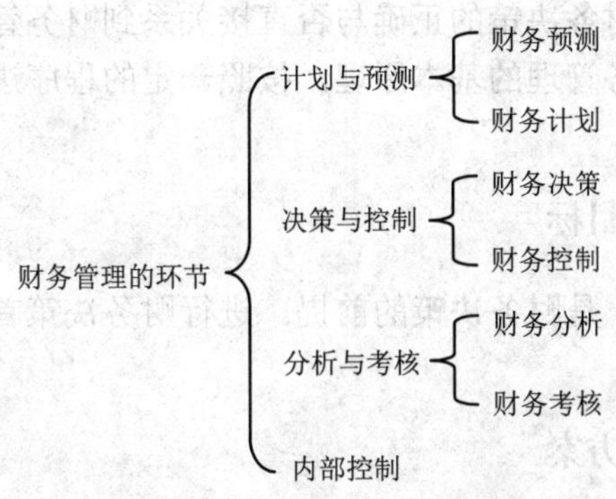

图 1.3　财务管理环节示意图

一、财务预测

财务预测是依据预测学的基本原理，对企业未来的财务活动和财务成果所进行的预计和推测。财务预测是在前一个财务管理循环的基础上进行的。它既是两个财务管理循环的连接点，又是财务计划环节的必要前提。财务预测环节包括以下内容。

（一）确定预测的目的和对象

为了达到预测的效果，必须根据管理决策的需要，确定预测的具体目的和对象，以便选择预测的方法和确定预测的期限，并分析预测对象所处的环境。

（二）收集和整理资料

根据预测的目的和对象，要广泛收集有关资料，不同的预测内容对资料的要求不同。对于纵向资料，即以往的历史资料，要求具备完整性和连贯性；对于横向资料，即预测当时与预测对象有关的资料，要求具备广泛性和代表性。对所收集的资料还要进行归类、汇总、调整等加工处理，使资料符合财务预测的需要。

（三）选择预测方法进行预测

对经过加工整理的资料进行系统的分析和研究，找出各种指标的影响因素及相互关系；选择适当的预测模型表达这种关系，对各种指标的发展趋势和水平进行定量的描述，取得初步的预测结果。

（四）研究预测结果，编写预测报告

预测是建立在各种假设条件上的估算，可能会有误差。因此，应将初步的预测结果与今后发展形势的估计结合起来，进行综合判断，并进行修正，根据修正后的预测结果，编写预测报告。

二、财务决策

财务决策是企业财务管理工作的决定性环节。企业经营管理的关键是经营决策，经营

决策的核心是财务决策，财务决策的正确与否直接关系到财务管理工作的成败乃至企业的兴衰。因此，必须遵循财务管理的基本原理，按照一定的程序进行科学的财务决策。财务决策一般包括以下程序。

（一）提出问题并确定目标

发现问题并提出问题，是财务决策的前提。进行财务决策首先应根据财务预测的信息提出问题，并确定目标。

（二）拟定解决问题的方案

根据提出的问题和确定的目标，即可拟定各种不同的解决问题、达到目标的备选方案。一个方案必须具备如目标、方法、途径、时间、数量、限制性条件、决策性条件等基本要素，并充分体现这些要素的综合利用。

（三）评价并选择最优方案

对已提出的各种方案进行科学的技术经济论证，并考虑非计量因素的影响，综合评价各方案的可行性，选择最优方案。

三、财务计划

财务计划既是财务决策所确定的经营目标的系统化和具体化，又是财务控制与财务分析的重要依据。编制财务计划应做好以下几项工作。

（一）全面安排计划指标

按照国家产业政策的要求，根据供产销条件和企业的生产能力，分析主客观条件，制定出主要的财务计划指标。

（二）进行综合平衡

科学安排人力、物力、财力，使之与生产经营目标的要求相一致，并根据需要与可能进行协调，实现财务收支的综合平衡。

（三）编制计划报表

计算企业计划期各项计划指标，并检查核对有关指标是否密切衔接，协调后，即可采用一定的格式编制出财务报表。

四、财务控制

财务控制是利用财务反馈信息，调整企业的财务活动，使之按预定目标运行的过程。财务控制是企业财务管理的一个极为重要的环节，是实现企业财务管理目标的基本手段。财务计划只是反映了对计划年度财务系统运行的要求与期望，但能否实现这一财务目标则主要取决于财务控制的效果。财务控制主要应做好以下几项工作。

（一）制定标准

没有标准，控制便无从谈起。因此，首先要制定控制标准，控制标准必须覆盖整个资金运行系统。控制标准可以是目标、限额，甚至是限制或期望。在实际工作中，通常是按照权责利相结合的原则，将计划指标层层分解，落实到各责任中心直至班组乃至个人。

（二）执行标准

在财务运行中进行事先控制。凡符合控制标准的予以支持，凡不符合标准的应加以限制，并采取措施进行处理。

（三）确定差异

依靠信息系统反馈的实际财务运行状况，对照控制标准，及时确定差异的程度和性质，并通过对财务运行情况的实际考察，及时预测可能出现的偏差。

五、财务分析

财务分析是根据企业的各种财务报表及其他有关资料，评价企业财务状况并改进企业财务管理工作的活动。财务分析的直接目的是评价企业财务状况，其根本目的则是改进企业的财务管理工作。财务分析的程序一般包括以下几个步骤。

（一）进行对比，做出评价

对比分析是分析问题的基本方法。将彼此相互联系的指标进行比较，确定差异以评价企业的财务状况。将实际与计划对比，可以检查财务计划的执行情况；将本期与前期对比，可以了解企业财务状况的变动趋势；将本企业与外企业对比，可以找出差距，有助于更好地挖掘企业的潜力。

（二）因素分析，明确责任

进行对比分析可以找出差距，而进行因素分析，则能说明出现差异的原因。进行因素分析就是分析影响财务指标出现差异的各种因素及其影响的方向和影响的程度，以便分清责任并采取针对性措施。

（三）制定措施，改进工作

财务分析的根本目的是改进企业财务管理工作。为此，必须根据因素分析的结果，提出具体的切实可行的措施，并确定负责人员，规定实现的期限，以保证改进措施的执行。

上述财务管理 5 个基本环节的运行，构成了企业财务管理的循环过程。财务预测是财务决策的前提，财务计划是财务预测和财务决策的系统化和具体化，财务控制和财务分析是对财务计划的执行情况和执行结果的管理。在这一循环中，财务预测、财务决策、财务计划是对企业财务活动的事前管理，财务控制是对企业财务活动的事中管理，财务分析是对企业财务活动的事后管理。它们相互配合，构成了一个完整的企业财务管理工作体系。

第四节 财务管理的环境

企业这一经济实体，犹如生物体一样，只有适应周围的环境才能生存。企业的财务管理活动是在特定的环境中进行的。理财活动若想成功，必须考察其周围的总体环境和具体环境。企业的财务管理环境，是指对企业财务活动产生影响作用的外部约束条件。企业的财务管理环境涉及的范围很广，但其中最重要的是法律环境、金融环境、经济环境和竞争环境。

一、法律环境

财务管理的法律环境是指企业与外部（国家、其他企业、社会组织、企业职工、其他公民、外国组织和个人等）发生经济关系时所应遵守的各种法律、法规和规章。市场经济是法制经济，是以法律规范或市场秩序来维系市场运转的经济，在市场经济条件下，企业总是在一定的法律、法规及规章的制约下从事各项业务活动的。法律、法规和规章对于企业来说是一把双刃剑。一方面，它们提出了企业从事各项业务活动所必须遵守的规范和前提条件，从而对企业行为进行约束；另一方面，它们也为企业守法从事各项业务活动提供了保护。在市场经济中，通常要建立一个完整的法律体系来维护市场秩序，从企业角度看，这个法律体系包括企业组织方面法律规定、企业生产经营活动方面的法律规定及企业财务活动方面的法律规定。

企业组织方面的法律规定包括企业的设立、合并、分立及破产清理。一般来说，企业设立、合并、分立是通过《中华人民共和国公司法（以下简称《公司法》）》、《中华人民共和国全民所有制工业企业法》、《中华人民共和国外资企业法》、《中华人民共和国中外合资经营企业法》、《中华人民共和国中外合作经营企业法》、《中华人民共和国私营企业暂行条例》、《中华人民共和国合伙企业法》等进行约束的；企业破产清算是通过《中华人民共和国企业破产法》进行约束的。

企业生产经营活动方面的法律规定主要包括《合同法》、《产品质量监督条例》、《技术监督条例》、《中华人民共和国消费者权益保护法》、《中华人民共和国环境保护法》、《中华人民共和国反不正当竞争法》等。这些法律对企业生产经营过程中应当履行的手续和应达到的标准进行了规定，此外，为了保护与企业生产经营活动相关联的利害关系人的利益、社会整体利益及整个市场体系的稳定性，也出台了相应的法律规定。

企业财务活动方面的法律规定包括《税法》、《中华人民共和国证券法》、《中华人民共和国票据法》、《支付结算法》、《中华人民共和国商业银行法》、《中华人民共和国会计法》、《企业财务通则》等。这些法律、法规不仅对企业财务活动过程的手续和应达到的目标进行了规定，而且为了保护与企业财务活动相关的利益关系人，实现社会总资金的平衡运转，也制定了相应的法律、法规。值得说明的是，在企业设立、合并、分立及破产的有关法律规定中，其主要的内容都直接与财务活动相联系，将涉及财务活动的法律联结起来，就形成了一个完整的有关财务活动的法律体系，它对财务管理会产生直接的影响和制约作用，而有关企业生产经营活动的法律规定则会对财务管理产生间接的影响和制约。随着社会的发展，法律规范越来越健全，其在上层建筑中的地位也愈加显现。

二、金融环境

金融环境又称金融市场环境。金融市场是指资金供应者和资金需求者通过某种形式融通资金达成交易的场所。

（一）金融市场的组成及分类

1. 金融市场的组成

金融市场由主体、客体和参加人组成。主体是指银行和非银行金融机构，他们是金融市场的中介机构，是连接投资人和筹资人的桥梁。客体是指金融市场上的买卖对象，也称信用工具，包括各种商业票据、债权、股票、借款合同、抵押契约等。参加人是指客体的供给者和需求者，如企事业单位、政府部门、城乡居民及外商等。

2. 金融市场的分类

金融市场的分类可用表 1.1 来说明。

表 1.1　金融市场的分类

分类标准	分　类	内　　容
期限	货币市场（短期金融市场）	含义：以期限在一年以内的金融工具为媒介，进行短期资金融通的市场
		种类：同业拆借市场、票价市场、大额定期存单市场和短期债券市场
		特点：①期限短；②交易目的是解决短期资金周转；③金融工具有较强的“货币性”，具有流动性强、价格平稳、风险较小的特性
	资本市场（长期金融市场）	含义：以期限在一年以上的金融工具为媒介，进行长期资金交易活动的市场
		种类：包括股票市场和债券市场
		特点：①融资期限长；②融资目的是解决长期投资性资本的需要；③资金借贷量大；④收益较高但风险也较大
功能	发行市场（一级市场）	是指从事新证券和股票等证券买卖的转让市场
	流通市场（二级市场）	是指从事已上市的旧证券和股票等证券买卖的转让市场
融资对象	资本市场	以货币和资本为交易对象
	外汇市场	以各种外汇金融工具为交易对象
	黄金市场	集中进行黄金买卖和金币兑换的交易市场
交割时间	现货市场	是指买卖双方成交后，当场或几天之内买方付款，卖方交出证券的交易市场
	期货市场	是指买卖双方成交后，在双方约定的未来某一特定的时日才交割的交易市场

（二）金融市场与企业理财

1. 金融市场是企业投资和筹资的场所

金融市场上有多种融通资金的方式，并且比较灵活。企业需要资金时，可以到金融市场选择适合自己需要的方式筹资。企业有了剩余资金，也可以灵活选择投资方式，为其资金寻找出路。

2. 企业通过金融市场使长短期资金互相转化

企业持有的股票和债券若是长期投资，在金融市场上随时可以转手变现为短期资金；远期票据通过贴现变为现金，与此相反，短期资金也可以在金融市场上转变为股票、债券等长期投资。

3. 金融市场为企业理财提供有意义的信息

金融市场的利率变动反映了资金供求状况，有价证券市场的行市反映了投资人对企业经营状况和盈利水平的评价。它们是企业经营和投资的重要依据。

三、经济环境

财务管理的经济环境是指对企业财务管理有重大影响的一系列经济因素。这里所说的经济环境是指企业进行财务活动的宏观经济状况。它对企业起着决定性的作用。

（一）经济波动

经济发展是波动的，即有时繁荣有时衰退，这对企业理财有着重大影响。一般来说，在经济繁荣时期，市场需求旺盛，销售大幅度上升，企业为了扩大市场，就要增加投资，以增添机器设备、存货和劳动力，这就要求财务人员迅速筹集所需资金。在经济衰退时，由于整个经济环境不景气，企业极有可能处于紧缩状态之中，产量和销量下降，投资锐减，有时资金紧缺，有时又出现资金闲置。总之，面对经济的波动，财务管理人员必须预测经济的变化情况，适当调整财务政策。

（二）通货膨胀

通货膨胀是财务管理中最为棘手的问题，价格的不断上升，会给企业的财务活动带来严重影响。这是因为：大规模的通货膨胀会引起资金占用的迅速增加；引起利息率上升，增加企业的筹资成本；同时，还会引起利润虚增，造成企业资金流失。企业财务人员必须对通货膨胀有所预测，从而采取相应措施，减少损失。

（三）政府的经济政策

政府具有调控宏观经济的职能。国民经济的发展规划、国家的产业政策、经济体制改革的措施、政府的行政法规等，对企业的财务活动有着重大影响。

国家对某些地区、行业、某些经济行为的优惠、鼓励和有利倾斜构成了政府政策的主要内容。从反面来看，政府政策也是对另外一些地区、行业和经济行为的限制。企业在财务决策时，要认真研究政策，按照政策导向行事，才能趋利除弊。

四、竞争环境

市场经济是一种竞争经济，竞争广泛存在于市场经济之中，每一个企业都面临着不同的竞争环境。构成竞争的要素主要有两个：一是参加市场交易的生产者和消费者的数量；二是参加市场交易的商品和劳务的差异程度。一般来说，参加交易的生产者和消费者的数量越多，竞争越大；反之，竞争越小。参加交易的商品和劳务的差异程度越小，竞争程度越大；反之，竞争越小。不过现代市场经济的竞争不仅最终体现为产品和劳务的竞争，而且扩展为人才的竞争、技术的竞争、资金的竞争和信息的竞争。尽管如此，这些竞争最终都会集中体现为产品和劳务的竞争或者价格的竞争。就各个企业而言，竞争环境是直接通过联结其他企业或消费者的购进和销售环节予以体现的，竞争对企业的影响或压力，或者说对财务管理的影响是通过购进和销售予以传导的，它以购进和销售为起点，最终必然在财务活动中得以反映。具体来说有两个方面。①在购进活动中，如果供不应求，企业必须增加存货使资金占用增加，企业为了得到存货也必须付出较高的价格和支付较多的费用，从而需要准备更多的货币资金。同时，为防备价格的进一步上升，企业往往尽量提前进货，以防止涨价损失，为此必须占用更多资金、支付更多的财务费用；如果供过于求，对企业财务活动的影响正好相反。②在销售活动中，如果供不应求，企业的存货会尽快出手，可以减少存货资金占用，甚至可以采取预收货款或一手交钱一手交货的形式，使为满足销售所需的存货降到最低，资金占用最少，相应的财务费用最省。同时，资金周转可以加快，还可以减少结算资金占用，迅速偿还借款，节省财务费用，并为筹集资金提供良好的信用基础；如果供过于求，对企业财务活动的影响正好相反。所以，不同企业可以处于不同类型的竞争环境中，同一类型的企业也会由于购销环节的供求关系不同而处于不同的竞争环境中，它们都会影响企业的财务管理。

第五节　财务管理的方法

财务管理方法是指为了实现财务管理目标，完成财务管理任务，在进行理财活动时所采用的各种技术和手段。财务管理的方法按照财务管理的环节，可分为财务预测方法、财务决策方法、财务计划方法、财务控制方法和财务分析方法。

一、财务预测方法

财务预测是财务人员根据历史资料，依据现实条件，运用特定的方法对企业未来的财务活动和财务成果所做出的科学预计和推测。财务预测的作用表现在以下几个方面：一是财务预测是财务决策的基础；二是财务预测是编制财务计划的前提；三是财务预测是组织日常财务活动的必要条件。

近年来财务预测越来越受到重视，预测方法发展也很快，在预测时应根据具体情况有选择地利用这些方法。

（一）定性预测法

定性预测法主要是利用直观材料，依靠个人经验的主观判断和综合分析能力，对事物未来的状况和趋势做出预测的一种方法。这种方法一般是在企业缺乏完备、准确的历史资料的情况下采用的。其过程如下：首先由熟悉企业财务情况和生产经营情况的专家，根据过去所积累的经验，进行分析判断，提出预测的初步意见；然后通过召开会议等形式，对其进行修正补充。

（二）定量预测法

定量预测法是一种根据变量之间存在的数量关系建立数学模型来进行预测的方法。定量预测法又可分为趋势外推法和因果关系法。

1. 趋势外推法

趋势外推法是按照时间顺序排列历史资料，根据事物发展的连续性来预测今后一段时间的发展趋势及可能达到的水平的方法。这种方法简单易行，只要确定了时间及数量就可以进行预测。它具体包括简单平均法、移动平均法、指数平滑法、直线回归趋势法和曲线回归趋势法等方法。

2. 因果关系法

因果关系法是指根据历史资料，通过认真的分析，找出预测变量与其他变量之间明确的因果关系，建立数学模型来进行预测的一种方法。其具体包括本量利分析法、销售资金率法、投资回收期法、现金流量法等方法。因果关系法相对复杂，只有准确地找出变量之间的因果关系，才能得到科学的预测结果。

定性预测法和定量预测法各有利弊，在实际工作中，应将两者有机结合起来使用，既进行定性分析，又进行定量分析。

二、财务决策方法

财务决策是指财务人员在财务目标的总体要求下，从若干个可以选择的财务活动方案中选择最优方案的过程。

财务决策方法通常包括优选对比法、数学微分法、线性规划法、概率决策法、损益决策法等。

（一）优选对比法

优选对比法是将各种不同的方案排列在一起，按其经济效益的好坏进行优选对比，进而做出决策的方法。优选对比法是财务决策的基本方法。按其对比方式的不同，又可分为总量对比法、差量对比法、指标对比法等。

（二）数学微分法

数学微分法是根据边际分析原理，运用数学上的微分方法，对具有曲线联系的极值问题进行求解，进而确定最优方案的决策方法。数学微分法一般应用于最优资本结构决策、现金最佳持有量决策、存货的经济批量决策等问题的解决。数学微分法是财务决策中的一种重要方法。

（三）线性规划法

线性规划法是根据运筹学的基本原理，用来对具有线性联系的极值问题进行求解，进而确定最优方案的一种方法。线性规划法能帮助企业管理人员优化配置人力、物力和财力，是在若干约束条件下，对人、财、物决策的重要方法。

（四）概率决策法

概率决策法是根据风险型决策原理，对各种备选方案用概率法计算方案的期望值，从中选择期望值最大的方案为最优方案的一种决策方法。

（五）损益决策法

损益决策法是指在势态不明的情况下，依据决策者的经验、态度及所持观点，借助一定方法所进行的一种决策。损益决策法通常包括：①小中取大法，是指决策时找出各种方案的最小值，并择其最大值为优；②大中取大法，是指决策时找出各种方案的最大值，并择其最大值为优；③大中取小法，是指决策时找出各种方案的最大后悔值，然后取其最小者为优。

三、财务计划方法

财务计划也称财务预算，是在一定的计划期内以货币形式反映生产经营活动所需要的资金及其来源、财务收入和支出、财务成果及其分配的计划。财务计划主要包括现金预算、预计利润表和预计资产负债表等。

（一）现金预算

现金预算又称财务收支预算，它是以业务预算和专门决策预算为基础编制的反映企业预算期间内现金收支情况的预算。现金预算主要反映现金收支差额、现金筹措使用情况及期初期末现金余额，包括现金收入、现金支出、现金多余或不足、资金筹措和使用等内容。

（二）预计利润表

预计利润表又称利润预算，是以货币为计量单位，全面、综合反映企业预算期内全部经营活动及其最终财务成果的预算，是控制企业经营活动和财务收支的主要依据。预计利润表是在汇总销售预算、产品生产成本预算、销售及管理费用预算、现金预算等的基础上编制的，目的在于反映企业预算期的盈利水平。

（三）预计资产负债表

预计资产负债表是以货币为计量单位反映企业预算期末财务状况的总括性预算。它是利用基期期末资产负债表，根据预算期销售、生产、成本等预算有关的数据加以调整编制的，目的在于明确预算所反映财务状况的稳定性和流动性。

财务预算的编制方法主要有固定预算与弹性预算，增量预算与零基预算，定基预算与滚动预算。

四、财务控制方法

财务控制是指在财务管理过程中，利用有关信息和特定手段，对企业的财务活动施加的影响或调节，以确保财务目标的实现。财务控制方法可分为防护性控制、前馈性控制和反馈性控制。

（一）防护性控制

防护性控制又称排除干扰控制，是指在财务活动发生之前，就制定一系列制度和规定，把可能产生的差异予以排除的一种控制方法。例如，为了保证现金的安全与完整，就要规定现金的使用范围，制定好内部牵制制度；为了节约各种费用开支，可事先制定开支标准等。

（二）前馈性控制

前馈性控制又称补偿干扰控制，是指通过对实际财务系统运行的监视，运用科学方法预测可能出现的偏差，采取一定的措施，使差异得以消除的一种控制方法。例如，在控制企业短期偿债能力时，要密切注意流动资产和流动负债的对比关系，预测这一比例的发展趋势。当预测到这一比率将变得不合理时，就要采用一定方法对流动资产和流动负债进行调整，使它们的对比关系保持在合理的水平上。

（三）反馈性控制

反馈性控制又称平衡偏差控制，它是在认真分析的基础上，发现实际与计划之间的差异，确定差异产生的原因，采取切实有效的措施，调整实际财务活动或调整财务计划，使差异得以消除或避免今后出现类似差异的一种控制方法。平衡偏差控制所平衡的总是实际产生的偏差。平衡偏差控制运用起来比较方便，一般不需要太多的信息，因为它是根据实际偏差随时调节的。财务活动受外部环境的干扰较重，因此，在财务控制中，最常用的财务控制法就是反馈性控制法。

五、财务分析方法

财务分析是根据有关信息资料，运用特定方法，对企业财务活动过程及其结果进行分析和评价的一项工作。通过财务分析，可以掌握各种财务计划指标的完成情况，评价财务状况，研究和掌握企业财务活动的规律性，改善财务预测、决策、计划和控制，提高企业经济效益，改善企业管理水平。财务分析常用的方法有对比分析法、比率分析法和综合分析法。

（一）对比分析法

对比分析法是通过把有关指标进行对比来分析企业财务情况的一种方法。对比分析法要对同一指标的不同方面进行比较，从数量上确定差异，为进一步查找原因提供依据。对比分析法是一种比较好的分析方法，它具有适用面广、分析过程简单、揭示问题清楚等特点。但任何事物之间，只有遵循一定条件，才具有可比性，因此，在运用对比分析法时，必须注意各种指标之间是否可比。

（二）比率分析法

比率分析法是把有关指标进行对比，用比率来反映它们之间的财务关系，以揭示企业财务状况的一种分析方法。根据分析的不同内容和要求，可以计算出不同的比率进行对比，主要的比率有三种。

1. 相关指标比率

相关指标比率是根据财务活动存在的相互依存、相互联系的关系，将两个性质不同但又相关的指标数值相比，求出比率，以便从财务活动的客观联系中进行研究，更深入地认识企业的财务状况。例如，将利润、成本费用、销售收入、总资产建立起指标对比关系，计算出销售利润率、成本费用率、成本费用利润率、资产利润率等。

2. 构成比率

构成比率是通过计算某项指标的各个组成部分占总体的比例，分析其构成内容的变化，从而掌握该项财务活动的特点和变化趋势。例如，将负债资金同全部资金进行对比，求出负债比率，便可揭示财务风险的大小。

3. 趋势比率

趋势比率是将某项指标的不同时期数值对比，求出比率，以观察财务活动的动态变化程度，分析有关指标的发展方向和增减速度。

比率分析法是财务分析的一种重要方法。通过各种比率的计算和对比，基本上能反映出一个企业的偿债能力、盈利能力、营运能力和盈余分配情况。

（三）综合分析法

综合分析法是把有关财务指标和影响财务状况的各种因素都有序地排列在一起，综合地分析企业财务状况和经营成果的一种方法。对任何单一指标、单一因素进行分析，都不能全面评价企业的财务状况和发展变化趋势，必须进行综合分析，才能对企业财务状况做出全面、系统的评价。在进行综合分析时，可采用财务比率综合分析法、因素综合分析法、杜邦体系分析法等。综合分析法是一种重要的分析方法，它对全面、系统、综合地评价企业财务状况具有十分重要的意义。

小　　结

1．企业财务管理是企业管理的重要组成部分，是对企业财务活动进行组织、预测、决策、计划、控制、分析和监督等一系列管理工作的总称。其基本特征是价值管理，管理的客体是企业的财务活动，管理的核心是企业财务活动所体现的各种财务关系，是利用价值形式对企业财务活动及其体现的财务关系进行的综合性管理工作。

2．企业财务活动包括筹资活动、投资活动、资金营运活动、资金分配活动。企业的财务关系包括企业与投资者、受资者之间的财务关系、企业与债务人、债权人之间的财务关系、企业与税务机关之间的财务关系、企业与往来客户之间的财务关系、企业内部各单位之间的财务关系、企业与职工之间的财务关系等。

3．财务管理要素是企业财务管理的重要组成内容，根据财务管理的内涵和实质，资金筹集、资产运营、成本控制、收益分配、信息管理、财务监督构成了财务管理的六大要素。

4. 财务管理的目标是一切财务活动的出发点和归宿。最具有代表性的财务管理目标包括如下几个观点：利润最大化、资本利润率或每股盈余最大化、股东财富最大化或企业价值最大化。

5．财务管理环节是指企业财务管理工作的各个阶段。财务管理的基本环节有财务预测、财务决策、财务计划、财务控制和财务分析。

6. 企业的财务管理环境是指对企业财务活动产生影响作用的外部约束条件。企业的财务管理环境涉及的范围很广，最重要的是法律环境、金融环境、经济环境和竞争环境。

7. 财务管理方法是指为了实现财务管理目标，完成财务管理任务，在进行理财活动时所采用的各种技术和手段。财务管理的方法按照财务管理的环节，可分为财务预测方法、财务决策方法、财务计划方法、财务控制方法和财务分析方法。

8. 关键概念：财务管理；财务活动；财务关系；财务管理要素；财务管理目标；财务管理环节；财务管理环境；财务管理方法。

基础知识与技能训练

一、单项选择题

1．金融市场由（　　）组成。

A．主体　　B．客体　　C．参加人　　D．以上都是

2．在市场经济条件下，财务管理的核心是（　　）。

A．财务预测　　B．财务决策　　C．财务控制　　D．财务分析

3．（　　）是财务决策的基础，是编制财务计划的前提。

A．财务预测　　B．财务控制　　C．财务预算　　D．财务分析

4．（　　）是财务预测和财务决策的具体化，是控制和分析财务活动的依据。

A．财务计划　　B．财务决策　　C．财务控制　　D．财务预算

5．企业与政府间的财务关系主要体现为（　　）。

A．债权债务关系　　B．税收征纳关系

C．资金结算关系　　D．风险收益对等关系

6．财务管理的核心是（　　）。

A．生产管理　　B．资金管理

C．销售管理　　D．人力资源管理

7．财务关系是企业在组织财务活动过程中与有关各方面发生的（　　）。

A．经济往来关系　　B．经济协作关系

C．经济责任关系　　D．经济利益关系

8．企业与债权人的财务关系主要体现为（　　）。

A．投资收益关系　　B．等价交换关系

C．分工协作关系　　D．债务债权关系

9．企业的财务活动是（　　）。

A．资金运动　　B．产品运动

C．实物商品运动　　D．金融商品运动

10．（　　）不属于资金营运活动。

A．购置固定资产

B．销售商品收回资金

C．采购材料所支付的资金

D．采取短期借款方式筹集资金以满足经营需要

二、多项选择题

1．企业财务管理的基本内容包括（　　）。

A．筹资决策　　B．技术决策

C．投资决策　　D．盈利分配决策

2．财务管理的基本原则有（　　）。

A．资金合理配置原则　　B．目标统一原则

C．成本效益原则　　D．风险与收益权衡原则

3．企业财务管理总体目标具有代表性的观点主要有（　　）。

A．总产值最大化　　B．利润最大化

C．每股盈余最大化　　D．财富最大化

4．企业的财务活动包括（　　）。

A．企业筹资引起的财务活动　　B．企业投资引起的财务活动

C．企业经营引起的财务活动　　　　D．企业分配引起的财务活动
E．企业管理引起的财务活动

5．企业的财务关系包括（　）。
A．企业同其所有者之间的财务关系
B．企业同其债权人之间的财务关系
C．企业同其债务人之间的财务关系
D．企业同被投资单位之间的财务关系
E．企业同税务机关之间的财务关系

三、判断题

1．企业的目标就是财务管理的目标。（　）
2．财务管理的基本环节相互独立，没有联系。（　）
3．企业价值就是账面资产价值。（　）
4．企业资金运动的实质反映的是经济利益关系。（　）
5．在金融市场上，资金被当作一种特殊的商品来交易，其交易价格表现为利率。（　）
6．财务管理就是对资金的管理。（　）
7．企业与政府之间的关系体现为一种投资与受资的关系。（　）
8．企业价值最大化直接反映了企业所有者的利益，与企业经营者没有直接的利益关系。（　）
9．企业与受资者之间的财务关系体现的是债权债务关系。（　）
10．影响财务管理的经济环境因素主要包括经济周期、经济发展水平、经济政策和金融市场状况等。（　）

四、实训题

1．小王的叔叔有一家很大的机床生产企业，公司的发展规模在最近几年迅速扩张，而小王的叔叔原来是从事技术管理出身的，对公司的财务管理很不了解，因此他邀请小王在暑假中给他担任两个月的财务顾问。小王正在大学学习财务管理，他很感谢叔叔对他的信任，也决心帮助叔叔搞好管理。

经过两个星期的调查了解后，小王发现企业存在如下问题。

（1）产品质量控制不严格，许多工序没有质量检验程序。

（2）产品销售价格不平衡，存在不同客户不同价格的现象。

（3）采购存货无计划，导致某些存货积压时间很长。

（4）员工工作积极性不高，存在“磨洋工”的现象。

（5）企业没有现金收支计划，资金周转困难时就靠银行贷款解决，企业无法预计未来可能出现的现金盈亏。

讨论题：（1）上述问题中，哪些属于财务管理问题？

（2）如果你是小王，你应该从哪些方面帮助解决上述问题？

2. 未来电子科技公司最近推出了一套适用于金融机构、大公司和政府部门处理和存储，包括税收、自动转账等财务数据的电子微型系统软件。这项产品的技术开发权属于未来电子科技公司，但预计其竞争者很快也能推出类似产品，因而未来电子科技公司比原计划提早将该产品推向了市场。事实上之前的实验室测试阶段的工作还没有完成，现在测试已经完成了，而且结果显示该数据系统在有些数据的恢复和处理上存在缺陷。当然，测试结果不是结论性的，但是根据未来电子科技公司的说法，即使新的测试结果证实确实存在这种缺陷，也没什么大问题，因为这种情况出现的概率只有亿分之一。现在还不知道这一缺陷会对财务处理产生什么后果。

假设你是未来电子科技公司的一位高级管理人员，你的薪酬与公司业绩直接挂钩。你知道，如果未来电子科技公司召回缺陷产品，必然会导致股票价格的下跌，你的薪酬也会下降。更主要的是，你刚刚根据你对未来几年的收入预期买了一栋昂贵的房子，如果未来电子科技公司的新系统项目不成功，就无法付款。

讨论题：(1) 作为一名高级执行官，你觉得应该做出什么样的决策？

(2) 你是否应当建议公司召回问题产品，直到检测结果满意为止？

(3) 你是否有其他的解决办法？

五、案例分析

案例1：绍兴百大高级管理人员持股对公司财务管理目标的影响①

1999年9月，绍兴百大发布公告称，公司的高级管理人员已于近日陆续从二级市场上购入该公司的社会公众股，平均每股购入价格为10.40元左右。公告还显示，购入股份最多的是该公司总经理王学超，持股数量达28 600股，而购入股份最少的高级管理人员也有19 000股。按照有关规定，上述人员只有在离职6个月后，才可将所购入的股份抛出。资料显示，绍兴百大自1994年3月上市以来已经两度易主，股权几经变更。1998年11月，该公司第二大股东宁波嘉源实业发展有限公司通过受让原第一大股东的股权，从而成为绍兴百大的现任第一大股东，嘉源公司承诺所持股份在3年之内不转让。

由于种种历史原因，上市公司中“零股董事”的现象比较普遍，而高级管理人员主动从二级市场上购入本公司的股份却并不多见，而且绍兴百大高级管理人员所购股份都不在少数，最少都得花费20多万元。据绍兴百大总经理王学超介绍，此次高级管理人员持股，可以说是公司董事会的一种强制行为。1998年底嘉源公司入主绍兴百大之后，经过半年多的清产核资，绍兴百大的不良资产基本上得到剥离，留下的都是比较扎实的优良资产，在此基础上，1999年6月3日，公司董事会提出，公司的总经理、副总经理、财会负责人和董事会秘书等在6个月之内，必须持有一定数量的公司发行在外的社会公众股，并且如果在规定的期限内，高级管理人员没有完成上述持股要求，公司董事会将解除对其的聘任。

王学超说，董事会这样做的目的是增强高级管理人员对公司发展的使命感和责任感，让他们也来投资自己所管理的公司，公司做好了，他们的资产就会增值，公司做得不好也

① 资料来源：www.manaren.com.

就直接影响到他们的切身利益，把他们个人的利益与公司的利益紧密地结合起来，有利于企业的快速健康发展。

董事、高级管理人员持股是投资者谈得不愿再谈的老话题了，尽管业内人士多次就此事展开讨论，但是因为种种客观原因，这一问题一直没有得到很好地解决。目前上市公司中“零股董事”、“零股高级管理人员”的现象还较为普遍。虽然有关部门并没有规定上市公司的高级管理人员必须持有公司的股票，但是按现代企业制度的精神，从对企业的发展以及增强高级管理人员的责任心等方面来说，高级管理人员持股比不持股更有动力。正如绍兴百大总经理王学超所说的那样，如果高级管理人员对公司的发展都没有信心，都不愿持有公司的股票，那么又如何让投资者放心的投资该公司呢？

应该说，在如何把高级管理人员的利益与其所管理公司的利益紧密结合起来，增强高级管理人员的责任心方面，绍兴百大的这种强制持股的做法显然有一定的积极意义。君安证券的王维纲说，让上市的高级管理人员自己的切身利益与公司的股票价格（最终归结到公司业绩的提升上）紧密联系起来，国际上通行的做法是采用股票期权的形式，来鼓励高级管理人员提高上市公司的业绩，提高对股东的回报，由于国情不同，国内的企业特别是国有企业目前还做不到这一点，但这是改革的趋势，因而上市公司高级管理人员能主动购入公司的流通股，是比较好的现象，是一种进步。王维纲认为，这种做法，可以使上市的高级管理人员在做出决策时更加注重公司的利益而不是大股东的利益，对高级管理人员提高公司的业绩也能产生较大的动力。

思考与分析：

（1）你认为公司高级管理人员持股对公司财务管理目标有何影响？

（2）你如何评价百大的高级管理人员持股？

（3）谈谈你对股权分散、股权集中的认识。

案例 2：瓦伦汀商店企业组织形式的选择①

马里奥·瓦伦汀拥有一家经营得十分成功的汽车经销商店——瓦伦汀商店。25 年来，瓦伦汀一直坚持独资经营，身兼所有者和管理者两职。现在他已经 70 岁了，打算从管理岗位上退下来，但是他希望汽车经销商店仍能掌握在家族手中，他的长远目标是将这份产业留给自己的子孙。

瓦伦汀在考虑是否应该将他的商店转为公司制经营。如果他将商店改组为股份公司，那么他就可以给自己的每一位儿孙留数目合适的股份。另外，他可以将商店整个留给儿孙们，让他们进行合伙经营。为了能够选择正确的企业组织形式，瓦伦汀制定了下列目标。

1）所有权。瓦伦汀希望他的两个儿子各拥有 25%的股份，五个孙子各拥有 10%的股份。

2）存续能力。瓦伦汀希望即使发生儿孙死亡或放弃所有权的情况也不会影响经营的存续性。

3）管理。当瓦伦汀退休后，他希望将产业交给一位长期服务于商店的雇员——乔·汉兹来管理。虽然瓦伦汀希望家族保持产业的所有权，但他并不相信他的家族成员有足够的

① 资料来源：王化成. 2000. 财务管理教学案例. 北京：中国人民大学出版社.

时间和经验来完成日常的管理工作。事实上，瓦伦汀认为他有两个孙子根本不具备经济头脑，所以他并不希望他们参与管理工作。

4）所得税。瓦伦汀希望产业采取的组织形式可以尽可能减少他的儿孙们应交纳的所得税。他希望每年的经营所得都可以尽可能多地分配给商店的所有人。

5）所有者的债务。瓦伦汀知道经营汽车会出现诸如对顾客汽车修理不当而发生车祸之类的意外事故，这要求商店有大量的资金。虽然商店已投了保，但瓦伦汀还是希望确保在商店发生损失时他的儿孙们的个人财产不受任何影响。

思考与分析：

（1）根据你掌握的知识，你认为该企业应采用公司制还是合伙制？

（2）公司制或合伙制对企业财务管理会产生哪些影响？

本章学习笔记

第二章　货币时间价值和风险报酬

知识点 ☞ 通过本章相关知识的学习，学生应了解和掌握以下知识点：货币时间价值的本质，货币时间价值的基本概念、基本计算方法及基本原理的应用；资金风险价值的含义，风险报酬的概念及其计算。

技能点 ☞ 能运用货币时间公式计算复利现值和终值、年金现值和终值；资产的风险和报酬；能利用投资组合原理，构建投资组合。

引导案例

当下买房难已成为人们街头巷议的一大话题，特别是对买房的年轻人来讲，更是一大难题。除房价高企之外，还有就是贷多少款？如何还款？贷款越多越好，还是越少越好？还款期限越长越好，还是越短越好？要找到这些问题的答案，就会涉及货币的时间价值问题。

根据中国人民银行现行规定，个人住房贷款的还款方式有等额还款法和等额本金法两种，其区别如下。

1）计算方法不同。前者是每月以相等的金额偿还贷款本息。后者是每月等额偿还本金，贷款利息随本金逐月递减。

2）支付的利息总额不一样。在相同贷款金额、利率和贷款年限条件下，后者的利息总额要少于前者。

3）还款前几年的利息、本金比例不一样。前者的前几年的还款总额中利息占的比例较大，后者的本金平摊到每一次，利息借一天算一天，因此两者的比例最高时也就各占 50%左右。

4）还款前后期的压力不一样。在收支和物价相对稳定的情况下，前者每次还款的压力是一样的；后者在同等情况下，后期的压力要比前期小很多。

实际贷款时，商业银行一般向客户推荐采用等额偿还法，因为这种方式计算简单。它是按复利按月计息的，即在贷款期限内每月均以相等的偿还额归还贷款本金和利息。

若按照目前房贷利率 5.94%计算，贷款 20 万元，还款期限为 10 年，在等额还款法和等额本金法两种方法下，每月偿还金额分别如下。

1）等额还款法：每月等额偿还 2214.39 元，还款总额为 265 726.64 元，支付的利息为 65 726.64 元。

2）等额本金法：首期还款额为 2656.67 元，末期还款额为 1674.92 元，还款总额为 259 895.00 元，支付的利息为 59 895.00 元。

第一节　货币时间价值

一、货币时间价值的内涵

（一）货币时间价值的意义

货币时间价值是指货币随着时间的推移而形成的增值，即货币经历一定时间的投资和再投资所增加的价值。例如，今天的 500 元，1 年后可能值 520 元，即用一年后的 500 元去交换今天的 500 元钱就要有 20 元的附加，这 20 元附加就是货币随着时间的推移而形成的增值。因此，货币的时间价值使等量的货币在不同的时点上具有不同的价值。货币时间价值产生的原因从表面上看似乎是时间这一因素。实际上，货币只有在作为资本或者再生产手段的前提下，通过劳动者的劳动创造的价值才是货币增值的真正原因。

（二）货币时间价值存在的条件

货币时间价值产生的前提是商品经济的高度发展和借贷关系的普遍存在。随着借贷关系的产生和发展，资本所有权与经营权发生的分离，资本分化为借贷资本和经营资本。这时，货币才以人们看得见的形式——利息，在经济生活中广泛地发挥作用。在商品经济社会中，一定量的货币投入生产过程，可以使自己增值。因此，货币是能增值的使用价值。资本所有者把货币的这种使用价值让渡给经营者，经营者用以进行生产经营活动而获得利润，就需要从利润中分出一部分给资本所有者作为报酬。借用的时间越长，付出的报酬就越多，这种报酬就是利息。一定时间内，利息量同借贷资本量的比率，就是利息率。当利息这种关系普遍化以后，不仅使用借入资本的经营者要计算利息，就是使用自有资本的经营者，也要把利润的一部分扣除下来，作为对自有资本的报酬，而只把利润的剩余部分看作经营收益。于是，货币的时间价值作为普遍适用的观念广泛应用在经济生活中。

由此可见，货币的时间价值是货币资金在价值运动中形成的一种客观属性。只要商品经济存在，只要借贷关系存在，货币的时间价值必然要发生作用。

（三）货币时间价值的表现形式

货币的时间价值可以用绝对数表示，也可以用相对数表示，即以利息额和利息率表示。在实际工作中对这两种表示方法并不做严格区分，通常以利息率进行计量。利息率的实际内容是社会平均资金利润率。但是，一般的利息率除了包括货币的时间价值因素以外，还包括风险价值和通货膨胀因素等。因此，作为货币时间价值表现形态的利息率，应以社会平均资金利润率为基础，而又不应高于这种资金利润率。

二、货币时间价值的计算

货币时间价值揭示了不同时点上货币之间的数量关系，因而它是进行筹资决策和投资决策必不可少的计量手段。计算货币时间价值要涉及现值和终值两个概念。所谓现值，是指一定量货币的现在价值，也就是指本金；而终值是指一定量货币在若干期限以后的总价值，也就是指本利和。

（一）单利的计算

单利是指在规定期限内仅就本金计算利息的一种计息方法。设：

P 为现值；i 为利率，通常指年利率；I 为利息；n 为年数；F 为终值。

1）单利利息的计算。计算公式为

$$I = P \times i \times n$$

2）单利终值的计算。计算公式为

$$F = P + I = P + P \times i \times n = P \times (1 + i \times n)$$

3）单利现值的计算。单利现值是单利终值的逆运算。其计算公式为

$$P = \frac{F}{(1 + i \times n)}$$

【例 2.1】　将 10 000 元存入银行，年利率为 5%，两年期满后可获得的利息为

$$I = 10\,000 \times 5\% \times 2 = 1000(元)$$

两年后得到的本利和为

$$F = 10\,000 \times (1 + 5\% \times 2) = 11\,000(元)$$

若此人两年后想得到 11 000 元，现在应存入的金额为

$$P = \frac{11\,000}{(1 + 5\% \times 2)} = 10\,000(元)$$

（二）复利的计算

复利是指在规定期限内，每经过一个计息期，都要将所生利息计入本金再计利息，逐期滚算，俗称“利滚利”。资金时间价值通常按复利计算。

1. 复利终值

复利终值是一定量的本金按复利计算若干期后的本利和。

【例 2.2】　刘某将 10 000 元存入银行，年利率为 5%，一年后，银行应付的金额为

$$F = P + P \times i = P(1 + i) = 10\,000 \times (1 + 5\%) = 10\,500(元)$$

两年后银行应付的金额为

$$F = \left[P(1 + i)\right] \times (1 + i) = P(1 + i)^2 = 10\,000 \times (1 + 5\%)^2 = 11\,025(元)$$

3 年后银行应付其的金额为

$$F = P(1 + i)^3 = 10\,000 \times (1 + 5\%)^3 = 11\,576.25(元)$$

则 n 年后，应付其的金额为

$$F = P(1 + i)^n$$

式中的 $(1+i)^n$ 被称为复利终值系数或 1 元的复利终值，用（F/P，i，n）表示，上式是计算复利终值的一般公式。实际计算时，其数值可查复利终值系数表（见附录）。

【例 2.3】　王某存入银行 1000 元，年利率为 6%，4 年期满后，他应得的本利和为

$$F=P(1+i)^n=1000\times(1+6\%)^4=1000\times(F/P,6\%,4)$$
$$=1000\times1.2625=1262.5(\text{元})$$

2. 复利现值

复利现值是复利终值的逆运算，是指未来一定量的货币，按一定利率折算的现在价值。计算公式为

$$P=\frac{F}{(1+i)^n}=F(1+i)^{-n}$$

式中的$(1+i)^{-n}$被称为复利现值系数，或1元的复利现值，用（P/F，i，n）表示，实际计算时，其数值可查复利现值系数表（见附录）。

【例2.4】 王某拟在4年后获得本利和6310元，年利率为6%，则现在应存的本金为

$$P=F\cdot(P/F,i,n)$$
$$=6310\times(P/F,6\%,4)$$
$$=6310\times0.7921=4998.15(\text{元})$$

3. 名义利率与实际利率

复利的计息期未必总是一年，有可能是季度、月、周或日。当利息一年内要多次复利时，给出的年利率即名义利率。

【例2.5】 现有本金1000元，年利率为8%，每年复利一次，4年后的本利和与利息分别是

$$F=P(1+i)^n$$
$$=1000\times(1+8\%)^4$$
$$=1000\times(F/P,8\%,4)$$
$$=1000\times1.3605=1360.5(\text{元})$$
$$I=F-P$$
$$=1.3605-1000=360.5(\text{元})$$

上例若每季度复利一次，则

$$\text{每季利率}=\frac{8\%}{4}=2\%$$
$$\text{复利次数}4\times4=16$$
$$F=1000\times(1+2\%)^{16}$$
$$=1000\times1.3728=1372.8(\text{元})$$
$$I=1372.8-1000=372.8(\text{元})$$

当一年内复利几次时，实际得到的利息要比按名义利率计算的利息高。

实际年利率和名义利率之间的关系是

$$1+i=\left(1+\frac{r}{M}\right)^m$$

式中，r —— 名义利率；

M —— 每年复利次数；

i —— 实际利率。

将上例中数据代入：

$$i=\left(1+\frac{r}{M}\right)^{m}-1$$
$$=\left(1+\frac{8\%}{4}\right)^{4}-1$$
$$=1.0824-1=8.24\%$$
$$F=1000\times(1+8.24\%)^{4}$$
$$=1372.8(\text{元})$$

(三)年金的计算

年金是指一定时期内每期相等金额的收付款项，如折旧、租金、利息、保险金、养老金等通常都采取年金的形式。按照收付的次数和支付的时间划分，年金有以下几类。

1. 普通年金

普通年金又称后付年金，是指每期期末收付的年金。由于在经济活动中后付年金最为常见，故又称普通年金。

(1) 普通年金的终值

年金终值犹如零存整取的本利和，它是一定时期内每期期末收付款项的复利终值之和。假若每年存款 100 元，年利率为 10%，经过 5 年，年金终值如图 2.1 所示。

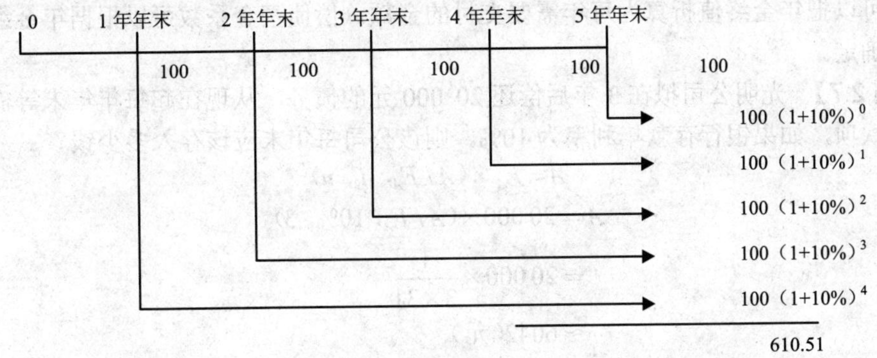

图 2.1　5 年的年金终值

由此设每年支付金额为 A，利率为 i，期数为 n，则按复利计算的年金终值 F_A 为

$$F_A=A+A(1+i)+A(1+i)^2+\cdots+A(1+i)^{n-1}$$

等式两边同乘 $(1+i)$：

$$(1+i)F_A=A(1+i)+A(1+i)^2+A(1+i)^3+\cdots+A(1+i)^n$$

上述两式相减：

$$(1+i)F_A - F_A = A(1+i)^n - A$$

$$F_A = \frac{A(1+i)^n - A}{(1+i)-1}$$

$$F_A = A\times\frac{(1+i)^n-1}{i}$$

式中的$\frac{(1+i)^n-1}{i}$称为年金终值复利系数，用符号$(F_A/A,\ i,\ n)$表示。实际计算时，其数值可查年金终值系数表（见附录）。

【例 2.6】 王某每年年末存入银行 1000 元，连续存 5 年，年利率为 10%，则 5 年后可得的本利和为

$$\begin{aligned}F_A &= 1000\times(F_A/A, 10\%, 5)\\ &= 1000\times 6.1051\\ &= 6105.1(\text{元})\end{aligned}$$

（2）偿债基金的计算

偿债基金是指为了在约定的未来某一点清偿某笔债务或积累一定数额的资金而必须分次等额提取的存款准备金。由于每次提取的等额准备金类似年金存款，因而同样可以获得按复利计算的利息，所以，债务实际上等于年金终值，每年提取的偿债基金等于年金 A，也就是说，偿债基金的计算实际上是年金终值的逆运算。其计算公式为

$$A = F_A\times\frac{i}{(1+i)^n-1}$$

式中的$\frac{i}{(1+i)^n-1}$为年金终值系数的倒数，称为偿债基金系数，用符号$(A/F_A,\ i,\ n)$表示。它可以把年金终值折算为每年需要支付的金额。偿债基金系数可以根据年金终值系数求倒数确定。

【例 2.7】 光明公司拟在 3 年后偿还 20 000 元的债务，从现在起每年年末等额存入银行一笔款项，如果银行存款年利率为 10%，则该公司每年末应该存入多少钱？

$$A = F_A\times(A/F_A,\ i,\ n)$$

$$\begin{aligned}A &= 20\,000\times(A/F_A,\ 10\%,\ 3)\\ &= 20\,000\times\frac{1}{3\times 31}\\ &\approx 6042(\text{元})\end{aligned}$$

（3）普通年金的现值

普通年金现值是指一定时期内每期期末收付款项的复利现值之和。假若每年取得收益 100 元，年利率为 10%，为期 5 年，年金现值如图 2.2 所示。

普通年金现值的一般计算公式为

$$P_A = A(1+i)^{-1} + A(1+i)^{-2} + A(1+i)^{-3} + \cdots + A(1+i)^{-n}$$

等式两边同乘$(1+i)$，则

$$P_A(1+i) = A + A(1+i)^{-1} + A(1+i)^{-2} + \cdots + A(1+i)^{-(n-1)}$$

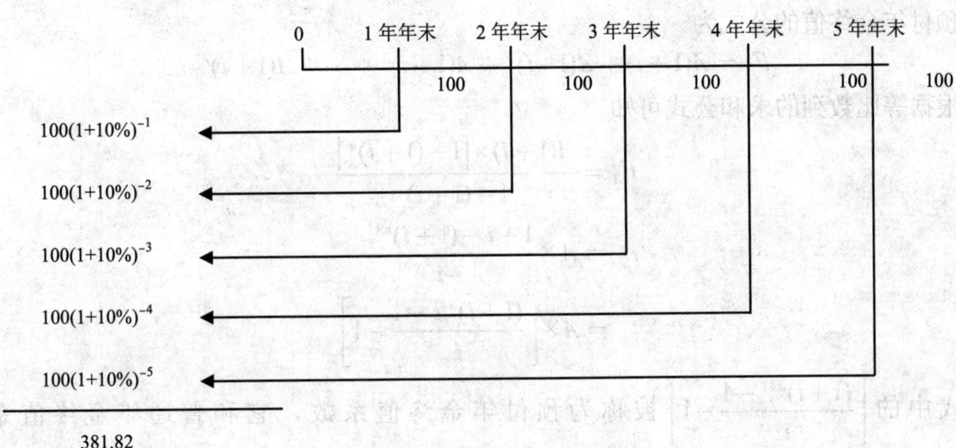

图 2.2　5 年的年金现值

两式相减：

$$P_A(1+i)-P_A=A-A(1+i)^{-n}$$

$$P_A=A\times\frac{1-(1+i)^{-n}}{i}$$

式中的$\frac{1-(1+i)^{-n}}{i}$称为普通年金现值系数，用符号$(P_A/A,\ i,\ n)$表示。在实际计算时，其数值可查年金现值系数表（见附录）。

【例 2.8】　王某每年年末支付房屋租金 10 000 元，为期 5 年，按年利率 10%计算，他所付租金的现值为

$$\begin{aligned}P_A&=10\ 000\times(P_A/A,\ 10\%,\ 5)\\&=10\ 000\times3.7908\\&=37\ 908\text{（元）}\end{aligned}$$

2. 预付年金

预付年金是指在每期期初支付的年金，又称先付年金。

（1）预付年金的终值

预付年金的支付形式如图 2.3 所示。

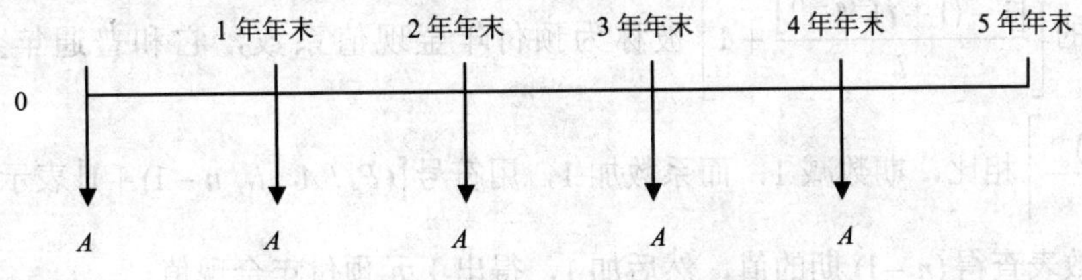

图 2.3　预付年金的支付形式

预付年金终值的公式为

$$F_A = A(1+i) + A(1+i)^2 + A(1+i)^3 + \cdots + A(1+i)^n$$

根据等比数列的求和公式可知

$$F_A = \frac{A(1+i)\times\left[1-(1+i)^n\right]}{1-(1+i)}$$

$$= A\times\frac{1+i-(1+i)^{n+1}}{-i}$$

$$= A\times\left[\frac{(1+i)^{n+1}-1}{i}-1\right]$$

式中的 $\left[\frac{(1+i)^{n+1}-1}{i}-1\right]$ 被称为预付年金终值系数，它和普通年金终值系数 $\frac{(1+i)^{n+1}-1}{i}$ 相比，期数加 1，而系数减 1，用符号 $\left[(F_A/A,\ i,\ n+1)-1\right]$ 表示，可利用年金终值系数表查得（n+1）期的值，然后减 1 得出 1 元预付年金终值。

【例 2.9】 光明公司有一项投资项目，每年年初投入资金 50 万元，共投资 5 年，假定年利率为 8%，则 5 年后预付年金的终值是多少？

$$F_A = A\times\left[(F_A/A,\ i,\ n+1)-1\right]$$

$$= 50\times\left[(F_A/A,\ 8\%,\ 5+1)-1\right]$$

$$= 50\times(7.3359-1)$$

$$= 316.8(\text{万元})$$

（2）预付年金的现值

预付年金现值的计算公式为

$$P_A = A + A(1+i)^{-1} + A(1+i)^{-2} + \cdots + A(1+i)^{-(n-1)}$$

根据等比数列求和公式可知：

$$P_A = \frac{A\cdot[1-(1+i)^{-n}]}{1-(1+i)^{-1}}$$

$$= A\cdot\frac{[1-(1+i)^{-n}](1+i)}{i}$$

$$= A\cdot\left[\frac{[1-(1+i)^{-(n-1)}]}{i}+1\right]$$

式中的 $\left[\frac{[1-(1+i)^{-(n-1)}]}{i}+1\right]$ 被称为预付年金现值系数，它和普通年金现值系数 $\left[\frac{1-(1+i)^{-n}}{i}\right]$ 相比，期数减 1，而系数加 1，用符号 $\left[(P_A/A,\ i,\ n-1)+1\right]$ 表示。可利用年金现值系数表查得 $(n-1)$ 期的值，然后加 1，得出 1 元预付年金现值。

【例 2.10】　光明公司分期付款购进设备一套，分 5 年，每年年初支付 100 万元，假定年利率为 10%，该设备购进时一次性付款是多少？

$$\begin{aligned}P_A &= A\times\left[(P_A/A,\ i,\ n-1)+1\right]\\&=100\times\left[(P_A/A,\ 10\%,\ 5-1)+1\right]\\&=100\times(3.1699+1)\\&=416.99(\text{万元})\end{aligned}$$

3. 递延年金

递延年金是指第一次支付发生在第二期或第二期以后的年金。递延年金的支付形式如图 2. 4 所示。

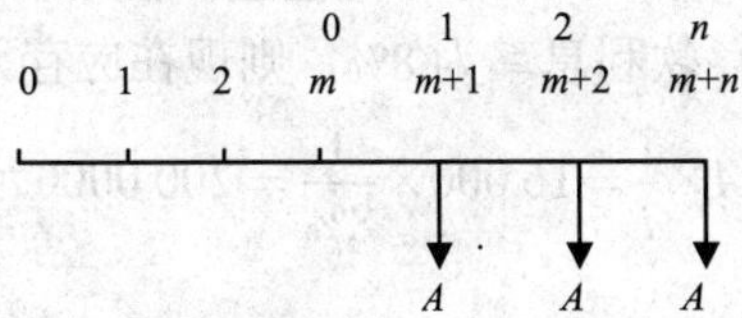

图 2.4　递延年金的支付形式

递延 m 期后的 n 期年金与 n 期年金相比，两者付款期相同，但这项递延年金现值是 m 期后的 n 期年金现值，还需要再贴现 m 期。因此，递延年金的现值计算公式为

$$P=\left[A\cdot(P_A/A,\ i,\ n)\right]\times(P/F,\ i,\ m)$$

递延年金的终值大小与递延期无关，故计算方法与普通年金终值相同：

$$F=A\cdot(F_A/A,\ i,\ n)$$

【例 2.11】　光明公司一项目于年初动工，5 年后竣工，收益期为 10 年。每年的收益为 40 000 元。按年利率 6%计算，如图 2.5 所示。

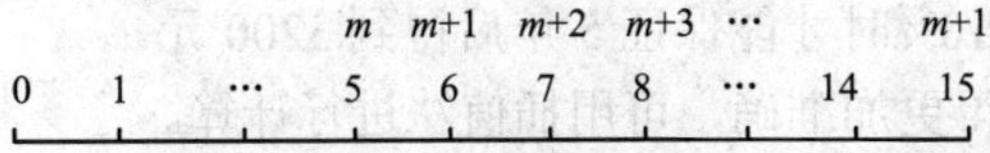

图 2.5　递延年金终值

该项目 10 年收益的终值为

$$\begin{aligned}F &= A\cdot(F_A/A,\ i,\ n)=40\,000\times(F_A/A,\ 6\%,\ 10)\\&=40\,000\times13.1808=527\,232(\text{元})\end{aligned}$$

该项目 10 年收益的现值为

$$\begin{aligned}P&=\left[A\cdot(P_A/A,\ i,\ n)\right]\times(P/F,\ i,\ m)\\&=40\,000(P_A/A,\ 6\%,\ 10)(P/F,\ 6\%,\ 5)\\&=40\,000\times7.3601\times0.7473\\&=220\,008(\text{元})\end{aligned}$$

4. 永续年金

无限期定额支付的年金称为永续年金。现实生活中的存本取息可视为永续年金的一个例子。

永续年金没有终止的时间，也就没有终值。永续年金的现值可以通过普通年金现值的计算公式导出：

$$P = A \cdot \frac{1-(1+i)^{-n}}{i}$$

当 $n \to \infty$ 时，$(1+i)^{-n}$ 的极限为零，故上式可写成

$$P = A \times \frac{1}{i}$$

【例 2.12】　助学基金会准备存入银行一笔基金，预期以后每年年末取出利息 16 000 元，用以支付年度奖学金。若存款利息率为 8%，则现在应存入的资金为

$$P = A \times \frac{1}{i} = 16\,000 \times \frac{1}{8\%} = 200\,000(\text{元})$$

（四）贴现率的计算

在上述货币时间价值的计算中，都假定贴现率是给定的。在实际经济工作中，有时仅知道计息期、终值和现值，要根据已知条件去求得贴现率。

【例 2.13】　现在存入银行 2000 元，要想 5 年后能得到本利和 3200 元，存款利率的计算如下：

$$F = P \cdot (F/P,\ i,\ n)$$
$$3200 = 2000(F/P,\ i,\ 5)$$
$$(F/P,\ i,\ 5) = 1.6$$

在复利终值表中，凡属 5 年期的各系数中，年利率 10%的值为 1.6105，与 1.6 十分接近。可见，年利率大约为 10%时才能保证 5 年后得到 3200 元。

如果要使贴现率计算得更加准确，可用插值法进行计算。

【例 2.14】　现在向银行存入 5000 元，若在以后 10 年中每年得到 750 元的利息，则年利率的计算如下：

$$P = A \cdot (P_A/A,\ i,\ n)$$
$$5000 = 750(P_A/A,\ i,\ 10)$$
$$(P_A/A,\ i,\ 10) = \frac{5000}{750} = 6.6667$$

从年金现值表中可以看到，在 $n=10$ 的各系数中，i 为 8%时，系数是 6.7101；i 为 9%时，系数是 6.4177。可见利率应为 8%～9%。则可用插值法计算如下：

$$i = 8\% + \frac{6.7101-6.6667}{6.7101-6.4177}(9\%-8\%) = 8.1484\%$$

以上说明了有关货币时间价值主要指标的计算方法（归纳起来如表 2.1 所示），这些方

法是运用货币时间价值的基础。掌握了这些基本的计算方法，在企业财务管理中就可以根据实际情况加以具体应用了。

表 2.1 终值与现值计算表

项 目	基 本 公 式	其 他 运 用
一次性款项终值	单利终值＝现值×（1＋n×i） 复利终值＝现值×$(1+i)^n$＝现值×（F/P，i，n）	求期数、利率
一次性款项现值	单利现值＝终值÷（1+n×i） 复利现值＝终值×$(1+i)^{-n}$＝终值×（P/F，i，n）	求期数、利率
普通年金终值	终值＝年金额×普通年金终值系数 ＝年金额×（F/A，i，n）	求年金额、期数、利率
普通年金现值	现值＝年金额×普通年金现值系数 ＝年金额×（P/A，i，n）	求年金额、期数、利率
预付年金终值	终值＝年金额×预付年金终值系数 ＝年金额×$[(F_A/A,i,n+1)-1]$	求年金额、支付期数、利率
预付年金现值	现值＝年金额×预付年金现值系数 ＝年金额×$[(P_A/A,i,n-1)+1]$	求年金额、支付期数、利率
递延年金终值	终值＝年金额×（F/A，i，n），n 表示年金额的个数，与递延期无关，故计算方法与普通年金终值相同	求年金额、支付期数、利率
递延年金现值	1）先将递延年金视为 n 其普通年金，求出在 m 期期末普通年金现值，然后再折算到第一期期初： P_0＝A×（P/A，i，n）×（P/F，i，m） 2）先计算 m+n 期年金现值，再减去 m 期年金现值： P_0＝A×（P/A，i，$m+n$）－A×（P/A，i，m） 3）先求递延年金终值再折为现值： P_0＝A×（F/A，i，n）×（P/F，i，$m+n$） m 为递延期，n 为递延收支期数	求年金、利率
永续年金	现值＝年金额×折现率＝$\frac{A}{i}$ 提示：由于永续年金没有到期日，因此无法计算永续年金的终值	求年金、求利率

第二节 风 险 报 酬

企业的财务管理工作几乎都是在风险和不确定的情况下进行的，离开了风险因素，就无法正确地评价企业报酬的高低。风险报酬原理正确地揭示了风险和报酬的关系，是财务管理的一项基本原理。

一、风险及风险报酬

（一）风险的概念

风险是指人们在事先能够肯定采取某种行动所有可能的后果，以及每种后果出现的可能性状况。例如，用手指弹掷一枚硬币，我们事先完全可以肯定，当硬币掉在地面后，只有正面朝上和反面朝上两种后果，而且每种后果出现的可能性各占一半。

与风险相联系的另一概念是不确定。不确定是指人们在事先只知道采取某种行动所有可能的后果，但不知道它们出现的可能性，或者两者均不知道。例如，购买股票，投资者事实上不可能事先知道所有可能达到的报酬率及其出现的可能性。可见，不确定是难以计量的。

企业的财务管理决策几乎都是在不确定的情况下做出的。为了将决策分析工作建立在科学的基础上，通常是将不确定性情况转化为风险情况来决策，即通过直觉判断或预先设想为不确定性情况规定一些主观概率，以便进行定量分析。因此，在企业财务决策中，对风险和不确定这两个概念并不严格划分。当谈到风险时，可能指的是风险，但更可能指的是不确定。

风险不同于危险。风险意味着有可能出现与人们取得收益的愿望相背离的结果。但是，在企业财务管理工作中，由于主观努力，把握时机，往往能有效地避免失败，并取得较高的收益。因此，风险不同于危险，危险只可能出现坏的结果，而风险则是指既可能出现坏的结果，也可能出现好的结果。

（二）风险的种类及产生的原因

从个别投资主体的角度看，风险分为市场风险和公司特有风险两类。

1. 市场风险

市场风险是指那些影响所有公司的因素引起的风险，如战争、经济衰退、通货膨胀、高利率等。这类风险涉及所有的投资对象，不能通过多元化投资来分散，因此，又称不可分散风险或系统风险。

2. 公司特有风险

公司特有风险是指发生于个别公司的特有事件造成的风险，如罢工、新产品开发失败、没有争取到重要合同、诉讼失败等。这类事件是随机发生的，因而可以通过多元化投资来分散，即发生于一家公司的不利事件可以被其他公司的有利事件所抵消。这类风险又称可分散风险或非系统风险。

从公司本身来看，风险分为经营风险和财务风险两类，如图 2.6 所示。

（三）风险报酬

一般来说，投资者都厌恶风险，并力求回避风险。那么，为什么还有人进行风险性投

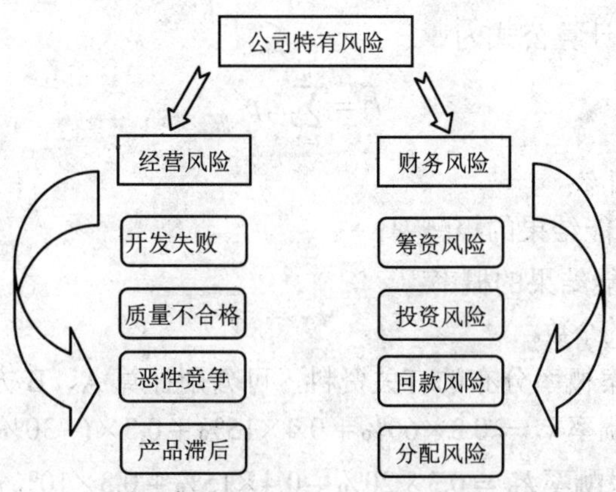

图 2.6 公司特有风险示意图

资呢？这是因为投资者可得到更多的额外报酬——风险报酬。所谓风险报酬，又称风险价值或风险价格，是指投资者因冒风险进行投资而要求的超过时间价值的那部分额外报酬。风险报酬通常有绝对数和相对数两种表示方法，但在财务管理中，通常用相对数，即按百分率加以计量。如果不考虑通货膨胀因素，投资的报酬率就是时间价值和风险报酬之和。因此，时间价值和风险报酬便成为企业财务管理中必须遵循的两项基本原理。

二、风险报酬的衡量

为了有效地做好财务管理工作，就必须弄清不同风险条件下的投资报酬率之间的关系，掌握风险报酬的计算方法。

风险报酬的计算比较复杂，需要运用概率和统计方法。下面结合实例分步加以说明。

（一）确定概率分布

所谓一件事项的概率，是指该事项发生的可能性机会。概率分布则指某一事项各种结果发生可能性的概率分配。例如，某企业有两项可供选择的投资方案，它们的预计报酬率与经营状况及发生的概率密切相关，其各种经营情况下的概率分布如表 2.2 所示。

表 2.2 各种经营情况下的概率分布

经济状况	发生概率	A 方案预期报酬率/%	B 方案预期报酬率/%
繁荣	0.3	60	20
正常	0.4	15	15
衰退	0.3	-30	10

通过表 2.2 可以看出概率分布具有以下特点：首先各种事项发生可能的概率只能在 0 与 1 之间，即不可能小于 0，也不可能大于 1；其次所有事项发生可能概率之和必须等于 1。

（二）计算期望报酬率

期望报酬率是各种可能性的报酬率按其概率进行加权平均得到的报酬率，它反映随机

变量取值的平均化，其计算公式为

$$\overline{k}=\sum_{i=1}^{n}k_i p_i$$

式中，$\overline{k}$ —— 期望报酬率；

k_i —— 第 i 种可能结果的报酬率；

P_i —— 第 i 种可能结果的概率；

n —— 可能结果的个数。

根据上述 A、B 方案概率分布的有关资料，可分别计算 A、B 方案的期望报酬率。

$$期望报酬率\ \overline{k}_A=0.3\times60\%+0.4\times15\%+0.3\times(-30\%)=15\%$$

$$期望报酬率\ \overline{k}_B=0.3\times20\%+0.4\times15\%+0.3\times10\%=15\%$$

从上述计算可知，企业两项投资项目的期望报酬率都是 15%，但是 A 项目报酬率的分散程度大，B 项目报酬率的分散程度小，所以 B 项目的风险较小。这种情况可通过图 2.7 来说明。

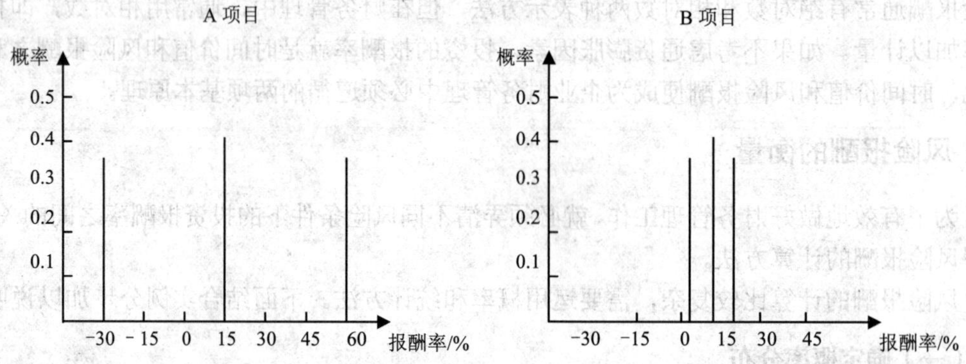

图 2.7　A、B 项目的报酬率的分布情况

当然，这里只假定最有代表性的 3 种经营状况对企业预期报酬的影响及概率，是一种非连续性的概率分布。

实际上，出现的经济状况远不止 3 种，有无数的可能情况会出现，如果对每种情况都赋予一个概率，并分别测定其报酬率，则可用连续型分布描述，如图 2.8 所示。

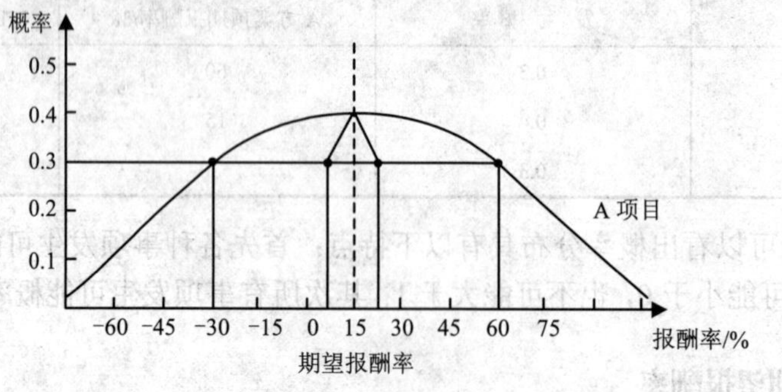

图 2.8　连续型分布

（三）计算标准差

标准差是各种可能的报酬率偏离期望报酬率的综合差异，是反映离散程度的一种量度。标准差的计算公式为

$$\sigma=\sqrt{\sum_{i=1}^{n}(k_i-\bar{k})^2 P_i}$$

现将上述A、B投资方案的有关数据代入公式，所得结果如下：

A投资方案的标准差为

$$\sigma=\sqrt{(60\%-15\%)^2\times0.3+(15\%-15\%)^2\times0.4+(-30\%-15\%)^2\times0.3}=34.86\%$$

B投资方案的标准差为

$$\sigma=\sqrt{(20\%-15\%)^2\times0.3+(15\%-15\%)^2\times0.4+(10\%-15\%)^2\times0.3}=3.87\%$$

标准差越小，说明离散程度越小，风险也就越小。根据这种测量方法，A方案的风险大于B方案。

（四）计算标准离差率

标准差是反映随机变量离散程度的一个指标。但它是一个绝对值，而不是一个相对量，只能用来比较期望报酬率相同的各项投资的风险程度，而不能用来比较期望报酬率不同的各项投资的风险程度。要对比期望报酬率不同的各项投资的风险度，应该用标准差同期望报酬率的比值，即标准离差率。标准离差率的计算公式为

$$v=\frac{\sigma}{\bar{k}}\times100\%$$

式中，v ——标准离差率；

σ——标准差；

$\bar{k}$——期望报酬率。

在上例中，A方案的标准离差率为

$$v=\frac{34.86\%}{15\%}=2.324=232.4\%$$

B方案的标准离差率为

$$v=\frac{3.87\%}{15\%}=0.258=25.8\%$$

当然，上例中两个方案的期望报酬率相等，可直接根据标准差来比较风险程度，但如果期望报酬率不等，则必须计算标准离差率才能对比风险程度。假设现有C、D两方案的标准差不同，分别为15%和30%，报酬率也不同，分别为18%和40%，这样C、D两方案的标准差率分别为

C方案：
$$v=\frac{15\%}{18\%}=83.33\%$$

D方案：
$$v=\frac{30\%}{40\%}=75\%$$

根据上述计算结果可以判断，C 方案的风险大于 D 方案的风险。

（五）计算风险报酬率

标准离差率可以代表投资者所冒风险的大小，反映投资者所冒风险的程度，但它还不是报酬率，必须把它变成报酬率才能比较。将标准离差率转换为投资报酬率，需要借助于风险报酬系数，即

$$风险报酬率=风险报酬系数\times风险程度$$

上述计算的标准离差率实际就是风险程度。

投资报酬率包括无风险报酬率和风险报酬率两部分。投资报酬率与标准离差率之间存在着一种线性关系：

$$K=K_F+K_R=K_F+bV$$

式中，K——投资报酬率；

K_F——无风险报酬率（在一确定的市场情况下，各项投资的无风险报酬率是相同的）；

K_R——风险报酬率；

b——风险报酬系数；

V——标准离差率。

上式各项目之间的关系如图 2.9 所示。

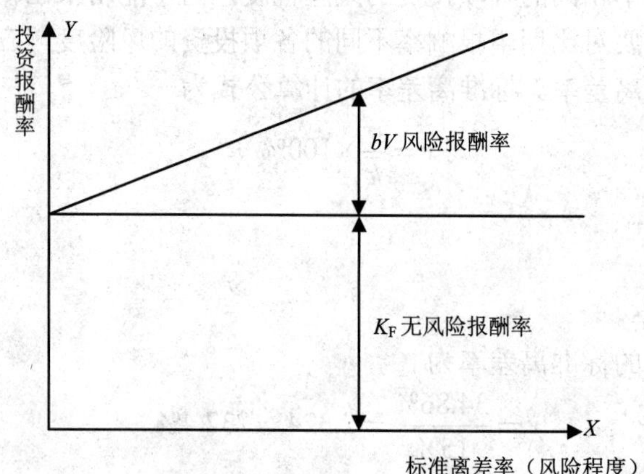

图 2.9　各项目间的关系

对于风险报酬系数的确定，有以下几种方法。

1. 据以往同类项目的有关数据确定

根据以往同类投资项目的投资报酬率、无风险报酬率和标准离差率等历史资料，可以求得风险报酬系数。例如，企业进行某项投资，其同类项目的投资报酬率为 10%，无风险报酬率为 6%，标准差离差率为 50%。根据公式 $K=K_F+bV$ 计算如下：

$$b=\frac{K-K_F}{V}=\frac{10\%-6\%}{50\%}=80\%$$

2. 由企业领导或有关专家确定

如果现在进行的投资项目缺乏同类项目的历史资料，不能采用上述方法计算，则可根据主观的经验加以确定。可以由企业领导，如总经理、财务副总经理、财务主任等研究确定，也可由企业组织有关专家确定。这时，风险价值系数的确定在很大程度上取决于企业对风险的态度。风险意识强，比较稳健的企业，往往把风险报酬系数估计得高一些，以便引起充分的重视。而风险意识较淡，或敢于冒风险的企业，则往往会将该系数估计得低一些。

3. 由国家有关部门组织专家确定

国家有关部门，如财政部、国家银行、证券公司等组织专家，根据各行各业的条件和有关因素，确定各行各业的风险价值系数，由国家定期公布，供投资者参考。

【例 2.15】 现仍以上述企业 A、B 投资项目为例，假设该企业此类投资项目同类含风险的报酬率为 25%，其风险程度为中等，一般按 50%的标准离差率计算，市场无风险报酬率为 12%，则可求得风险报酬系数如下：

$$b=\frac{25\%-12\%}{50\%}=26\%$$

这样 A、B 投资方案的投资报酬率为

$$K(\text{A})=12\%+26\%\times232.4\%=72.424\%$$

$$K(\text{B})=12\%+26\%\times25.8\%=18.71\%$$

可见 A 方案的投资风险大，其投资报酬率也高，明显高于同类项目 25%的报酬率；而 B 方案的投资风险较小，其投资报酬率也低，并低于同类项目 25%的报酬率。可见，在企业财务管理中，高报酬伴随着高风险。对于上述两项目，愿意回避风险的投资者，会选 B 项目；而愿意冒风险的投资者，会选 A 项目。其关键在于投资者如何决策。

三、组合投资风险

企业的投资行为是多方位的，企业在进行投资时，并不会把所有资金都集中投资于一种实物性资产或证券，而可能同时投资于多项实物性资产或证券，这种形式称为组合投资。组合投资中最具有代表性的是证券的组合投资，因为不同证券投资的组合对投资风险的避免和分散具有重要影响。因此，有些国家的法律和制度规定银行、保险公司、各类共同基金、信托公司等其他金融机构都必须将其投资分散，组成有效投资组合，起到避免风险的作用，即使企业或个人投资一般也应采用组合投资的方式，起到避免风险作用，因此，必须研究组合投资风险。

（一）风险分散理论

风险分散理论认为，若干种股票组成的投资组合，其收益是这些股票收益的加权平均数，但是其风险不是这些风险的加权平均风险，故组合投资能降低风险。

假设有两种证券，当对它们分别进行投资的时候，可能风险极高；但当将它们配合进行组合投资的时候，风险可能被完全消除掉。表 2.3 所列示的 A 股票与 B 股票即属此类证券。

表 2.3　组合投资的风险分析（一）

方案	A		B		组　合	
年度	报酬/万元	报酬率/%	报酬/万元	报酬率/%	报酬/万元	报酬率/%
2010	20	40	−5	−10	15	15
2011	−5	−10	20	40	15	15
2012	17.5	35	−2.5	−5	15	15
2013	−2.5	−5	17.5	35	15	15
2014	7.5	15	7.5	15	15	15
平均数	7.5	15	7.5	15	15	15
标准差		22.60		22.60		0

从表 2.3 中可以看出，如果分别进行投资，A 股票与 B 股票的报酬变动都很剧烈，表明风险极大。但当进行 A、B 组合投资时，对于组合投资而言出现了令人惊奇的现象：组合的投资风险完全消失了，标准差等于零，这一现象的出现是因为 A、B 股票完全反方向的报酬率变动态势，即当 A 股票报酬率下降时，B 股票的报酬率正以相同的幅度上升；反之亦然。

上述 A 股票与 B 股票之间的关系是假想意义上的。另外一种假想意义上的两种股票报酬间的关系如表 2.4 所示。

表 2.4　组合投资的风险分析（二）

方案	A		C		组　合	
年度	报酬/万元	报酬率/%	报酬/万元	报酬率/%	报酬/万元	报酬率/%
2010	20	40	20	40	40	40
2011	−5	−10	−5	−10	−10	−10
2012	17.5	35	17.5	35	35	35
2013	−2.5	−5	−2.5	−5	−5	−5
2014	7.5	15	7.5	15	15	155
平均数	7.5	15	7.5	15	15	15
标准差		22.60		22.60		22.60

A、C 组合与 A、B 组合的情形完全不同。A、C 两种股票报酬的变动方向及幅度完全一样，一种股票上升（或下降），另一种股票也同样地上升（或下降）。因此，实现 A、C 组合后的报酬变动与 A、C 两种股票各自报酬的变动完全一致。

在以上两个极端案例中，A 股票与 B 股票报酬之间的关系被称为完全负相关。相关系数 $r=-1$；A 股票与 C 股票报酬之间的关系被称为完全正相关，相关系数 $r=+1$。实际上，各股票之间不可能完全正相关，也不可能完全负相关，大部分股票间的相关程度为 0.5～0.7，所以不同股票的投资组合可以降低风险，但又不能完全消除风险。一般来说，股票的种类越多，风险越小。如果投资组合包括全部股票，则只承担市场风险，而不承担公司的特有风险。

风险分散理论证明，各种股票之间的相关程度可以通过复杂的计算确定，并在此基础上进一步找出最优的证券组合。

（二）β系数

应用上述风险分散原理去选择证券组合，需要进行大量而复杂的计算，即使对数学和计算机有相当基础的人也很难应用。于是又提出了投资组合的简化分析模型，其核心是β系数。

β 系数是反映个别证券的报酬率相对于平均风险证券报酬率变动程度的指标。其计算公式为

$$\beta=\frac{\Delta k_i}{\Delta k_{\mathrm{m}}}$$

式中，Δk_i —— 某项证券风险报酬率的增量；

Δk_{m} —— 市场上所有证券的平均风险报酬率的增量。

【例 2.16】 假定 2012 年股票市场的平均报酬率为 10%，当时 A、B、C 三种股票的报酬率也均为 10%。到 2013 年，股市行情开始较快上涨。股市平均报酬率上涨到 20%，此时 A、B、C 三种股票的报酬率也随之上涨，但上涨幅度不同，A 股票上涨到 30%，B 股票上涨到 20%，C 股票上涨到 15%。但是，到了 2014 年，股市行情开始下跌，股市平均报酬率下跌为-10%，此时 A、B、C 三种股票报酬率也开始下跌，A 股票下跌到-30%，B 股票下跌到-10%，C 股票下跌到 0%。

上述 3 种股票报酬率的变化可用β系数图表示，如图 2.10 所示。

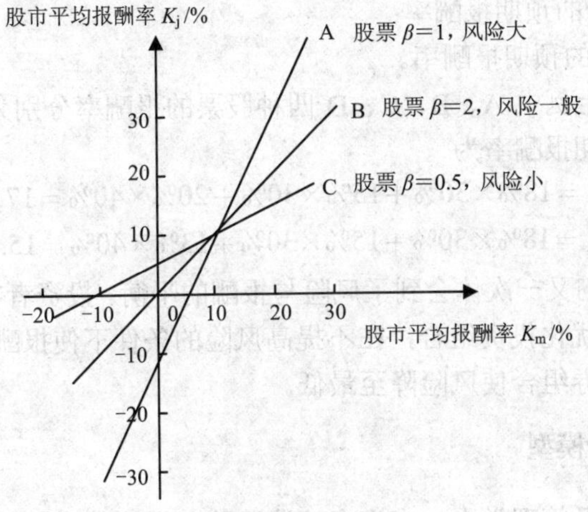

图 2.10 β系数图

由图 2.10 可以看出，这 3 种股票与整个股市行情呈正方向变化，但 A 股票具有较高的β系数，所以变动幅度大，相对讲风险也大；而 B 股票β系数为 1，风险一般；C 股票β系数小于 1 为 0.5，故风险最小。所以β系数是进行证券风险分析的重要依据。

应当注意，β 系数不是某种股票的全部风险，而只是与市场有关的一部分风险，另一部分风险是与市场无关而只与企业本身活动有关的风险——公司特有风险。企业的特有风险可通过多角化投资分散掉，而β系数反映的市场风险不能被相互抵消。

投资组合的市场风险即β系数是个别股票β系数的加权平均数。它反映特定投资组合的风险，即该组合的报酬率相对于整个市场组合报酬率的变异程度。其计算公式为

$$\beta_p = \sum_{i=1}^{n} W_i \beta_i$$

式中，β_p—— 组合投资的 β 系数；

β_i—— 第 i 种证券的 β 系数；

W_i—— 在组合投资价值中第 i 种证券所占的比例；

n —— 组合投资中证券的种类数。

【例 2.17】　王某投资 100 000 元，共购买 3 种股票，该组合中 A 股票 30 000 元、B 股票 30 000 元、C 股票 40 000 元，β 系数均为 1.5，则综合 β 系数为

$$\beta_{(ABC)} = 30\% \times 1.5 + 30\% \times 1.5 + 40\% \times 1.5 = 1.5$$

若此人将其中的C股票出售并买进同样金额的D股票，其 β 系数为 0.2，则

$$\beta_{(ABC)} = 30\% \times 1.5 + 30\% \times 1.5 + 40\% \times 0.2 = 0.98$$

可见，构成组合的个别证券的 β 系数减小，则组合的综合 β 系数降低，使组合的风险减少，反之则风险增加。

投资人可据此选择自己能接受的风险水平。但是，降低风险的同时，报酬率也会降低。

投资组合的报酬率是个别证券的加权平均报酬率：

$$k_p = \sum_{i=n}^{n} W_i k_i$$

式中，k_p—— 投资组合的预期报酬率；

k_i—— 个别证券的预期报酬率。

【例 2.18】　假设上例中 A、B、C、D 四种股票的报酬率分别为 18%、15%、20%和 13%，则两种组合的预期报酬率为

$$K_{(ABC)} = 18\% \times 30\% + 15\% \times 30\% + 20\% \times 40\% = 17.9\%$$

$$K_{(ABC)} = 18\% \times 30\% + 15\% \times 30\% + 13\% \times 40\% = 15.1\%$$

通过上述计算，我们又一次体会到了风险与报酬的平衡。投资者在确定了风险水平后，可以通过选择证券种类优化投资组合，在不提高风险的条件下使报酬最高，或者在报酬率确定之后，通过优化证券组合使风险降至最低。

（三）资本资产定价模型

在西方金融学和财务管理学中，有许多论述风险和报酬关系的模型，其中一个最重要的模型是资本资产定价模型。这一模型可表示为

$$K_i = K_F + \beta_i (K_m - K_F)$$

式中，K_i——第 i 种股票的预期报酬率；

K_F——无风险报酬率；

K_m——市场上所有证券的平均报酬率（平均风险股票报酬率）；

β_i—— 第 i 种股票的 β 系数。

【例 2.19】　光明公司的股票 β 系数为 2.0，如当时市场股票的平均报酬率为 10%，市场无风险报酬率为 6%，那么该公司股票的预期报酬率应为

$$
\begin{aligned}
K_i &= K_F + \beta_i (K_m - K_F) \\
&= 6\% + 2.0 \times (10\% - 6\%) \\
&= 14\%
\end{aligned}
$$

这说明该公司股票的报酬率要达到或超过 14%时，投资者方肯进行投资。如果低于14%，则投资者不会购买该公司的股票。

资本资产定价模型通常可用“证券市场线”表示，它说明了必要报酬率与不可分散风险之间的关系，如图 2.11 所示。

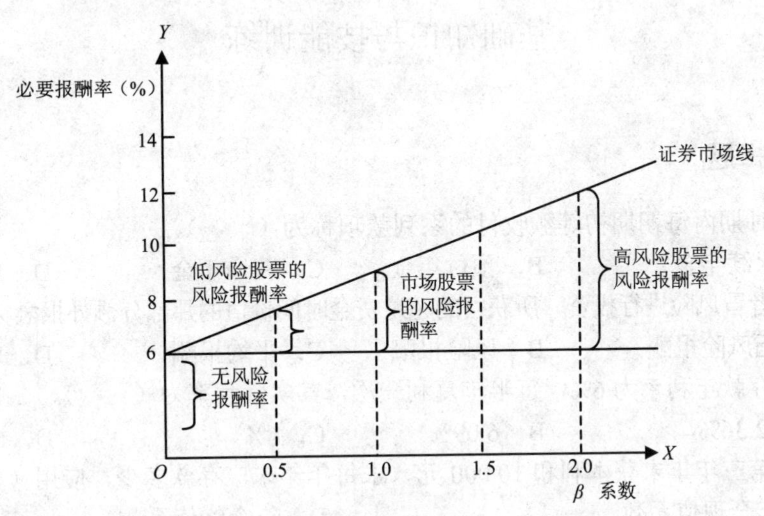

图 2.11　证券市场线

从图 2.11 可以看出，无风险报酬率为 6%，β 系数不同的股票有不同的风险报酬率，当 β=0.5 时，风险报酬为 2%；当 β=1.0 时，风险报酬率为 4%；当 β=2.0 时，风险报酬率为 8%。也就是说，β 值越高，要求的风险报酬率也就越高。

小　结

1. 货币时间价值是货币随着时间的推移而形成的增值，即货币经历一定时间的投资和再投资所增加的价值。它代表着社会平均资金利润率，并揭示了不同时点上货币的换算关系，因而它是进行筹资、投资决策不可缺少的计量手段。

2. 货币时间价值的计算有单利、复利两种方法。资金时间价值的指标主要有单利终值和现值、复利终值和现值、年金终值和现值。现值又称本金，是指一定量货币的现在价值或未来某一时点上一定量现金折算到现在的价值；而终值是指一定量货币在若干期限以后的总价值，也就是指本利和。

3. 年金是指一定时期内每期相等金额的收付款项。按照收付的次数和支付的时间划分，年金又可分为普通年金、预付年金、递延年金和永续年金。年金终值和现值的计算以普通年金为基础。

4．风险是指人们在事先能够肯定采取某种行动所有可能的后果，以及每种后果出现的可能性状况。风险分为系统风险和非系统风险。风险报酬又称风险价值或风险价格，是指投资者因冒风险进行投资而要求的超过时间价值的那部分额外报酬。风险价值的衡量采用的是概率和统计方法。

5．关键概念：复利；资金时间价值；年金；普通年金；预付年金；递延年金；永续年金；偿债基金；投资风险价值；风险报酬。

基础知识与技能训练

一、单项选择题

1．一定时期内每期期初等额收付的系列款项称为（　　）。

A．永续年金　　B．预付年金　　C．普通年金　　D．递延年金

2．投资者冒风险进行投资，所获得的超过资金时间价值的那部分额外报酬称为（　　）。

A．无风险报酬　　B．风险报酬　　C．平均报酬　　D．差额报酬

3．某项存款年利率为6%，每半年复利一次，其实际利率为（　　）。

A．12.36%　　B．6.09%　　C．6%　　D．6.6%

4．为在第三年年末获本利和10 000元，求每年年末应存款多少，应用（　　）。

A．年金现值系数　　B．年金终值系数

C．复利现值系数　　D．复利终值系数

5．那些影响所有公司的因素引起的风险称为（　　）。

A．公司特有风险　　B．经营风险

C．财务风险　　D．市场风险

6．企业的财务风险是指（　　）。

A．因还款而增加的风险　　B．筹资决策带来的风险

C．因生产经营变化带来的风险　　D．外部环境变化风险

7．永续年金的特点是（　　）。

A．每期期初支付　　B．每期不等额支付

C．没有终值　　D．没有现值

8．普通年金终值系数的倒数称之为（　　）。

A．偿债基金　　B．偿债基金系数

C．年回收额　　D．投资回收系数

9．预付年金现值系数与普通年金现值系数相比（　　）。

A．期数加1，系数减1　　B．期数加1，系数加1

C．期数减1，系数加1　　D．期数减1，系数减1

10．在利息率和现值相同的情况下，若计息期为一期，则复利终值和单利终值（　　）。

A．前者大于后者　　B．相等　　C．无法确定　　D．不相等

二、多项选择题

1. 风险按形成的原因可分为（　　）。
A. 财务风险　B. 市场风险　C. 经营风险　D. 公司特有风险
2. 永续年金具有的特点是（　　）。
A. 没有终值　B. 没有期限　C. 每期等额支付　D. 每期不等额支付
3. 影响资金时间价值大小的因素主要包括（　　）。
A. 单利　B. 复利　C. 资金额　D. 利率和期限
4. 投资报酬率的构成要素包括（　　）。
A. 通货膨胀率　B. 资金时间价值　C. 投资成本率　D. 风险报酬率
5. 递延年金的特点有（　　）。
A. 最初若干期没有收付款项　B. 最后若干期没有收付款项
C. 其终值计算与普通年金相同　D. 其现值计算与普通年金相同

三、判断题

1. 没有经营风险的企业，也就没有财务风险。（　　）
2. 普通年金现值系数加 1 等于同期、同利率的预付年金现值系数。（　　）
3. 计算递延年金终值的方法与计算普通年金终值的方法一样。（　　）
4. 预付年金就是指第一年年初支付的金额。（　　）
5. 永续年金没有终值。（　　）
6. 当一年复利若干次时，实际利率高于名义利率。（　　）
7. 先付年金与后付年金的区别仅在于付款时间不同。（　　）
8. 在 10%的利率下，1～4 年期的复利现值系数分别为 0.9091、0.8264、0.7513、0.6830，则 4 年期的普通年金现值系数为 4 个系数相加 3.1698。（　　）
9. 因为企业的价值与预期的报酬成正比，与预期的风险成反比，因此企业的价值只有在报酬最大时才能达到最大。（　　）
10. 在市场经济条件下，报酬和风险是成反比的，即报酬越大，风险越小。（　　）

四、实训题

1. A 公司决定自今年起建立偿债基金，即在今后 5 年内每年年末存入银行等额款项，用来偿还该公司在第六年年初到期的公司债券本金 2 000 000 元，假定银行存款年利率为 9%（每年复利一次）。

要求：计算 A 公司每年年末需存入银行的等额款项值。

2. 某人在 2012 年 1 月 1 日存入银行 10 000 元，年利率为 10%。

要求：（1）若每年复利一次，计算 2015 年 1 月 1 日存款账户的余额。

（2）若每季度复利一次，计算 2015 年 1 月 1 日存款账户的余额。

（3）若分别在 2012 年、2013 年、2014 年和 2015 年 1 月 1 日存入 2 500 元，每年复利一次，计算 2015 年 1 月 1 日存款账户余额。

（4）假定分 4 年每年年初存入相等金额，若要 2015 年 1 月 1 日达到要求（1）所计算出的账户余额，计算每期应存入账户的金额。

3．假设你是一家公司的财务经理，准备进行对外投资，现有 3 家公司可供选择，分别是凯西公司、大卫公司和爱德华公司。3 家公司的年报酬率及概率的资料如表 2.5 所示。

表 2.5　3 家公司的年报酬率及概率

市场状况	发生的概率	投资报酬率/%		
		凯西公司	大卫公司	爱德华公司
繁荣	0.3	40	50	60
一般	0.5	20	20	20
衰退	0.2	0	−15	−30

假设凯西公司的风险报酬系数为 8%，大卫公司的风险报酬系数为 9%，爱德华公司的风险报酬系数为 10%。作为一名稳健的投资者，欲投资于期望报酬率较高而风险报酬率较低的公司，请你做出选择。

五、案例分析

案例 1：资金时间价值的衡量

大地公司在建设银行设立了一个临时账户，2012 年 6 月 1 日存入 15 万元，银行存款年利率为 3.6%。因资金比较宽松，该笔存款一直未予动用。2014 年 6 月 1 日大地公司拟撤销该临时账户，与银行办理销户时，银行共付给大地公司 16.08 万元。

思考与分析：

（1）如何理解资金时间价值？写出 16.08 万元的计算过程。

（2）如果大地公司将 15 万元放在保险柜里，存放到 2014 年 6 月 1 日，会取出多少钱？由此分析资金产生时间价值的根本原因。

（3）资金时间价值为什么通常用“无风险无通货膨胀情况下的社会平均利润率”来表示？

案例 2：关于投资方案的讨论

东方公司现有 1000 万元的暂时闲置资金，投资部 3 个工作小组分别提出了 3 个投资方案。

甲方案：将三分厂（已出租，每年租金 30 万元）收回拆迁，进行房地产投资，投资期限 2 年，预计投资收益率为 30%，预计标准离差率为 80%。

乙方案：投资股票，设定投资期限为 2 年，预计投资收益率为 50%，预计标准离差率为 250%。

丙方案：将二分厂进行技术改造，扩大原有产品生产的规模和产品的技术含量，预计投资收益率为 15%（二分厂原有投资收益率为 10%），预计标准离差率为 30%。

在东方公司投资方案分析会上，甲小组认为，甲方案的主要特点是风险不大，收益高；乙方案虽然收益高，但风险太大；丙方案则收益率太低。故建议选择甲方案。

乙小组认为，乙方案的主要特点是风险虽大，但报酬率很高，一旦遇到特殊风险，可及时收回，因此，投资弹性很大，流动性强，故既可作为长期投资，还可作为公司的预备现金，以防不时之需；甲方案虽然风险不大，收益也较高，但企业为之每年将损失 30 万元的租金收入，而且放弃了三分厂原土地使用权，如果未来土地升值 100%，企业还将损失巨大的土地增值收益，因此，甲方案从短期看是盈利，但从长期看却是亏本的投资；至于丙方案虽然风险较小，但收益也不高。故建议选择乙方案。

丙小组认为，丙方案虽然报酬率低，但安全性高，不仅可以提高公司的收益水平，产生投资规模效益，提升公司的边际收益率，从长远看，选择丙方案还能提升公司的主营业务竞争力，使企业获得长远的发展基础。

思考与分析：

（1）从上面的讨论中，请分析讨论者运用了哪些理财观念。

（2）假定不考虑其他的因素，仅从收益与风险的角度分析，你认为公司应该选择哪个方案？并给出你的理由。

本章学习笔记

第三章　筹资管理

知识点 ☞ 通过本章相关知识的学习，学生应了解和掌握以下知识点：资金筹集的目的、要求、渠道、主要方式；普通股筹资的特点；债券发行的条件和债券价格的确定；商业信用政策和贷款的信用条件。

技能点 ☞ 能进行资金需要量的预测；会计算债券的发行结构；会计算短期信贷融资成本以及放弃现金折扣的应付账款的机会成本。

引导案例

一位美国老太太和一位中国老太太在一起聊天，美国老太太说："我今年终于把买房的贷款还完了。"中国老太太说："今年我终于攒够了买房的钱。"故事告诉我们：结果虽然是一样的，但过程却大相径庭，为了买房子，美国老太太一开始就想方设法向银行贷款，提前享受了生活，实现了自己的梦想。中国老太太则相反，她从年轻时就努力工作，赚钱攒钱，尽管也实现了自己的梦想，但她大半生没能好好享受生活。

这个经典故事的含义是很丰富的，从企业理财角度来看，也具有很好的启发意义。任何一个投资者想开办企业从事生产经营都需要资金。那么资金从何而来呢？是等到投资者攒够钱，还是积极想办法向外筹资？上面的故事显然已经给出答案。当然，企业筹资是个十分复杂而又重要的问题，需要综合考虑多方面的因素做出决策。

第一节　筹资管理概述

企业筹资是指企业为了满足经营活动、投资活动、资本结构管理和其他需要，通过不同的筹资渠道，采用各种筹资方式，筹措和获取企业生产经营活动所需的资金的一种财务行为。资金是企业进行生产经营活动不可缺少的条件。企业只有筹集到一定数量的资金，才能正常地开展生产经营活动。从事物质生产经营的企业，不仅要有货币资金，而且要有固定资金、储备资金、生产资金及成品资金等。从事物质生产经营企业的经济活动，基本上是从支付货币资金开始的。通过货币资金的支付，购置生产经营活动所必需的物质资料，支付生产经营者的工资及有关费用，就使劳动资料、劳动对象和劳动力有机地结合在一起，形成现实的生产经营能力，创造出物质财富，创造出新价值，从而带来盈利，实现资金增值。所以，筹资是企业资本运动的起点，一个企业能否聚集和融通资金，并使资金的使用具有稳定性，直接影响到该企业的生存和发展。筹资管理是企业财务管理的一项主要内容，在财务管理中占有极其重要的地位。

一、筹资的动机

为了维持简单再生产和扩大再生产，在激烈的市场竞争中求得生存和发展，企业必须通过多种渠道筹集资金，这就是企业筹资的基本动机。企业筹集资金的动机是企业资金运营的起点，具体表现在如下 6 个方面。

（一）创立筹资动机

创立筹资动机是指企业设立时，为取得金本金并形成开展经营活动的基本条件而产生的筹资动机。资金是设立企业的第一道门槛，按我国的《公司法》、《中华人民共和国合伙企业法》、《中华人民共和国个人独资企业法》等相关法律的规定，任何一个企业或者公司的设立时法律上都要求有最低的注册资本限额。企业创建时，要按照企业经营规模核定长期资本需要量和流动资金需要量，构建厂房设备等，安排铺底流动资金，形成企业的经营能力。这样，就需要筹措注册资本和资本公积等股权资金，股权资金不足部分需要筹集银行借款等债务资金。只有筹集到足够的资本，才能申请工商登记注册，企业才能成立。筹建过程中，种类繁多的开办费也需要资金来解决。

（二）支付筹资动机

支付筹资动机也称维持经营筹资动机，是指为了满足经营业务活动的正常波动所形成的支付需要而产生的筹资动机。企业在开展经营活动过程中，经常会出现超出维持正常经营活动资金需求的季节性、临时性的交易支付需要，设备购置与更新、材料采购及成本费用的开支，会不断产生资金的需求，需要筹措资金来满足经营活动的正常波动，维持企业的支付能力。

（三）扩张筹资动机

扩张筹资动机是指企业因扩大生产经营规模或增加对外投资的需要而产生的筹资动机。企业自筹建完成开始运营，生产经营规模就确定下来，此时一般已具备了维持现有规模的资金量。但是，随着企业的生产经营活动的日趋活跃，尤其是应付激烈竞争的需要和不断扩充经营实力、对经济效益无限追求的心理，就会产生扩大生产经营规模的现实需要。这时，原有规模下的资金量就难以满足需要，唯一的办法就是尽快筹集资金。具有良好发展前景、处于成长时期的企业通常会产生这种筹资动机。例如，企业生产经营的产品供不应求，需要增加市场供应，开发生产适销对路的新产品；追加有利的对外投资规模，开拓有发展前途的对外投资领域等。这种扩张性筹资会扩大企业资产规模，给企业带来收益增长的机会。但扩张性筹资的量往往比较大，负债规模亦有所扩大，还常常会改变资金结构，承担的筹资风险也较大。

（四）偿债筹资动机

偿债筹资动机是企业为了偿还某些债务而产生的筹资动机。偿债性筹资可分为两种情况：一是调整性偿债筹资，即企业虽有足够的能力偿还到期旧债，但当企业原有债务结构不合理，或者某种债务成本过高，而又有新的较低债务成本的债务来源时，企业就可能增加举债筹资，从而调整债务结构，使之更合理；二是恶化性偿债筹资，即企业现有的支付能力已不足以偿还到期旧债而不得不借新债还旧债。

调整性偿债筹资是一种积极主动的筹资策略，而恶化性偿债筹资则表明企业的财务状况已经恶化。

（五）解困筹资动机

解困筹资动机是企业为了缓解临时财务困境而产生的筹资动机。企业在生产经营过程中总会面临许多临时性的财务困境，如季节性采购导致库存的大量增加；市场物价上涨时需要大量储备存货，以消除涨价风险；发放工资或支付股利已迫在眉睫等。这些都会使企业资金需求骤然增加，必然驱使企业想方设法筹措资金，以解燃眉之急。

（六）混合筹资动机

混合筹资动机是企业为了满足多种需要而产生的筹资动机。企业通过混合性筹资，既可以扩大自己的资金规模，又可以偿还部分旧债，还可以缓解临时财务困难。这种筹资糅合了扩张筹资、偿债筹资和解困筹资 3 种筹资动机。

二、筹资的分类

企业采用不同方式所筹集的资金，按照不同的分类标准，可以分为不同筹资类别，具体分类情况如表 3.1 所示。

表 3.1　筹资的分类

分类标志	分　类	筹 资 方 式	特　　点
按企业所取得资金的权益特性不同	股权筹资	吸收直接投资、发行股票、利用留存收益	股权资本一般不用还本，形成了企业的永久性资本，因而财务风险小，但付出的资本成本相对较高
	债权筹资	发行债券、向金融机构借款、融资租赁、利用商业信用	债权资本具有较大的财务风险，但付出的资本成本相对较低
	混合筹资	可转换债券、认股权证	具有期权性质，赋予持有人一定的选择权
按其是否借助于金融机构为媒介来获取社会资金	直接筹资	发行股票、发行债券、吸收直接投资	既可以筹资股权资金，也可以筹集债务资金
	间接筹资	银行借款、融资租赁等	形成的主要是债务资金

续表

分类标志	分类	筹资方式	特点
按资金的来源范围不同	内部筹资	利用留存收益	数额大小主要取决于企业可分配的利润的多少和利润分配政策，一般无需花费筹资费用，从而降低了资本成本
	外部筹资	吸收直接投资、发行股票、发行债券、向银行借款、融资租赁、利用商业信用等	需要花费一定的筹资费用，从而提高了筹资成本
按所筹集资金的使用期限不同	长期筹资	吸收直接投资、发行股票、发行债券、长期借款、融资租赁等	使用期限在一年以上
	短期筹资	商业信用、短期借款、保理业务等	使用期限在一年以内

三、筹资的原则与筹资的要求

（一）筹资的原则

企业筹资管理的基本要求是要在严格遵守国家法律法规的基础上，分析影响筹资的各种因素，权衡资金的性质、数量、成本和风险，合理选择筹资方式。通常情况下，企业筹集资金应遵循以下基本原则。

1. 筹措合法

筹措合法原则是指企业筹资要遵循国家法律法规，合法筹措资金。不论是直接筹资还是间接筹资，企业最终都通过筹资行为向社会获取了资金。企业的筹资活动不仅仅为自身的生产经营提供了资金来源，也会影响投资者的经济利益，影响着社会经济秩序。企业的筹资行为和筹资活动必须遵循国家的相关法律法规，依法履行法律法规和投资合同约定的责任，合法合规筹资，依法披露信息，维护各方的合法权益。

2. 规模适当

规模适当原则是指要根据生产经营及其发展的需要，合理安排资金需求。企业筹集资金，要合理预测确定资金的需要量。筹资规模与资金需要量应当匹配一致，既要避免因筹资不足，影响生产经营的正常进行；又要防止筹资过多，造成资金闲置。

3. 取得及时

取得及时原则是指要合理安排筹资时间，适时取得资金。企业筹集资金，需要合理预测确定资金取得的时间。要根据资金需求的具体情况，合理安排资金的筹集到位时间，使筹资与用资在时间上相互衔接。既避免过早筹集资金形成的资金投放前的闲置，又防止取得资金的时间滞后，错过资金投放的最佳时间。

4. 来源经济

来源经济原则是指要充分利用各种筹资渠道，选择经济、可行的资金来源。企业所筹集的资金都要付出资本成本的代价，进而给企业的资金使用提出了最低报酬要求。不同筹资渠道和方式所取得的资金，其资本成本各有差异。企业应当在考虑筹资难易程度的基础上，针对不同来源资金的成本，认真选择筹资渠道，并选择经济、可行的筹资方式，力求降低筹资成本。

5. 结构合理

结构合理原则是指筹资管理要综合考虑各种筹资方式，优化资本结构。企业筹资要综合考虑股权资金与债务资金的关系、长期资金与短期资金的关系、内部筹资与外部筹资的关系，合理安排资本结构，保持适当偿债能力，防止企业财务危机。

（二）筹资的要求

企业的筹资、投资和分配是密不可分的一个整体，筹资直接制约着投资和分配。从某种意义上讲，筹资的数量与结构直接影响企业经济效益的好坏，企业应在充分分析各种影响因素的基础上，按照有关要求，进行合理、有效的筹资。具体要求如下。

1. 制定筹资计划

企业筹资的目的是保证生产经营所必需的资金，因此企业无论通过何种渠道和方式筹集资金，都应预先确定合理的资金需求量，并制订筹资计划，使资金的筹集量与需求量达到平衡。这样，既能避免因资金筹集不足而影响生产经营的正常进行，又可以防止资金筹集过多而降低资金的利用率。

2. 及时取得资金，确保资金的投放

同等数量的资金在不同时点具有不同的价值。企业应根据投资需要，合理安排资金筹集的时间，使筹资与用资在时间上相互衔接，避免筹资过早造成资金投放前的闲置和筹资滞后失去资金投放的最佳时机。

3. 合理选择筹资方式，努力降低资本成本

企业筹资的渠道和方式不同，其难易程度与资本成本也不相同。不管企业采用什么方式、何种渠道筹集资金，都要付出一定的代价，即资本成本。资本成本是资金使用者支付给资金所有者的报酬及有关的筹措费用，是对企业筹资效益的一种预先扣除。同时，不同渠道和不同方式筹集的资金其资本成本各不相同，筹资的难易程度和财务风险各不一样。例如，长期借款的成本一般低于股票筹资的成本，但长期借款的财务风险也高于股票筹资的风险。因此，企业在筹资时，要综合研究各种筹资渠道和方式，分析各种资金来源的构成情况，选择最优的筹资组合，以降低资本成本，提高资金的使用效率。

4. 合理安排资本结构，适度举债

资本结构指企业在全部资金中自有资金和负债资金的比例。在市场经济中，资金的短缺性决定了企业不可能完全靠自有资金维持生产经营，负债经营是每个企业面临的实际问

题。确定合理的资本结构是现代企业筹资活动的核心内容。企业运用负债经营可以降低企业的资本成本，但如果负债过高，也会加大企业的财务风险，甚至由于丧失偿债能力使企业面临破产的危险。因此，企业筹资时，不仅要从个别资本成本上考虑选择合理的资金来源，同时也要从总体上合理安排资本结构，既要利用负债经营提高企业盈利水平，又要维护企业财务信誉，努力降低财务风险。

5. 拟定筹资方案，认真签订和执行筹资合同

企业要在进行筹资成本和投资效益可行性研究的基础上拟定好筹资方案。在筹资方案实施过程中，筹资者与出资者应按照法定手续认真签订合同或协议，明确各方的责任和权利，并严格执行，恰当支付投资者报酬，按期偿还借款，维护企业信誉。

6. 遵守国家法规，维护各方权益

企业的筹资活动应在国家政策、法规的约束下进行，并接受国家的宏观调控的指导。同时，企业应处理好与债权人、国家、投资人等之间的各种关系，履行约定的责任，维护社会各方的合法权益。

四、筹资渠道与筹资方式

确定筹资渠道和选择筹资方式是企业筹资中的两个重要问题。明确筹资渠道是解决资金从哪里来的问题；明确筹资方式是解决如何取得资金的问题。筹资渠道与筹资方式既有联系，又有区别。同一来源渠道的资金往往可以采用不同的筹资方式取得，而同一筹资方式又往往可以从不同的来源渠道去筹措资金。只有分析研究筹资渠道和筹资方式的特点，才能合理地确定资金来源的结构。

（一）筹资渠道

筹资渠道是指企业资金的来源方向和通道，它体现着企业可利用资金的源泉和流量。筹资渠道是企业筹资的客观条件，为企业筹资提供了各种可能性。认识筹资的种类及每种渠道的特点，有利于企业充分开拓和正确利用筹资渠道。目前，我国企业的筹资渠道通常有以下7个方面。

1. 国家财政资金

国家对企业的投资，历来是国有企业，包括国有独资公司的主要资金来源。国家按照投资规划对国有企业进行投资，可以以财政拨款、财政贷款、入股等形式向企业投入，也可以以基建贷款的形式向企业投入，然后再以减债增资的形式转变为企业的资本金。国家财政资金具有广阔的源泉和稳固的基础，今后仍然是国有企业筹集资金的重要渠道。

2. 银行信贷资金

银行信贷资金是指银行对企业的各种贷款，是目前我国公司最主要的借入资金的来源渠道。我国银行分为商业性银行和政策性银行两大类。商业银行是以营利为目的、从事信

贷资金投放的金融机构，它主要为公司提供各种商业性贷款，如中国银行、中国工商银行、中国农业银行、中国建设银行等；政策性银行是为特定公司提供政策性贷款的银行，如国家开发银行、进出口信贷银行、中国农业发展银行等。银行信贷资金有居民储蓄、单位存款等经常性的资金源泉，贷款方式多种多样，可以适应各类企业的多种资金需要。

3. 非银行金融机构资金

非银行金融机构主要是指各种从事金融业务的非银行机构，包括信托投资公司、保险公司、证券公司、租赁公司、企业集团的财务公司等。这些金融机构可以为一些企业直接提供部分资金或者为企业筹资提供服务。非银行金融机构的资金实力比银行要小，但资金供应比较灵活，服务内容多样，已成为企业资金的重要来源。

4. 其他企业资金

其他企业资金是指除了本企业以外的其他法人单位可以向本企业融通的资金。企业在生产经营过程中，会存在一部分暂时闲置的资金。为了某一目的需要，企业可以相互投资，企业与企业之间资金联合和资金融通也有了广泛发展。其他企业资金是指其他企业以联营、入股、购买债券等形式投入企业的资金，以无形资产投入的商业信用等，既有长期稳定的联合，又有短期临时的融通。其他企业投入资金往往同本企业的生产经营活动密切联系，它有利于开拓本企业的经营业务，有利于促进企业之间的经济联系。这是企业资金的一项重要来源。

5. 职工和居民个人资金（民间资金）

职工和居民手中往往有大量的结余货币，形成社会闲散资金。企业可以通过发行股票、债券等方式向内部职工和社会个人筹集民间资金。职工和居民个人资金也是企业资金的重要来源。

6. 企业自留资金

企业自留资金是指企业按规定从税后利润、成本等方面提取的各项资金。税后利润提取的资金包括公积金、未分配利润等。成本中提取的资金主要包括计提折旧。企业可根据需要将这部分资金用于投资。这些资金的主要特征是无须通过一定方式去筹集而是直接由企业内部自动生成或转移。

7. 外商资金

外商资金指外国投资者及我国港、澳、台地区投资者投入企业的资金。随着国际经济业务的拓展，利用外商资金已成为我国企业筹集资金的一个新的重要来源。吸收外资，不仅仅可以满足我国建设资金的需要，而且能够引进先进技术和管理经验，促进我国技术的进步和产品水平的提高。为了加快我国现代化建设，有必要进一步开拓外资渠道，积极吸引外商投资。

（二）筹资的方式

筹资方式是指企业取得资金的具体形式，它主要解决的是如何取得资金的问题。按照资金使用时间的长短，筹资方式可分为短期筹资和长期筹资两大类。

1. 短期资金筹资方式

短期资金指使用时间不超过一年的资金。短期筹资方式主要有以下三种。

1）短期借款。指企业根据借款合同按规定程序向银行及其他金融机构借入的期限在一年以内的款项，主要用于企业流动资金的周转和使用。

2）商业信用。指企业在商品购销业务中发生的企业之间的借贷关系。主要包括应付账款、应付票据、预收账款等形式。

3）其他短期资金。包括商业票据和应付费用。商业票据是由财力很强的大企业发行的一种无担保本票。应付费用主要包括应付工资、应交税金、预提费用等。

2. 长期资金筹资方式

长期资金指使用时间超过一年以上的资金。长期筹资方式主要有以下六种。

1）吸收直接投资。指企业以协议等形式吸收国家、其他企业、民间和外商直接投入的资金。它是非股份制企业筹措自有资金的基本方式。

2）股票筹资。股票是指股份公司发行的，证明股东享有权利和承担义务的书面凭证。股票筹资就是指股东以购买股票或权证方式投入的资金。发行股票是股份公司筹措自有资金的基本方式。

3）长期借款。指企业根据借款合同从专业银行和其他金融机构借入的期限在一年以上的款项。主要包括基本建设借款、更新改造和科研开发借款、新产品试制借款等。

4）债券筹资。债券是债务人发行的，承诺按期向债权人支付利息和偿还本金的一种有价证券，债券筹资就是指企业按法定程序向社会发行债券来筹集资金。

5）租赁筹资。租赁是指资产所有者出让资产的使用权，在使用期间内按期收取租金作为报酬的一种经济活动。融资租赁以现金融资为主要目的，是企业获得长期资产使用权的一种融通资本的重要手段。

6）企业内部筹资。指企业在经营活动中内部自动形成的资金。包括留存收益和企业闲置资金。

五、筹资渠道与筹资方式的对应关系

筹资渠道解决的是资金来源的问题，筹资方式则解决企业如何取得资金的问题，两者相互独立又密不可分。特定的筹资渠道只能配以相应的筹资方式，而一定的筹资方式可能只适用于某一特定的筹资渠道。因此，企业在筹集资金时应当考虑到两者的合理配置。筹资方式与筹资渠道的对应关系如表 3.2 所示。

表 3.2 筹资方式与筹资渠道的对应关系

渠道 方式	吸收直接投资	发行股票	银行贷款	发行债券	商业信用	融资租赁
国家财政资金	√	√				
银行信贷资金			√			
非银行金融机构资金	√	√	√	√		√
其他企业和单位资金	√	√		√	√	√
职工和居民个人资金	√	√		√		
企业自留资金	√	√				
外商资金	√	√				√

第二节 资金需要量预测

科学合理地预测资金需要量是企业进行筹资决策的前提，只有这样，才能使筹集的资金既能保证生产经营活动的需要，又不会产生不合理的闲置。资金需要量预测的方法主要有定性预测法、销售百分比法、资金习性预测法和因素分析法。

一、定性预测法

定性预测法是指利用直观的资料，依靠个人的经验和主观分析、判断能力，预测未来资金需要量的方法。这种方法通常在企业缺乏完整、准确的历史资料的情况下采用。其预测过程如下：首先由熟悉财务情况和生产经营情况的专家，根据过去所积累的经验，进行分析判断，提出预测的初步意见；然后，通过召开座谈会或发出各种表格等形式，对上述预测的初步意见进行修正补充。这样，经过一次或几次以后，得出预测的最终结果。

定性预测法十分有用，但不能揭示资金需要量与有关因素之间的数量关系。预测资金需要量应和企业生产经营规模相联系。生产规模扩大，销售数量增加，会引起资金需求量增加；反之，则会使资金需求量减少；因此，企业在历史、现状和未来数据资料比较完整、准确的情况下，应尽量采用各种定量预测法预测资金需要量。

二、销售百分比法

（一）销售百分比法的基本依据

销售百分比法是根据销售与资产负债表和利润表项目之间的比例关系，预测各项目短期资金需要量的方法。例如，某企业每年为销售 100 元货物，需有 20 元存货，即存货与销售收入的百分比是 20%（即 20/100）。若销售增至 200 元，那么，该企业需有 40 元（即 200×20%）存货。由此可见，在某项目与销售收入的比率既定的前提下，便可预测未来一定销售收入下该项目的资金需要量。

销售百分比法的主要优点是能为财务管理提供短期预计的财务报表，以适应外部筹资的需要，且易于使用。但这种方法也有缺点，倘若有关销售百分比与实际不符，据以进行预测就会形成错误的结果。因此，在有关因素发生变动的情况下，必须相应地调整原有的销售百分比。

运用销售百分比法，一般借助于预计利润表和预计资产负债表。通过预计利润表，预测企业留用利润这种内部资本来源的增加额；通过预计资产负债表，预测企业资本需要总额和外部筹资的增加额。

（二）编制预计利润表，预测留用利润

预计利润表是运用销售百分比法的原理预测留用利润的一种报表。预计利润表与实际利润表的内容、格式相同。通过提供预计利润表，可预测留用利润这种内部筹资方式的数额，也可为预计资产负债表预测外部筹资数额提供依据。

【例 3.1】 甲企业 2013 年实际利润表及有关项目与销售的百分比如表 3.3 所示。试编制 2014 年预计利润表并预测留用利润。假设所得税率为 25%。

表 3.3 2013 年实际利润表

项　目	金额/万元	占营业收入的百分比/%
营业收入	7500	100.0
减：营业成本	5700	76.0
销售费用	30	0.4
营业利润	1770	23.6
减：管理费用	1530	20.4
财务费用	15	0.2
利润总额	225	3.0
减：所得税费用	56.25	—
净利润	168.75	—

若该企业 2014 年预计营业收入为 9000 万元，则 2014 年预计利润表经测算如表 3.4 所示。

表 3.4 2014 年预计利润表

项　目	2013 年实际数/万元	占营业收入的百分比/%	2014 年预计数/万元
营业收入	7 500	100.0	9 000
减：营业成本	5 700	76.0	6 840
销售费用	30	0.4	36
营业利润	1 770	23.6	2 124
减：管理费用	1 530	20.4	1 836
财务费用	15	0.2	18
利润总额	225	3.0	270
减：所得税费用	56.25	—	67.5
净利润	168.75	—	202.5

若该企业税后利润的留用比例为50%，则2014年预测留用利润额为94.5万元。

现将编制预计利润表的主要步骤归纳如下。

第一步，收集基年实际利润表资料，计算确定利润表各项目与营业收入额的百分比。

第二步，取得预测年度营业收入预计数，用此预计销售额和基年实际利润表各项目与实际销售额的比率，计算预测年度预计利润表各项目的预计数，并编制预测年度预计利润表。

第三步，利用预测年度税后利润预计数和预定的留用比例，测算留用利润的数额。

（三）编制预计资产负债表，预测外部筹资额

预计资产负债表是运用销售百分比法的原理预测外部筹资额的一种报表。预计资产负债表与实际资产负债表的内容、格式相同。通过提供预计资产负债表，可预测资产和负债及留用利润有关项目的数额，进而预测企业需要外部筹资的数额。

运用销售百分比法要选定与营业收入有基本不变比率关系的项目，这种项目称为敏感项目。敏感资产项目一般包括现金、应收账款、存货等项目；敏感负债项目一般包括应付账款、应付费用等项目。应收票据、固定资产、长期投资、短期借款、应付票据、长期负债和投入资本通常不属于在短期内的敏感项目。留用利润也不宜列为敏感项目，因为它受企业所得税率和分配政策的影响。

【例3.2】 乙企业2013年实际营业收入7500万元，资产负债表及其敏感项目与营业收入的比率如表3.5所示。2014年预计销售收入为9000万元。试编制2014年预计资产负债表并预测外部筹资额。

表3.5 2013年实际资产负债表

项　目	金额/万元	占营业收入的百分比/%
资产：		
现金	37.5	0.5
应收账款	1200	16.0
存货	1305	17.4
预付费用	5	—
固定资产净值	142.5	—
资产总额	2690	33.9
负债及所有者权益		
应付票据	250	—
应付账款	1320	17.6
应付费用	52.5	0.7
长期负债	27.5	—
负债合计	1650	18.3
投入资本	625	
留用利润	415	
所有者权益合计	1040	—
负债及所有者权益总额	2690	

根据上列资料，编制该企业2014年预计资产负债表，如表3.6所示。

表3.6 2014年预计资产负债表

项目	2013年实际数/万元（1）	2013年营业收入百分比/%（2）	2014年预计数/万元（3）
资产：			
现金	37.5	0.5	45
应收账款	1200	16.0	1440
存货	1305	17.4	1566
预付费用	5	—	5
固定资产净值	142.5	—	142.5
资产总额	2690	33.9	3198.5
负债及所有者权益：		—	
应付票据	250	17.6	250
应付账款	1320	0.7	1584
应付费用	52.5	—	63
长期负债	27.5	18.3	27.5
负债合计	1650		1924.5
投入资本	625		625
留用利润	415	—	496
所有者权益合计	1040	—	1121
追加外部筹资额			153
负债及所有者权益总额	2690		3198.5

该企业2014年预计资产负债表的编制过程如下。

第一步，取得基年资产负债表资料，并计算其敏感项目与营业收入的百分比（如表3.6所示，列于表3.6的（1）、（2）栏中。

第（2）栏的百分比表明，该企业营业收入每增长100元，资产将增加33.9元。这种每实现100元营业收入所需的资本量，可由敏感负债解决18.3元。这里增加的敏感负债是自动增加的，如应付账款会因存货增加而自动增加。

每100元的营业收入所需资本量与敏感负债的差额为15.6元（33.9−18.3），表示营业收入每增长100元而需追加的资本净额。它需从企业内部和外部来筹措。在本例中，营业收入增长1500万元（9000−7500），需净增资本来源234万元（1500×0.156）。

第二步，用2014年预计营业收入9000万元乘以第（2）栏所列的百分比，求得表3.6第（3）栏所列示的敏感项目金额。第（3）栏的非敏感项目按第（1）栏数额填列。由此，确定了第（3）栏中除留用利润外的各个项目的数额。

第三步，确定2014年留用利润增加额及资产负债表中的留用利润累计额。留用利润增加额可根据利润额、所得税率和留用利润比例来确定。2014年累计留用利润等于2013年累计留用利润加上2014年留用利润增加额。若2014年利润额为270万元，所得税率为40%，

税后利润留用比例50%，则2014年留用利润增加额为

$$270\times（1-40\%）\times50\%=81（万元）$$

2014年累计留用利润为

$$415+81=496（万元）$$

从需要追加筹资总额（第一步得到的234万元）中减去内部筹资增加额81万元，求得需要追加外部筹资额153万元。

第四步，加总预计资产负债表的两方：2014年预计资产总额为3198.5万元，负债及所有者权益总额为3045.5万元，其差额为153万元。它即是使资产负债表两方相等的平衡数，也是需要的追加外部筹资额。

三、资金习性预测法

资金习性预测法是指根据资金习性预测未来资金需要量的一种方法。所谓资金习性，是指资金的变动同产销量变动之间的依存关系。按照资金同产销量之间的依存关系，可以把资金区分为不变资金、变动资金和半变动资金。

不变资金是指在一定的产销量范围内，不受产销量变动的影响而保持固定不变的那部分资金。也就是说，产销量在一定范围内变动，这部分资金保持不变。包括为维持营业而占用的最低数额的现金，原材料的保险储备，必要的成品储备，厂房、机器设备等固定资产占用的资金。

变动资金是指随产销量的变动而不成同比例变动的那部分资金。一般包括直接构成产品实体的原材料、外购件等占用的资金。另外，在最低储备以外的现金、存货、应收账款等也具有变动资金的性质。

半变动资金是指虽然受产销量变化的影响，但不成比例变动的资金，如在一些辅助材料上占用的资金。半变动资金可采用一定的方法划分为不变资金和变动资金两部分。

（一）根据资金占用总额与产销量的关系预测

根据资金占用总额与产销量的关系预测资金需要量是根据历史上企业资金占用总额与产销量之间的关系，把资金分为不变和变动两个部分，然后结合预计的销售量来预测资金需要量。

设产销量为自变量x，资金占用为因变量y，它们之间的关系可用下式表示：

$$y=a+bx$$

式中，a——不变资金；

b——单位产销量所需变动资金。

可见，只要求出a和b，并知道预测期的产销量，就可以用上述公式测算资金需求情况。a和b可用回归直线方程组求出。

用资金习性法预测资金需要量，主要有以下方法。

1. 高低点法

【例3.3】　远大公司产销量与资金占用量的资料如表3.7所示。

表 3.7 产销量与资金占用量

年 度	产量 x/万件	资金占用量 y/万元
2009	120	100
2010	110	95
2011	100	90
2012	120	100
2013	130	105

若 2014 年预计产量为 140 万件，则资金占用量是多少？

解：根据所给的历史资料得

$$b=\frac{105-90}{130-100}=0.5$$

$$a=105-0.5\times130=40$$

$$y=40+0.5\,x$$

将 2014 年预计产量 140 万件代入公式，则资金占用量为

$$y=40+0.5\times140=110\text{（万元）}$$

2. **回归分析法**

数学模型：$y=a+bx$

根据线性回归模型及联系历年的 n 期数据，即可建立决定回归直线的联立方程组如下：

$$\begin{cases}\sum y=na+b\cdot\sum x\\ \sum xy=a\sum x+b\cdot\sum x^2\end{cases}$$

求 a、b 的值得

$$a=\frac{\sum y-b\sum x}{n}$$

$$b=\frac{n\sum xy-\sum x\sum y}{n\sum x^2-(\sum x)^2}$$

【例 3.4】 宏远公司 2009～2013 年度销售量与资金需要量资料如表 3.8 所示。

表 3.8 销售量与资金需要量

年 度	销售量 x/万件	资金需要量 y/万元
2009	500	350
2010	600	410
2011	550	380
2012	750	500
2013	700	470

1）根据表 3.8 资料计算出有关数据，如表 3.9 所示。

表 3.9 计算相关数据

年 度	销售量 x/万件	资金需要量 y/万件	xy	x^2
2009	500	350	175 000	250 000
2010	600	410	246 000	360 000
2011	550	380	209 000	302 500
2012	750	500	375 000	562 500
2013	700	470	329 000	490 000
$n=5$	$\Sigma x=3100$	$\Sigma y=2110$	$\Sigma xy=1\ 334\ 000$	$\Sigma x^2=1\ 965\ 000$

2）将数据代入公式得

$$a=50，b=0.6$$

3）将 $a=50$，$b=0.6$ 代入回归直线方程，求得

$$y=50+0.6\,x$$

4）2014 年度预计销售量 800 万件，则资金需要量为

$$y=50+0.6\times800=530\text{（万元）}$$

（二）采用逐步分析法预测

采用逐步分析并预测资金需要量是根据各资金占用项目（现金、存货、应收账款、固定资产）和资金来源项目同产销量之间的关系，把各项目的资金都分成变动和不变两个部分，然后汇总在一起，求出企业变动资金总额和不变资金总额，进而预测资金需求量。

【例 3.5】 某企业历年现金占用与销售收入之间的关系如表 3.10 所示，根据两者的关系，计算现金占用项目中不变资金和变动资金的数额。

表 3.10 企业历年现金占用与销售收入

年 度	销售收入 x/万元	现金占用 y/万元
2009	200	11
2010	240	13
2011	260	14
2012	280	15
2013	300	16

根据表 3.10，采用高低点法来计算现金占用项目中不变资金和变动资金的数额。

$b=$（最高收入期的资金占用量－最低收入期的资金占用量）

÷（最高销售收入－最低销售收入）

$=(16-11)\div(300-200)$

$=0.05$

将 $b=0.05$ 代入 2013 年 $y=a+bx$，得

$$a=16-0.05\times300=1\text{（万元）}$$

存货、应收账款、流动负债、固定资产等也可以根据历史资料作这样的划分，如表 3.11 所示。

表 3.11 资金需要量预测表（分项预测） 单位：元

项 目	年度不变资金（a）	每 1 元销售收入所需变动资金（b）
流动资产		
现金	10 000	0.05
应收账款	60 000	0.14
存货	100 000	0.22
小计	170 000	0.41
减：流动负债		
应付账款及应付费用	80 000	0.11
净资产占用	90 000	0.30
固定资产		
厂房、设备	510 000	0
所需资金合计	600 000	0.30

根据表 3.11，得出预测模型为

$$y=600\ 000+0.30x$$

如果 2014 年的预测销售量为 3 500 000，则

2014 年的资金需要量 $y=600\ 000+0.30\times3\ 500\ 000=1\ 650\ 000$（元）

进行资金习性分析，把资金划分为变动资金和不变资金两个部分，从数量上掌握了资金同销售量之间的规律性，对准确地预测资金需要量有很大帮助。实际上，销售百分比法是资金习性分析法的具体应用。

运用线性回归法必须注意以下几个问题。

1）资金需要量与营业业务量之间线性关系的假定应该符合实际情况。

2）确定 a、b 数值，应该利用连续若干年的历史资料，一般要有 3 年以上的资料。

3）应该考虑价格等因素的变动情况。

四、因素分析法

因素分析法又称分析调整法，是以有关项目基期年度的平均资金需要量为基础，根据预测年度的生产经营任务和资金周转加速的要求，进行分析调整，来预测资金需要量的一种方法。这种方法计算简便，容易掌握，但预测结果不太精确。它通常用于品种繁多、规格复杂、资金用量较小的项目。因素分析法的计算公式为

资金需要量=（基期资金平均占用额−不合理资金占用数）×（1±预测期销售增减率）×（1−预测期资金周转速度增长率）

【例 3.6】 A 企业上年度资金平均占用额为 220 万元，经分析，其中不合理部分为 20 万元，预计本年度销售增长率为 5%，资金周转加速 2%。则

预测本年度资金需要量=（220−20）×（1+5%）×（1−2%）=205.8（万元）

第三节　权益资金筹资

权益资金是企业所有者投入企业生产经营过程中的自有资金，它是企业得以创立、存在和发展的资金。简单地说，权益资金就是企业独立自主地开展生产经营活动的物质条件。可以说，没有权益资金的筹资，就没有一个真正意义上的以营利为目的的企业的诞生和发展。企业权益资金筹资决策的明智与否，对整个企业以后的生命力的强弱起着举足轻重的作用。

企业进行权益资金筹资的方法主要有吸收直接投资、发行股票及企业内部融资等，如图 3.1 所示。

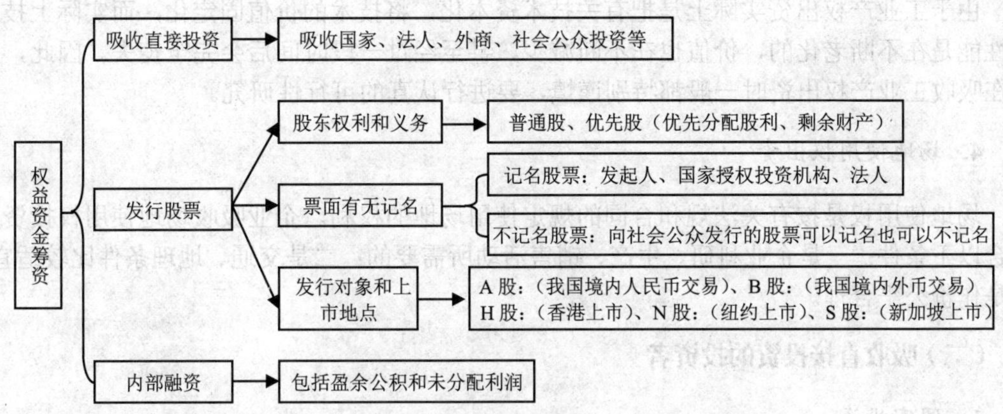

图 3.1　权益资金筹资的种类

一、吸收直接投资

吸收直接投资是指企业按照“共同投资、共同经营、共担风险、共享收益”的原则，直接吸收国家、法人、个人和外商投入资金的一种筹资方式。吸收直接投资与发行股票、留存收益都是企业筹集权益资金的重要方式。吸收直接投资是非股份制公司筹集权益资本的基本方式。

（一）吸收直接投资的出资方式

企业采用吸收直接投资方式筹集资金时，投资者可以用货币资金、实物、无形资产和土地使用权作价出资。具体来说，出资方式主要有以下 4 种。

1. 现金出资

以现金出资是吸收投资中一种最重要的出资方式。有了现金，便可获取其他经济资源。因此，企业应尽量动员投资者采用现金方式出资。吸收投资中所需投入现金的数额，取决于投入的实物、工业产权之外尚需多少资金来满足建厂的开支和日常周转需要。

2. 实物出资

实物出资是指以厂房、建筑物、设备等固定资产和材料、燃料、商品等流动资产所进行的投资。一般来说，企业的实物投资应符合如下 3 个条件：一是确为企业科研、生产、经营所需；二是技术性能比较高；三是作价公平合理。

3. 工业产权出资

工业产权出资是指以专有技术、商标权、专利权等无形资产所进行的投资。一般来说，企业吸收的工业产权投资应符合以下条件：一是能帮助企业研究和开发出新的高科技产品；二是能帮助企业改进产品质量，提高生产效率；三是能帮助企业生产出适销对路的高科技产品；四是能帮助企业大幅度降低各种消耗；五是作价比较合理。

由于工业产权出资实际上是把有关技术资本化，将技术的价值固定化，而实际上技术的性能是在不断老化的，价值也在不断减少，甚至经过一段时间后会完全丧失。因此，企业在吸收工业产权出资时一般都特别谨慎，要进行认真的可行性研究。

4. 场地使用权出资

场地使用权是按有关法规和合同的规定使用场地的权利。企业吸收场地使用权投资应符合以下条件：一是企业科研、生产、销售活动所需要的；二是交通、地理条件比较适宜；三是作价公平合理。

（二）吸收直接投资的投资者

1. 国家投资

国家投资的特点：①产权归属国家；②资金的运用和处置受国家的约束比较大；③在国有企业当中运用比较广泛

2. 法人投资

法人投资的特点：①发生在法人单位之间；②以参与企业利润分配为目的；③出资方式灵活多样。

3. 个人投资

个人投资的特点：①参与人员较多；②每人投资的数额相对较少；③以参与企业利润分配为目的。

（三）吸收直接投资的程序

企业吸收直接投资一般要遵循如下程序。

1. 确定吸收投资所需的资金数量

吸收直接投资一般是在企业开办时所使用的一种筹资方式。企业在经营过程中，如果发现权益资金不足，也可以采用吸收直接投资的方式筹集资金，但在吸收直接投资之前都必须确定所需资金的数量，以利于正确筹集所需资金。

2. 寻找投资单位

企业在吸收直接投资之前，需要做一些必要的宣传，以便使出资单位了解企业的经营状况和财务情况，有目的地进行投资。这将有利于企业在比较多的投资者中寻找最合适的合作伙伴。

3. 协商投资事项

寻找到投资单位后，双方便可进行具体的协商，以便合理确定投资的数量和出资方式。在协商过程中，企业应尽量说服投资者以现金方式出资。如果投资者的确拥有较先进的适用于企业的固定资产、无形资产等，也可以用实物、工业产权和土地使用权进行投资。

4. 签署投资协议

双方经初步协商后，如没有太大异议，便可进一步协商。这里关键问题是以实物投资、工业产权投资、土地使用权投资的作价问题。这是因为投资的报酬、风险的承担都是以由此确定的出资额为依据的。双方应按公平合理的原则协商定价，如果争议比较大，可聘请有关资产评估的机构来评定。当出资数额、资产作价确定后，便可签署投资的协议或合同，以明确双方的权利和责任。

5. 共享投资利润

出资各方有权对企业进行经营管理。但如果投资者的投资占企业资金总额的比例较低，一般投资者并不参与经营管理，他们最关心的还是其投资报酬问题。因此，企业在吸收投资以后，应按合同中的有关条款，从实现利润中对吸收的投资支付报酬（投资报酬），这是企业利润的一个分配去向，也是投资者利益的体现，企业要妥善处理，以便与投资者保持良好关系。

二、发行股票

股票是股份有限公司为筹集资金而发行的有价证券，是投资人投资入股及取得股利的凭证，它代表了股东对股份公司的所有权。

（一）股票的分类

按不同的标准，可把股票分成以下几种类别。

1. 按股东享受权利和承担义务的大小分类

1）普通股。普通股是股份有限公司发行的无特别权利的股份，也是最基本的、标准的股份。通常情况下，股份有限公司只发行普通股。

2）优先股。优先股是股份公司依法发行的具有一定优先权的股票。从法律上来讲，优先股不承担法定的还本义务，是公司自有资金的一部分。

2. 按股票票面上有无记名分类

1）记名股票。记名股票是在股票票面上记载股东姓名或名称的股票。这种股票除了股票上所记载的股东外，其他人不得行使其股权，且股份的转让有严格的法律程序与手续，需办理过户。

2）不记名股票。不记名股票是票面上不记载股东姓名或名称的股票。这类股票的持有人即股份的所有人，具有股东资格；股票的转让也比较自由、方便，无须办理过户手续。

3. 按发行对象和上市地区分类

按发行对象和上市地区分，股票可分为A股、B股、H股、N股和S股等，详见图3.1。

4. 按股票是否标明金额分类

1）有面值股票。有面值股票是在票面上记载每股金额的股票。持有这种股票的股东，对公司享有的权利和承担的义务大小，以其持有的股票票面金额占公司发行在外股票总面值的比例而定。

2）无面值股票。无面值股票是指股票票面不记载每股金额的股票，该股票只载明所占公司股本总额的比例或股份数。无面值股票的价值随公司财产的增减而变动，而股东对公司享有的权利和承担义务的大小，直接依股票标明的比例而定。

5. 按投资主体的不同分类

1）国家股。国家股是有权代表国家投资的部门或机构以国有资产向公司投入而形成的股份。

2）法人股。法人股是法人单位以其依法可支配的资产投入公司所购买的股票。

3）个人股。个人股是个人或公司内部职工以个人合法财产投入公司而形成的股份。

4）外资股。外资股是外国和我国港、澳、台地区投资者购买的人民币特种股票而形成的股份。

（二）普通股持有人的一般权利

普通股持有人的权利如图3.2所示。

（三）普通股股票的发行

1. 普通股股票发行的目的

明确普通股股票发行的目的，是股份公司决定发行方式、发行程序、发行条件的前提。股份公司发行股票，总的来说是为了筹集资金，但具体来说有以下3种目的。

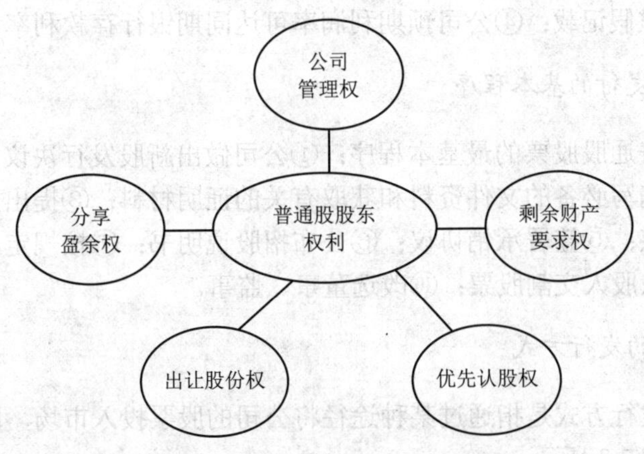

图 3.2　普通股股东享有的权利

1）设立新的股份公司。股份公司成立时，通常以发行普通股股票的方式来筹集资金并进行经营。

2）扩大经营规模。已设立的股份公司为不断扩大生产经营规模，也需通过发行普通股股票来筹集所需资金。通常，人们称此类发行为增资发行。如果拟发行的股票在核定资本的额度内，只需经董事会批准；如果超过了核定资本额度，则需召开股东大会重新核定资本额。在核定的资本额度内增资发行，董事会通过之后，还要呈报政府有关机构，办理各种规定的手续。

3）其他目的。其他目的的普通股股票发行通常与集资没有直接联系，如发放股票股利。

2. 股票发行的条件

股份有限公司发行股票必须具备一定的发行条件，取得发行资格，并在办理必要手续后才能发行。现对我国股票发行的条件做适当说明。

1）新设立股份有限公司申请公开发行股票的条件。

新设立的股份有限公司申请公开发行股票应当符合下列条件：①生产经营符合国家产业政策；②发行普通股限于一种同股同权、同股同利；③在募集方式下，发起人认购的股份不少于公司拟发行股份总数的 35%；④发起人最近 3 年财务会计文件无虚假记载，无其他重大违法行为；⑤证监会规定的其他条件。

2）企业改组设立股份有限公司申请公开发行股票的条件。

国有企业改组设立股份有限公司除应当符合上述情况下的各种条件外，还应当符合下列条件：①发行前一年年末净资产在总资产中所占比例不低于 30%，无形资产在净资产中所占比例不高于 20%，但证监会另有规定除外；②近 3 年连续盈利；③国有企业改组设立股份有限公司公开发行股票的，国家拥有的股份在公司拟发行股本总额中所占的比例，由国务院或国务院授权的部门规定。

3）股份有限公司增资公开发行股票的条件。

股份有限公司公开增资发行股票必须具备下列条件：①前一次发行的股份已募足，并间隔 1 年以上；②公司在最近 3 年内连续盈利，并可向股东支付股利；③公司在最近 3 年内财务会计文件无虚假记载；④公司预期利润率可达同期银行存款利率。

3. 普通股股票发行的基本程序

我国公开发行普通股股票的最基本程序：①公司做出新股发行决议；②公司做好发行新股的准备工作，编写必备的文件资料和获取有关的证明材料；③提出发行股票的申请；④有关机构进行审核；⑤签署承销协议；⑥公布招股说明书；⑦按规定程序招股；⑧认股人缴纳股款；⑨向认股人交割股票；⑩改选董事、监事。

4. 普通股股票的发行方式

普通股股票的发行方式是指通过某种途径将公司的股票投入市场，取得股本的方法。具体的发行方式如图 3.3 所示。

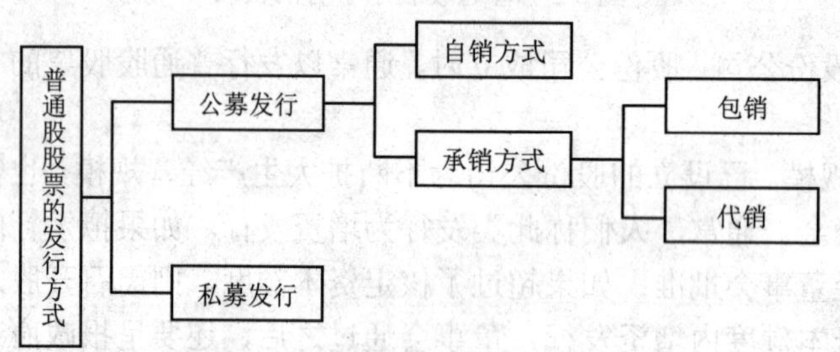

图 3.3　普通股股票的发行方式

5. 普通股股票发行的价格

股票发行价格是指股份有限公司在发行股票募集资金时公开将股票出售给投资者所采用的价格。

（1）确定股票发行价格的因素

股份有限公司为了使资本金筹集工作顺利进行，必须合理地确定股票发行价格，届时要考虑以下 5 项因素。

1）市盈率。市盈率是指每股股票价格与每股净收益的比率，它反映了股票价格与股票收益之间的关系。股份有限公司股票发行价格通常是根据其每股的净利润额，乘以一个参考市盈率确定的，因此在参考市盈率一定的情况下，股份有限公司每股的净利润额越高，其相应的发行价格也越高；反之，则其发行价格就越低。

2）每股净资产。因为股份有限公司的净资产归股东所有，因此其是确定股票价格的因素之一，每股所含的净资产越多，其发行价格也越高；反之，则其发行价格就越低。

3）公司的行业特征。公司生产经营的行业发展前景越好，就意味着公司未来的盈利能力就越强，其发行价格就越高；反之，则越低。

4）公司在同行业中的地位。公司在同行业中生产技术水平和经营管理水平及公司的信誉，也影响着股票发行价格的高低。

5）股票市场状况。股份有限公司股票的发行和流通是通过股票市场完成的，因此股票市场上股票的供求关系、投机操作、市场规律及主管机关的限制行为均会影响股票发行价格的高低。

（2）股票发行价格的种类

股份有限公司在不同时期、不同状态的股票，可采用不同价格发行，其发行价格通常有等价、市价和中间价 3 种。

1）等价。等价又称平价，是指股份有限公司以股票的面值作为股票的发行价格。其特点是简便易行，容易及时募足资本金。但由于没有针对股票市场价格波动水平及时合理地确定股票发行价格，因而公司不能取得溢价收益。等价发行股票通常在公司设立时采用。

2）市价。市价又称时价，是指股份有限公司以原发行股票的现行市场价格作为股票的发行价格，结果可能溢价发行，也可能折价发行。溢价发行是指按超过股票的面值发行股票，折价发行是指按低于股票的面值发行股票。我国的《公司法》规定股票不能折价发行。按市价发行股票的特点是既能稳定股票市场价格，又能获得溢价收益，这部分收益，形成资本公积。市价发行股票通常在公司增资时采用。

3）中间价。中间价是指股份有限公司以股票的票面价格和市场价格的中间值作为股票的发行价格。很显然其兼具等价和市价的特点。中间价发行股票通常在公司增资时向原股东配股时采用，因此不会改变原有股东的构成。这种发行价格实质上是将市场价格与票面价格的差额一分为二，一部分形成股东收益，归股东所有；另一部分形成资本公积，归公司所有。

（四）普通股股票上市

股票上市是指股份有限公司公开发行的普通股股票经批准在证券交易所进行挂牌交易。经批准在交易所上市交易的普通股股票称为上市股票。普通股股票获准上市交易的股份有限公司简称为上市公司。

我国《公司法》规定，普通股股东转让其股份，即普通股股票流通必须在依法设立的证券交易场所进行。

1. 股票上市应考虑的因素

股票上市作为一种有效的筹资方式，对公司的成长起着重要的作用。发达国家的绝大部分发展迅速的公司都选择了上市。然而，股票上市也会给公司带来一些负面影响，因此，在做出股票上市的决定前，公司管理者应该非常慎重地考虑，并且应该尽可能向专家或有过类似经历的企业家进行咨询，以便做出的决策能够达到预期目的。

（1）股票上市可为公司带来的益处

股票上市可为公司带来的益处主要表现在以下 5 个方面。

1）有助于改善财务状况。公司公开发行股票可以筹得权益资金，能迅速改善公司财务状况，并有条件得到利率更低的贷款，同时，公司股票一旦上市，就可以在今后有更多的机会从证券市场上筹集资金。

2）利用股票收购其他公司。一些公司常用出让股票而不是付现金的方式对其他企业进行收购。被收购企业也乐意接受上市公司的股票。因为上市的股票具有良好的流通性，持股人可以很容易将股票出手而得到资金。

3）利用股票市场客观评价企业。对于已上市的公司来说，每时每日的股市，都是对企业客观的市场估价。

4）利用股票可激励职员。上市公司利用股票作为激励关键人员的手段是卓有成效的。公开的股票市场提供了股票的准确价值，也可使职员的股票得以兑现。

5）提高公司的知名度以吸引更多客户。股票上市公司为社会所知，并被认为经营优良，这会给公司带来良好的声誉，从而吸引更多的客户，扩大公司的销售。

（2）股票上市可对公司产生的不利影响

股票上市对公司产生的不利影响主要表现在以下3个方面。

1）使公司失去隐私权。一家公司转为上市公司，其最大的变化是公司隐私权的消失。国家证券管理机构要求上市公司将关键的财务状况和经营情况向社会公众公开。

2）限制经理人员操作的自由度。公司上市后其所有重要决策都需要经董事会讨论通过，有些对企业至关重要的决策则需全体股东投票决定。股东们通常以公司盈利、分红、股价等来判断经理人员的业绩，这些压力往往使得企业经理人员注重短期效益而忽略长期效益。

3）公开上市需要很高的费用。这些费用包括资产评估费用、股票承销佣金、律师费、注册会计师费、材料印刷费、登记费等。这些费用的具体数额取决于每一个企业的具体情况、整个上市过程的难易程度和上市数额等因素。公司上市后尚需花费一些费用，为证券交易所、股东等提供资料，聘请注册会计师、律师等。

2. 股票上市的条件

公司公开发行的股票进入证券交易所交易必须受严格的条件限制。我国《公司法》规定股份有限公司申请股票上市，必须符合下列条件。

1）股票经国务院证券管理部门批准已向社会公开发行。

2）公司股本总额不少于人民币5000万元。

3）开业时间在3年以上，最近3年连续盈利；原国有企业依法改组而设立的，或者在《公司法》实施后新组建成立，其主要发起人为国有大中型企业的，可连续计算。

4）持有股票面值达人民币1000元以上的股东人数不少于1000人，向社会公开发行的股份达公司股份总数的25%以上；公司股本总额超过人民币4亿元的，其向社会公开发行股份的比例为15%以上。

5）公司在最近3年内无重大违法行为，财务会计报告无虚假记载。

6）国务院规定的其他条件。

3. 股票上市的决策

股份有限公司为了实现股票上市的目标，并使股票上市后进行正常交易，以吸引更多的投资者，其除了要满足证券交易所对股票上市的要求外，还要做好股利决策、股票上市方式决策和股票上市时机决策。

（1）股利决策

股份公司的股利决策包括股利水平决策和股利分派方式决策。

1）股利水平决策。倘若公司支付股东股利水平较高，虽然增强了公司发行股票的吸引力，但却加重了公司的财务负担；倘若公司支付股东股利水平较低，虽然公司的财务负担不重，却降低了公司发行股票的吸引力，公司将难以筹措到足够的资金。这就要求公司的股利水平决策在发行股票的吸引力与公司财务负担能力之间做出科学合理的选择。

2）股利分派方式决策。股利分派方式主要有现金股利和股票股利。通常公司在现金充裕时选择现金股利，在现金欠缺时选择股票股利。

（2）股票上市方式决策

股票上市方式主要有公开发售和买壳上市。

1）公开发售。这是上市公司通常采用的方式。公开发售既能吸引新股东参与投资，扩充公司资本，又便于原股东出售其所持有的一部分股票，以收回现金。

2）买壳上市。买壳上市又称反向收购法，是指股份有限公司通过收购较小的上市公司股票，取得控股权后，再进行扩股，将股份有限公司的资产注入上市公司，并可向现有股东及愿意成为新股东的投资者配售新股，为公司筹集资金。

（3）股票上市时机决策

股份有限公司为了使股票一上市就能赢得较高的市场评价，就必须选择最佳的上市时机。通常证券交易所要求上市公司必须公布股票上市日期以前 6 个月的财务报告，因此上市的时机应选择在公布的 6 个月期间的财务报告能反映出公司良好的经营业绩，并能显示今后的发展前景更好，从而使上市公司在潜在的投资者的心目中树立起很好的形象。

4. 股票上市的暂停与终止

股份有限公司的股票获准上市流通后，必须仍然保持其上市的条件，否则将会被暂停上市或终止上市。

（1）股票上市的暂停

根据公司法规定，上市公司有下列情形之一，由国务院证券管理部门决定暂停其股票上市。

1）公司股本总额、股权分布等发生变化，不再具备上市条件。

2）公司不按规定公开其财务状况，或者对财务会计报告做虚假记载。

3）公司有重大违法行为。

4）公司最近 3 年连续亏损。

公司在规定的暂停上市期限内，消除了股票暂停上市的原因后，可以申请重新上市。若上列第②、③种情形在规定的期限内未能消除，将会被终止上市。

（2）股票上市的终止

根据《公司法》规定，上市公司有下列情形之一的，由国务院证券管理部门决定终止其股票上市。

1）公司不按规定公开其财务状况，或者对财务会计报告做虚假记载，暂停上市后仍未能消除的。

2）公司有重大违法行为，暂停上市后仍未能消除的。

3）公司决议解散、被行政主管部门依法责令关闭的。

4）公司被宣告破产的。

三、内部融资

内部融资是指企业在内部，通过留存收益等而形成的资金来源，是在企业内部“自然地”形成的，一般不需要筹资费用，它具有原始性、自主性、低成本性和抗风险性等特点，是企业权益资金的来源之一。内部融资也是企业经常采用的筹资渠道，有些小企业无法取得借款，有些大企业不愿意借款，它们主要是靠内部融资。企业应在充分利用内部筹资来源之后，再考虑外部筹资。

综合上述权益资金筹资的方式，其主要特点如表 3.12 所示。

表 3.12　各种权益资金筹资方式特点比较

方　式	优　点	缺　点
吸收直接投资	1）能够尽快形成生产能力； 2）容易进行信息沟通； 3）吸收投资的手段相对比较简单，筹资费用较低	1）资产成本较高，相对于股票筹资来说，吸收直接投资的资本成本较高，投资者往往要求将大部分盈余作为红利分配； 2）公司控制权集中，不利于公司治理； 3）不利于产权交易。吸收投入资本由于没有证券为媒介，不利于产权交易，难以进行产权转让
发行股票	1）没有固定的股息负担，资本成本较低，相对吸收直接投资来说，普通股筹资的资本成本较低； 2）能增强公司的社会声誉，促进股权流通和转让	1）对外发行股票手续复杂，筹资费用较高； 2）相对吸收直接投资方式来说，不易及时形成生产能力； 3）公司的控制权分散，公司也容易被经理人控制； 4）股票流通性强，也容易在资本市场上被恶意收购
内部融资	1）不用发生筹资费用； 2）维持公司的控制权分布	筹资数额有限

第四节　负债资金筹资

一、负债资金概述

负债资金是指企业向银行、其他金融机构、其他单位或个人吸收的资金。它反映了债权人的权益，是企业权益资金以外的各种资金来源，是企业筹集资金的重要方式。

（一）负债资金的特点

负债资金与权益资金相比较，具有 4 个特点。

1）负债资金有一定的使用期限，到期必须归还。

2）负债资金到规定付息期必须支付利息，形成了企业固定的负担。

3）负债资金的成本通常比权益资金的成本低。

4）筹集负债资金不会分散权益资金的投资者对企业的控制权。

（二）负债资金的分类

1. 长期负债资金

长期负债资金是企业借入的偿还期限在一年以上或者超过一年的一个营业周期以上的资金。除了投资者投入企业的权益资金以外，它是企业向债权人筹集的可供长期使用的资金。企业的长期负债资金主要有长期借款资金、长期债券资金和融资租赁资金。

2. 短期负债资金

短期负债资金是企业借入的偿还期在一年以内或者超过一年的一个营业周期以内的资金。它是企业向债权人筹集的仅供短期使用的资金。企业短期负债资金主要有短期借款资金和商业信用资金等。

二、长期借款资金

长期借款指公司向银行或其他非银行金融机构借入的使用期限超过一年的借款，主要用于购建固定资产和满足长期流动资金的占用需要。

（一）长期借款的种类

长期借款的种类很多，公司可根据自身的情况和各种借款条件选用。我国目前各金融机构的长期借款主要有以下种类。

1. 按照用途不同分类

长期借款资金按照用途不同可分为固定资产投资借款、更新改造借款、科技开发和新产品试制借款等。

1）固定资产投资借款。固定资产投资借款是指企业因从事固定资产新建、改造、扩建等项目需要而向银行借入的款项。

2）更新改造借款。更新改造借款是指企业因对原有的设备进行技术改造项目需要向银行借入的款项。

3）科研开发和新产品试制借款。科研开发和新产品试制借款是指企业在研究、使用新技术、试制新产品、推广应用科技成果过程中因资金不足而向银行借入的款项。

2. 按照提供贷款的机构不同分类

长期借款资金按照提供贷款的机构不同可分为政策性银行贷款、商业银行贷款、保险公司贷款等。

1）政策性贷款。政策性贷款一般指执行国家政策性贷款业务的银行向公司发放的贷款。例如，国家开发银行主要为满足公司承建国家重点建设项目的资金需要提供贷款；进出口国家信贷银行则为大型设备的进出口提供买方或卖方信贷。

2）商业银行贷款。商业银行贷款指由各商业银行向公司提供的贷款。这类贷款主要为满足公司建设竞争性项目的资金需要，公司对贷款自主决策、自担风险、自负盈亏。

3）保险公司贷款。保险公司贷款是由保险公司向公司提供的借款，其期限一般比银行贷款长，但利率较高，对贷款对象的选择也较严格。

此外，公司还可以从信托投资公司取得实物或货币形式的信托投资贷款，从财务公司取得各种中长期贷款等。

3. 按照有无担保分类

长期借款资金按照有无担保分类可分为信用借款和担保借款。

1）信用借款。信用借款是指企业完全凭其良好的信用而取得的借款。通常只有生产经营好、经济实力强、社会信誉高的企业才能取得这种借款。

2）担保借款。担保借款是指企业以一定财产或第三人承诺在不能偿还借款时，按约定承担一般保证责任或连带责任保证而取得的借款。担保借款按照担保的形式不同还可以分为保证借款、抵押借款和质押借款等。

（二）取得长期借款的条件

公司申请贷款一般应具备的条件如下：①独立核算、自负盈亏、有法人资格；②经营方向和业务范围符合国家产业政策，借款用途属于银行贷款办法规定的范围；③借款公司具有一定的物资和财务保证，担保单位具有相应的经济实力；④具有偿还贷款的能力；⑤财务管理和经济核算制度健全，资金使用效益及公司经济效益良好；⑥在银行设立有账户，办理结算。

具备上述条件的公司欲取得贷款，先要向银行提出申请，陈述借款原因与金额、用款时间与计划、还款期限与计划。银行根据公司的借款申请，针对公司的财务状况、信用情况、盈利的稳定性、发展前景、借款投资项目的可行性等进行审查。银行审查同意贷款后，再与借款公司进一步协商贷款的具体条件，明确贷款的种类、用途、金额、利率、期限、还款的资金来源及方式、保护性条件、违约责任等，并以借款合同的形式将其法律化。借款合同生效后，公司可取得借款。

（三）长期借款的保护性条款

由于长期借款的期限长、风险大，按照国际惯例，银行通常对借款公司提出一些有助于保证贷款按时足额偿还的条件。这些条件写进借款合同中，形成了合同的保护性条款。归纳起来，保护性条款大致有如下 3 类。

1. 一般性保护条款

一般性保护条款应用于大多数借款合同，主要包括：对借款公司流动资金保持量的规定，其目的在于保护借款公司资金的流动性和偿债能力；对支付现金股利和再购入股票的限制，其目的在于限制现金外流；对资本支出规模的限制，其目的在于减少公司日后不得不变卖固定资产以偿还贷款的可能性，仍着眼于保持借款公司资金的流动性；限制其他长期债务，其目的在于防止其他贷款人取得对公司资产的优先求偿权。

2. 例行性保护条款

例行性保护条款作为例行常规，在大多数借款合同中都会出现，主要包括：借款公司定期向银行提交财务报表，其目的在于及时掌握公司的财务情况；不准在正常情况下出售较多资产，以保持公司正常的生产经营能力；如期清偿应缴纳的税金和其他到期债务，以防被罚款而造成现金流失；不准以任何资产作为其他承诺的担保或抵押，以避免公司过重的负担；不准贴现应收票据或出售应收账款，以避免或有负债；限制租赁固定资产的规模，其目的在于防止负担巨额租金以致削弱其偿债能力，还在于防止公司以租赁固定资产的办法摆脱对其资本支出和负债的约束。

3. 特殊性保护条款

特殊性保护条款是针对某些特殊情况而出现在部分借款合同中的，主要包括：贷款专款专用；不准公司投资于短期内不能收回资金的项目；限制公司高级职员的薪金和奖金总额；要求公司主要领导人在合同有效期间担任领导职务等。

（四）长期借款的成本

长期借款的利息率通常高于短期借款。但信誉好或抵押品流动性强的借款公司，仍然可以争取到较低的长期借款利率。长期借款利率有固定利率和浮动利率两种。浮动利率通常有最高、最低限，并在借款合同中明确。对于借款公司来讲，若预测市场利率将上升，应与银行签订固定利率合同；反之则应签订浮动利率合同。

除了利息之外，银行还会向借款公司收取其他费用，如实行周转信贷协议所收取的承诺费、要求借款公司在本银行中保持补偿性余额所形成的间接费用。这些费用会加大长期借款的成本。

（五）长期借款的偿还方式

长期借款的偿还方式不一，包括：定期支付利息，到期一次性偿还本金的方式；定期等额偿还方式；平时逐期偿还小额本金和利息，期末偿还余下的大额部分的方式。第一种偿还方式会加大公司借款到期时的还款压力；而定期等额偿还又会提高公司使用贷款的实际利率。

三、发行债券

债券是经济主体为筹集资金而发行的、用以记载反映债权债务关系的有价证券。由公司发行的债券称为公司债券。这里所说的债券指的是期限超过一年的公司债券，其发行目的通常是为建设大型项目筹集大笔长期资金。公司发行债券必须遵循一定的程序。一般来说，公司债券的发行主要分为两个阶段，如图 3.4 所示。

（一）债券的种类

公司债券有很多形式，大致有如下分类。

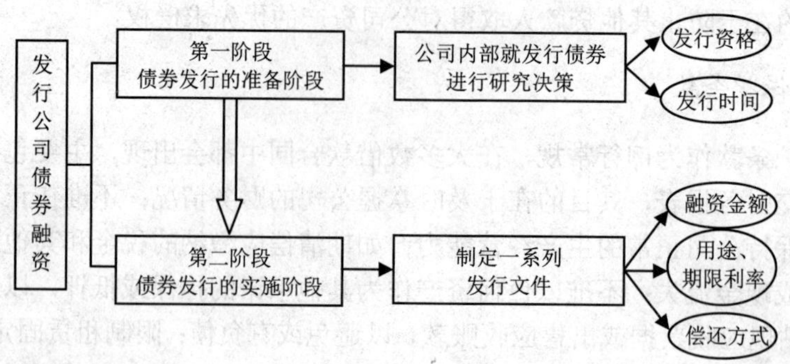

图 3.4　公司债券融资的两个阶段

1. 按照债券上是否记名分类

债券按是否记名可分为记名债券和无记名债券。

1）记名债券。记名债券是指在券面上注明债权人姓名，同时在发行公司的债权人名册上进行登记的债券。

2）无记名债券。无记名债券是指债券票面未注明债权人姓名，也不用在债权人名册上登记债权人姓名的债券。

2. 按照债券能否转换为公司股票分类

债券按照是否能转换为公司股票可分为可转换债券和不可转换债券。

1）可转换债券。可转换债券是指在一定时期内，可以按规定的价格或一定比例，由持有人自由地选择转换为普通股的债券。

2）不可转换债券。不能转换为本公司股票的债券称为不可转换债券。

3. 按照债券有无特定的财产担保分类

债券按照有无特定财产担保可分为抵押债券和信用债券。

1）抵押债券。发行公司以特定财产作为抵押品的债券。

2）信用债券。没有特定财产作为抵押，凭信用发行的债券为信用债券。

4. 按照债券的利率的不同分类

债券按照利率的不同可分为固定利率债券和浮动利率债券。

1）固定利率债券。将利率明确记载于债券上，按这一固定利率向债权人支付利息的债券称为固定利率债券。

2）浮动利率债券。债券上不明确注明利率，发放利息时利率水平按某一标准（如银行存款利率）的变化而同方向调整的债券，为浮动利率债券。

5. 按照债券的其他特征分类

债券还可分为收益公司债券、附认股权债券、附属信用债券等。

1）收益公司债券。收益公司债券是只有当公司获得盈利时才向持券人支付利息的债 券。这种债券不会给发行公司带来固定的利息费用，对投资者而言收益较高，但风险也大。

2）附认股权债券。附认股权债券是附带允许持券人按特定价格认购公司股票权利的债券。这种认股权通常随债券发放，具有与可转换公司债券类似的属性。

3）附属信用债券。附属信用债券是当公司清偿时，受偿权排列顺序低于其他债券的债券。这种债券的利率高于一般信用债券。

（二）债券的发行方式

债券的发行方式通常分为公开发行和私下募集发行两种。

1. 公开发行

以不特定的多数投资者作为募集对象所进行的债券发行称为公开发行，又称公募发行。公开发行涉及众多投资者，其社会责任和影响都很大，为了保证投资者的利益，各国都对公开发行的条件做了严格规定。

公开发行的优点：因向众多投资者发行债券，所以能筹集较多的资金；可以提高发行者在证券市场上的知名度，扩大社会影响；与私下募集发行相比，债券的利息率较低；公开发行的债券一般都可公开上市交易，有比较好的流动性，很受投资人欢迎。

公开发行的主要缺点：公开发行的发行费用较高；公开发行所需时间较长。

2. 私下募集发行

以特定的少数投资者为募集对象所进行的债券发行称为私下募集发行，又称私募发行。

私下募集发行的主要优点：节约发行费用；发行时间短；发行的限制条件少。

私下募集发行的主要缺点：需要向投资者提供高于公募债券的利率；私下募集发行的债券一般不能公开上市交易，缺乏流动性；债券集中于少数债权人，发行者的经营管理容易受到干预。

（三）债券的发行价格

债券的发行价格是债券发行时使用的价格，即投资者购买债券时所支付的价格。公司债券的发行价格通常有 3 种：平价、溢价和折价。平价指以债券的票面金额为发行价格；溢价指以高出债券票面金额的价格为发行价格；折价指以低于债券票面金额的价格为发行价格。债券发行价格的形成受诸多因素的影响，其中主要的是票面利率与市场利率的一致程度。债券的票面金额、票面利率在债券发行前即已参照市场利率和发行公司的具体情况确定下来，并载明于债券之上。但在发行债券时，已确定的票面利率不一定与当时的市场利率一致。为了协调债券购销双方在债券利息上的利益，就要调整发行价格，即：当票面利率高于市场利率时，以溢价发行债券；当票面利率低于市场利率时，以折价发行债券；当票面利率与市场利率一致时，则可以平价发行债券。

一次还本，分期付息时债券的发行价格计算公式为

$$债券发行价格=\frac{票面金额}{(1+市场利率)^n}+\sum_{t=1}^{n}\frac{票面金额\times票面利率}{(1+市场利率)^t}$$

式中，n —— 债券期限；

t —— 付息期数。

市场利率指债券发行时的市场利率。

（四）债券的信用等级

债券违约风险的大小与投资者利益密切相关。债券的信用评级解决了对债券违约风险的评估问题。根据对不同债券违约风险的估计，给出债券的信用等级是一件相当客观的工作。债券的信用等级对于发行公司和购买人都有重要影响。

公司公开发行债券通常需要债券评信机构评定等级，评级是否具有权威性则取决于评级机构的声誉。国际上流行的债券等级是以标准普尔公司为代表的评级标准，分为 3 等 9 级，如表 3.13 所示。

表 3.13 标准普尔公司的债券信用级别评定表

级别	含义		评定标准
AAA	投资级债券	最高级	到期还本付息能力极强，风险最低
AA		高级	还本付息能力很强，与最高评级差别很小
A		上中级	还本付息能力较强，但其偿债能力较易受外在环境及经济状况变动的不利因素的影响
BBB		中级	目前有足够的还本付息能力，但若在恶劣的经济条件或外在环境下其偿债能力可能较脆弱
BB	投机级债券	中下级	相对于其他投机级评级，违约的可能性最低，但持续的重大不稳定情况或恶劣的经济条件或外在环境下可能没有足够能力还本付息
B		投机级	违约可能性较 BB 级高，目前仍有能力还本付息，但恶劣的经济条件或外在环境下可能削弱还本付息的能力和意愿
CCC		完全投机级	依靠良好的经济条件或外在环境才有能力还本付息。如果经济条件或外在环境恶化，可能会违约
CC		最大投机级	违约的可能性较高
C		最低级	未付利息的收益债券

一般来说，BBB 级以上被认为是投资型债券，比较安全。而 BB 级以下则为投机型债券，风险比较高，因此也称垃圾债券。

债券等级是债券风险的指示器，对公司筹资成本和投资者利益都有直接关系。等级愈低的债券，投资者愈要求较高的收益率以抵消所承担的风险，因而公司的资本成本也就愈高。所以，无论是投资者还是筹资者都对债券的等级评定十分关注。

四、融资租赁

（一）融资租赁的种类

融资租赁又叫财务租赁或资本租赁。这种租赁同分期付款购入设备有些类似，实质是公司向租赁公司筹措设备投资的一种方式。融资租赁是公司的一种融资来源。签署一份融资租赁的合同和借款购买资产的行为类似。承租人按租赁合同规定的方式承担分期付款的义务，这好比资产使用者向出租人借了购买这项资产的钱，然后向借款者承担支付利息和本金的义务。因此，融资租赁和贷款后购置资产导致的现金流的结果对承租人来说是相同的。

融资租赁的分类如表 3.14 所示。

表 3.14　融资租赁分类表

类别	说　明
售后租回	租赁企业将其设备出售给其他租赁公司，然后再将所售资产租回使用并支付租金的一种融资方式
直接租赁	承租人直接向出租人租入所需要的资产并支付租金的融资方式。整个租赁期间，承租人没有所有权但有使用权，并负责维修和保养租赁资产
杠杆租赁	出租人一般出资相当于租赁资产价款 20%～40%的资金，其余 60%～80%的资金由其将购置的租赁物作抵押向金融机构贷款，然后将购入的设备出租给承租人，并收取租金

（二）融资租赁的优缺点

融资租赁能够以较少的资金获得较大设备的使用权，但这种筹资方式程序较为复杂，租赁成本较高，其优缺点如表 3.15 所示。

表 3.15　融资租赁的优缺点

优　点	缺　点
1）融资与融物相结合，增强了灵活性； 2）有利于增强企业的现金流动能力； 3）避免其他债务筹资方式的限制性条款，有利于调整企业的经营决策； 4）更换陈旧过时设备，有利于转嫁经营风险； 5）整个租赁期内分期支付租金，能够减少不能偿付的风险； 6）在税前扣除租金，能够减少所得税	1）办理程序较复杂，资金成本也较高； 2）没有获得出租人的同意，承租人不能擅自根据生产经验需要对租赁资产进行改变

五、银行短期信贷

银行短期信贷是指银行所发放的期限不超过一年的贷款，利用银行的短期贷款是公司短期融资的最重要方式之一。

（一）银行短期信贷的种类

根据贷款的取得是否需提供担保品，银行短期信贷可以分为信用贷款与担保贷款两类。

1. 信用贷款

信用贷款是银行依据借款人信用向其提供贷款的一种贷款方式。在该方式下，银行不要求借款人提供经济担保和财产抵押。这种贷款具有自偿性的特点，使用这种贷款的公司应具备能在一年内有产生出足以偿还贷款的现金流量能力。该方式主要适用于那些信誉好、规模大、实力强及借贷往来时间较长的公司。

信用贷款筹资的具体方式又有下列几种。

（1）信贷限额贷款

信贷限额是银行经过对公司的财务报表、现金预算等资料进行审查后所确定的贷款限额。信贷限额贷款是指在贷款限额有效期内，公司可向银行持续借入不超过信贷限额资金的贷款方式。在上述有效期内，如果公司所借入的资金未达到上述限额，则公司可随时向银行借入一笔资金，只要借入后的累计额未超过该限额即可。

尽管这类形式的贷款给公司带来很大方便，但是该形式的贷款并不能得到法律上的保证。如果银行因缺乏信贷资金或认为公司的信誉下降而终止贷款的话，银行没有义务承担法律责任。

信贷限额贷款最大的优点是为公司提供较大的筹资弹性。公司需要资金时，可在信用额度内贷款，而当公司资金充裕时，可随时还款，从而避免过多的资金闲置。

（2）循环贷款协定

这种形式的贷款是指公司与银行签订具有法律效用的贷款合同，在合同中规定，在合同有效期内任何时候，只要累计借款未超过限额，银行必须满足公司所提出的借款要求。这种形式的贷款使得公司从法律上得到保障，但是公司通常需要对于循环信贷中的未用部分支付给银行一定的承诺费，因此，在签订合同时，公司必须慎重考虑贷款限额及有效期。

（3）交易贷款

交易贷款是指公司由于特殊原因需要资金而向银行提出申请所获得的一次性贷款。例如，为修复遭受自然灾害的厂房，公司向银行所申请的贷款，或公司由于需要完成一项工程而向银行申请的贷款。交易贷款通常由银行按项目逐笔审核确定。

2. 担保贷款

许多公司由于经济实力不够雄厚或缺乏足够的信誉，因而无法获得银行的信用贷款。在这种情况下，通常可以利用担保贷款筹集债务资金。所谓担保贷款，是借款公司根据银行的要求，向银行提供担保品后方可取得贷款的一种信贷方式。短期借款的担保品通常包括应收账款及存货等。

（1）应收账款担保贷款

应收账款是一种理想的贷款担保品。以此类担保品从银行取得贷款的筹资方式即为应收账款担保贷款。借款公司采用此方式筹资时，首先需要将应收账款单据送到贷款银行进行审定。银行并非接受贷款公司所提供的每笔应收账款作为担保品。信用等级较低的应收账款或未评级的应收账款通常会遭银行拒绝。此外，一笔应收账款尽管质量较高，如果其账面价值较低，银行通常也会拒收，其原因在于金额较小的应收账款的管理成本相对较高。

银行确定可以作为担保品的各笔应收账款之后，再按其账面价值总值的一定百分比向借款公司发放贷款。

这种贷款的信用风险完全由借款公司承担。如果作为担保品的应收账款无法收回，借款公司应承担坏账损失。如果作为担保品的应收账款到期后未能收回，应由借款公司负责收回逾期的应收账款，并承担所发生的收账费用。

应收账款担保贷款可以采用两种方式：一是非通知方式；二是通知方式。采用前一种方式时，应收账款用作担保品之事并不告知有关客户，客户继续把账款付给公司，由公司转交银行。采用后一种方式时，借款公司要将应收账款已作为担保品的情况通知有关客户，以便客户将应付账款直接给付贷款银行。

应收账款担保贷款具有较好的特性，当应收账款规模增加时，公司会增加资金需求，由于应收账款总额的增加，公司可以通过该种贷款方式筹集更多的资金，从而解决了公司资金需求增加的问题。另外，由于公司的持续经营，原有的应收账款纷纷收回，而新的应收账款又源源不断，因而公司可以持续采用该方式，长期为公司融通所需资金。

以应收账款向商业银行借款的利息费用将比最优惠利率高出 2%～4%，而且许多银行还要按贷款金额收取 1%～2%的手续费。

（2）存货抵押贷款

存货是公司具有一定流动性的资产，因而也是理想的短期借款担保品。与应收账款担保相类似，银行根据担保品的质量高低来确定贷款比例，也就是说，银行并非按存货市价高低直接确定所提供的贷款金额，而是按存货市价的某一百分比确定贷款的金额。此百分比高低主要取决于公司所提供的存货的流动性强弱、易损程度、市价稳定程度、变卖难易程度等方面，以及公司偿还借款的能力，对于有的存货，银行所提供的贷款比例高达 90%以上，有的则很低，而有的存货银行拒绝用做担保品。

存货贷款有多种不同形式，贷款公司可以根据具体情况从中选择。

1）浮动留置权方式。留置权是指债权人对特定资产的索偿权。而浮动存货留置权是指贷款公司将存货留置权授予银行，银行对相应存货拥有索偿权。银行向该公司提供贷款后，公司可以出售存货，但应如期归还借款。在这类借贷业务实行过程中，因为担保物(存货)并不固定，公司可以随时提取，银行很难对上述存货实行严密控制。因此银行通常只向信誉好、偿债能力强的公司开展这种业务，而浮动留置权往往只是作为额外保护。由于用作担保品的存货一般是大量的、不可标号的、单价较小的存货，因此即便担保品具有较好的质量，贷款银行一般也不愿提供较高比例的贷款。在该种融资方式下，利率是在最优惠利率的基础上另加 3%～5%。

2）信托收据贷款。信托收据是一种承认借款人代为贷款人持有商品的证书。采用该贷款方式时，借款公司以存货作为担保向银行取得贷款，届时开出“信托收据”交给银行。银行对借款公司以贷款购入的存货保留所有权。存货可以留在借款公司的仓库里，也可以搬到指定的仓库里。借款公司以出售存货所得的资金作为还款来源。借款公司每销售一批货物，须取得银行同意后提货，货物售出后，将所得货款交与银行，作为归还借款的一部分。直至借款本息还清，信托收据才予以注销。与浮动留置权方式不同的是，信托收据贷款方式下所涉及的存货要求按照顺序号码或用其他方法逐个鉴别，以便避免借款公司出售存货所得款项不能及时偿还银行。这类贷款方式在汽车销售商、设备供应商和耐用品销售商当中广泛采用。

3）仓库收据贷款。此贷款方式是指贷款公司利用有关部门开具的存货仓库收据向贷款银行取得借款的融资方式。根据存货存放的地点不同，此类贷款方式又可以具体分为两类：一类是现场仓库收据贷款；另一类是公共仓库收据贷款。

（3）其他方式的抵押贷款

除上述两种主要的资产抵押贷款之外，公司还可以用股票、债券等作为抵押取得短期贷款。

（二）银行短期信贷融资成本

1. 银行短期信贷利率的确定

银行短期贷款利率高低通常会随借款人的类型、贷款的金额与时间的变化而变化。一般而言，借款人承担的风险越大，贷款的金额越少，经济越繁荣，则银行贷款的利率就会越高。在其他条件相同的情况下，银行短期贷款利率会因借款人的信用状况不同而有差别。对于那些信誉较高、规模较大而且实力雄厚的公司，银行提供的贷款，其利率通常比优惠利率高 0.5%～4%。

根据贷款期间利率是否固定，银行贷款利率的确定有两种方式：一是固定利率方式；二是浮动利率方式。固定利率是指在整个贷款期内贷款利率保持固定不变；浮动利率是指贷款利率在贷款期内将随基本利率的变化而变化。

银行短期贷款的本息偿还方式通常有 3 种：一是收款法；二是贴现法；三是加息分摊法。

（1）收款法

采用收款法时，利息在借款到期时连同本金一起偿还。我国企业通常采用这种方法。在这种情况下，对于期限为一年的贷款，实际利率的计算公式为

$$实际利率=\frac{支付利息}{贷款数量}$$

在这种情况下，贷款的实际利率与其名义利率相同。

【例 3.7】 星光公司获取一笔金额为 100 000 元的贷款，年利率为 5%，期限为一年。在收款法下的实际利率为

$$实际利率=\frac{100\,000\times5\%}{100\,000}=5\%$$

（2）贴现法

采用贴现法时，利息在贷款中预先扣除，借款公司在贷款到期时只需偿还本金。在该种利息支付法下，实际利率的计算公式为

$$实际利率=\frac{支付利息}{贷款数量-支付利息}$$

在上例中，如果采用贴现法支付利息，则实际利率为

$$实际利率=\frac{100\,000\times5\%}{100\,000-100\,000\times5\%}=5.26\%$$

（3）加息分摊法

在分期偿还的借款中，银行和其他贷款人通常按此方法计算利息。在这种情况下，银行将利息附加到各期还款的资金中。例如，金额为 100 000 元的贷款，采用加息分摊法支付利息，在未来的一年中，分 12 次偿还，利率为 3%，则公司在开始收到 100 000 元，并在未来的 12 个月中，每月月末分别支付（100 000+100 000×3%）/12=8583.33 元。

在这种情况下，由于公司只是在取得借款后的第一个月中借款额为 100 000 元，而此后借款额逐月递减，实际上公司在整个借款期的平均借款额仅有约 50 000 元。所以，其实际利率大约翻了一倍。例如，上面所举的加息分摊法偿还本息的例子中，名义利率为 3%，实际利率约为 6%。

2. 补偿性余额对银行信贷融资成本的影响

补偿性余额是银行要求借款公司在存款账户中保留的最低存款数额。西方国家中的补偿性余额通常为贷款总额的 10%～20%。补偿性余额的比率经常随资金供应的宽松和利率水平的降低而大幅度降低。由于补偿性余额不得为公司所动用，因此它会降低公司实际可用的贷款数额，从而提高了贷款的实际利率。

在简单利率法下，其实际利率的计算公式为

$$实际利率=\frac{名义利率}{1-补偿性余额所占比例}$$

【例 3.8】 光大公司向银行借款 10 000 元，年利率为 12%，期限为一年，银行要求贷款的补偿性存款余额比例为借款面额的 20%，则公司实际借款利率为

$$实际利率=\frac{12\%}{1-20\%}=15\%$$

六、商业信用

商业信用是指在商品交易中由于延期付款或预收货款所形成的公司间的借贷关系。商业信用产生于一般商品交易中，是一种自发的融资渠道。它产生于银行信用之前，但银行信用出现之后，商业信用依然存在。

早在简单的商品生产条件下，就出现了赊销赊购现象，到了商品经济发达的资本主义社会，商业信用得到广泛发展。西方一些国家的制造厂家和批发商的商品，90%是通过商业信用方式销售出去的。我国商业信用正日益广泛推行，形式多样，范围广泛，将逐渐成为公司短期负债融资的重要方式。商业信用的具体形式有应付账款、预收账款、应付票据等。

（一）应付账款

应付账款是公司购买货物暂未付款而对对方的欠款，是卖方允许买方在购货后一定时期内支付货款的一种形式。卖方利用这种方式促销，而对买方来说延期付款则等于向卖方

借用资金购进商品，可以满足短期的资金需要。

应付账款有付款期限、折扣等信用条件。应付账款可以分为 3 种：免费信用，即买方公司在规定的折扣期间内享受折扣而获得的信用；代价信用，即买方公司放弃折扣付出代价而获得的信用；展期信用，即买方公司超过规定的信用期推迟付款而强制获得的信用。

1. 应付账款的成本

假若买方公司购买货物后在卖方规定的折扣期内付款，便可以享受免费信用，这种情况下公司没有因为享受信用而付出代价。如果卖方公司提供现金折扣，买方公司应尽量争取获得此项折扣，因为丧失现金折扣的机会成本很高。

2. 利用现金折扣的决策

在附有信用条件的情况下，因为获得不同信用要负担不同的代价，买方公司便要在利用哪种信用之间做出决策。

如果能以低于放弃现金折扣的资本成本（实质是一种机会成本）的利率借入资金，便应在现金折扣期内用借入的资金支付货款，享受现金折扣。例如，例 3.8 中同期的银行短期借款利率为 12%，则买方公司应利用更便宜的银行借款在折扣期内偿还应付账款。反之，公司应放弃折扣。放弃现金折扣的成本的计算公式为

$$放弃现金折扣的成本=\frac{折扣百分比}{1-折扣百分比}\times\frac{360}{（信用期-折扣期）}$$

如果在折扣期内将应付账款用于短期投资，所得的投资收益率高于放弃折扣的资本成本，则应放弃折扣而去追求更高的收益。当然，假使公司放弃折扣优惠，也应将付款日推迟至信用期内的最后一天，以降低放弃折扣的成本。

如果公司因缺乏资金而欲展延付款期，则需在降低了的放弃折扣成本与展延付款带来的损失之间做出选择。展延付款带来的损失主要指因公司信誉的恶化而丧失供应商乃至其他贷款人的信用，或日后招致苛刻的信用条件。

如果面对两家以上提供不同信用条件的卖方，应通过衡量放弃折扣成本的大小，选择放弃现金折扣的资金成本最小（或所获利益最大）的一家。

（二）预收账款

预收账款是卖方公司在交付货物之前向买方预先收取部分或全部货款的信用形式。对于卖方来讲，预收账款相当于向买方借用资金后用货物抵偿。通常，买方对于紧俏商品乐意采用这种形式。另外，生产周期长、售价高的商品，如轮船、飞机等，生产公司也经常向订货者分次预收货款，以缓解资金占用过多的矛盾。

（三）应付票据

应付票据是公司进行延期付款商品交易时开具的反映债权债务关系的票据。根据承兑人的不同，应付票据分为商业承兑汇票和银行承兑汇票两种，支付期最长不超过 9 个月。

商业承兑汇票是由收款人开出，经付款人承兑，或由付款人开出并承兑的汇票。银行承兑汇票是指由收款人或承兑申请人开出，由银行审查同意承兑的汇票。应付票据可以带息，也可以不带息。应付票据的利率一般比银行借款的利率低，且不用保持相应的补偿性余额和支付协议费，所以应付票据的融资成本低于银行借款成本。但是应付票据到期必须归还，如若延期便要交付罚金，因而风险较大。

综合上述负债资金筹资的方式，其主要特点如表 3.16 所示。

表 3.16　各种负债资金筹资方式特点比较

方式	优　点	缺　点
银行借款	1）筹资速度快； 2）筹资成本低； 3）借款弹性好	1）财务风险较大； 2）限制条款较多； 3）筹资数额有限
债券筹资	1）资金成本较低； 2）可利用财务杠杆； 3）保障了股东控制权	1）财务风险较高； 2）限制条件较多； 3）筹资数量有限
融资租赁	1）具有一定的筹资灵活性； 2）避免了设备陈旧过时的风险； 3）享受税收优惠； 4)既增强了公司的举债能力，又维持了一定的信用能力； 5）财务风险小	1）资金成本较高负担较重； 2）丧失了资产的残值
商业信用	1）筹资方便； 2）限制条件少； 3）筹资成本低	1）期限短，属于短期筹资方式，不能用于长期资产占用； 2）风险大，各种应付款项经常发生，次数频繁，因此需要企业随时安排资金的调度

小　结

1．筹资是指企业为了满足自身的生产经营活动需要，而从企业内部或外部筹措资金的活动。筹资是企业的主要财务活动之一。企业筹资的基本目的是企业自身的生存和发展。筹资的数量与结构直接影响企业经济效益的好坏，企业应在充分分析各种影响因素的基础上，按照有关要求，进行合理、有效的筹资。筹资管理不仅要考虑何时、何种方式、何种渠道、以多大代价筹集所需要的资金，还需要兼顾筹资风险及对企业的控制权。

2．筹资渠道是指企业获取资金的来源方向与通道。我国企业目前筹资渠道主要包括国家财政资金、银行信贷、非银行金融机构资金、其他企业资金、居民个人资金及企业自留资金。

3．筹资方式是指企业获取资金的具体方式。我国企业目前筹资的方式主要有吸收直接投资、发行股票、银行借款、发行债券、商业信用、融资租赁等。

4. 企业权益资本的筹集主要采取吸收投资、发行股票和内部融资等方式。股票是股份有限公司为筹集权益资本而发行的有价证券，是持股人拥有公司股份的凭证，发行股票是股份公司筹集主权资本的重要方式。股票具有以下基本特征：无期性；收益性；风险性；流通性；参与性。根据国家法律法规和国际惯例，股份公司发行股票必须具备一定的发行条件，取得发行资格，并在办理必要的手续后才能发行。股票销售方式一般有两类即自销和证券经营机构承销。股票发行价格通常由发行公司根据股票面额、股市行情和其他有关因素决定。

5. 企业长期债务资本的筹集主要采取长期借款、发行债券和融资租赁等方式。负债是企业一项重要的资金来源，负债筹资是与权益筹资性质不同的筹资方式。与后者相比，负债筹资的特点表现为：筹集的资金须到期偿还；不论企业经营好坏须固定支付债务利息，但债务的资本成本在所得税前列支；因而其资金成本一般比普通股筹资成本低，且不会分散投资者对企业的控制权。在企业清算时，债务资本优先于权益资本偿还。

6. 企业可以通过商业信用、短期借款及商业票据等方式筹集短期资金。

7. 关键概念：筹资；筹资渠道；筹资方式；权益资金筹资；负债资金筹资；直接投资；普通股；留存收益；银行借款；债券；商业信用；融资租赁。

基础知识与技能训练

一、单项选择题

1. 与银行借款相比，下列各项中不属于融资租赁筹资特点的是（　　）。

A. 资本成本低　B. 融资风险小　C. 融资期限长　D. 融资限制少

2. 某公司为一家新建设的有限责任公司，其注册资本为1000万元，则该公司股东首次出资的最低金额是（　　）。

A. 100万元　B. 200万元　C. 300万元　D. 400万元

3. 企业下列吸收直接投资的筹资方式中，潜在风险最大的是（　　）。

A. 吸收货币资产　B. 吸收实务资产

C. 吸收专有技术　D. 吸收土地使用权

4. 下列各项中，不能作为无形资产出资的是（　　）。

A. 专利权　B. 商标权　C. 非专利技术　D. 特许经营权

5. 一般而言，与融资租赁筹资相比，发行债券的优点是（　　）。

A. 财务风险较小　B. 限制条件较少

C. 资本成本较低　D. 融资速度较快

6. 在下列各项中，能够引起企业权益资金增加的筹资方式的是（　　）。

A. 吸收直接投资　B. 发行公司债券

C. 利用商业信用　D. 留存收益转增资本

7. 企业向租赁公司租入一台设备，价值500万元，合同约定租赁期满时残值5万元归承租人所有，租期为5年，租赁费综合率为12%，若采用先付租金的方式，则平均每年支付的租金为（　　）万元。〔(P/A，12%，4）=3.0373，(P/A，12%，5）=3.6048〕

A．123.85　　B．138.73　　C．245.47　　D．108.61

8．相对于银行借款筹资而言，股票筹资的特点的有（　　）。

A．筹资速度快　　B．筹资成本高　　C．筹资弹性好　　D．财务风险大

9．如果某上市公司最近两个会计年度的审计结果显示的净利润为负值，则该上市公司就会被（　　）。

A．暂停上市　　B．终止上市　　C．特别处理　　D．取消上市资格

10．以借款人或者第三人将其动产或者财产权利移交债权人占有，将该动产或者财产权利作为债权取得担保的贷款为（　　）。

A．信用贷款　　B．保证贷款　　C．抵押贷款　　D．质押贷款

11．出租人既出租某项资产，又以该项资产为担保借入资金的租赁方式是（　　）。

A．直接租赁　　B．售后回购　　C．杠杆租赁　　D．经营租赁

12．上市公司出现财务状况或者其他状况异常时，其股票交易将被交易所“特别处理”，在上市公司的股票交易被实行特别处理期间，不属于其股票交易应该遵循规则的是（　　）。

A．股票报价日涨跌幅幅度限制为5%

B．股票名称改为原股票名前加“ST”

C．上市公司的中期报告必须经过审计

D．股票暂停上市

二、多项选择题

1．下列各项中，属于内部融资区别于发行股票筹资方式的特点的有（　　）。

A．筹资数额有限　　B．财务风险大

C．不会分散控制权　　D．资本成本高

2．下列属于企业筹资动机的有（　　）。

A．创立性筹资动机　　B．支付性筹资动机

C．扩张性筹资动机　　D．调整性筹资动机

3．筹资活动是企业资金流转运动的起点，筹资管理要求企业（　　）。

A．科学计算资金需要量　　B．合理安排筹资渠道、选择筹资方式

C．降低资本成本、控制财务风险　　D．提高投资效率、增加企业效益

4．除货币资产出资以外，下列属于吸收直接投资的出资方式的有（　　）。

A．以实物资产出资　　B．以土地使用权出资

C．以工业产权出资　　D．以特定债权出资

5．在下列资本金缴纳办法中，企业成立时的实收资本与注册资本可能不相一致的有（　　）。

A．实收资本制　　B．授权资本制

C．折中资本制　　D．到期资本制

三、判断题

1．具有提前收回条款的债券使企业融资具有较大弹性。（　）

2．按证监会规则解释，作为战略投资者应该是与发行人具有合作关系或者有合作意向和潜力，与发行公司业务联系紧密且欲长期持有发行公司股票的机构。（　）

3．某公司的股本总额为10亿元，近一年多来其社会公众持股为1亿元，则该公司会被交易所决定终止其股票上市交易。（　）

4．发行优先股的上市公司如不能按照规定支付优先股股利，优先股股东有权要求公司破产。（　）

5．按照国际惯例，大多数长期借款合同中，为了防止借款企业偿债能力下降，都严格限制借款企业资本性支出规模，但不限制借款企业非经营性支出的规模。（　）

6．融资租赁方式下，租赁期满，设备必须作价转让给承租人。（　）

7．提前偿还债券所支付的价格通常高于债券面值，且支付的价格因为到期日的临近而逐渐上升。（　）

8．公司资金有结余时，即可提前赎回其发行的债券。（　）

9．资本公积转增股本不属于留存收益的筹资途径。（　）

10．到期分批偿还债券比到期一次偿还债券发行费较高，但便于发行。（　）

四、实训题

1．某公司发行面值为1000元、期限为8年、票面利率为15%的长期债券，根据发行时的市场利率情况，确定以1100元的价格出售。

要求：计算该债券发行时的市场利率。

2．某公司向银行借入短期借款10万元。支付银行贷款利息的方式同银行协商后的结果是：如采用收款法，利息为15%；如采用贴现法，利息为12.5%；如采用加息法，利息为8%。

要求：如果你是该公司财务经理，你选择哪种支付方式？并说明理由。

3．某公司购进一批零件，须付款10 000元，供应商的信用条件为“2/ 20，*N*/ 50”，市场利率为15%。

要求：（1）分析该公司是否应该享受这种折扣。

（2）假如现有一个短期投资机会，预计投资报酬率为25%，说明该公司该如何决策。

五、案例分析

案例分析：两家股份有限公司的筹资方案比较

甲股份有限公司是一个小型的产品生产企业。公司发展很快，市场前景也很好，资本利润率处于同行业的前列。公司为实现经营目标肯担风险。目前的问题是如何筹集资金购买机器设备以便扩大生产满足市场需求。公司大体状况如下：股票全部为公司内部几个高级管理人员所持有，还没有公开上市。到目前为止公司已经从银行借了大笔资金，平均债务利率6%，本年1～6月的销售收入为2000万元，息税前利润为180万元。

乙股份有限公司是一家中型公司，与甲公司同属一个行业。该公司供应各种生产资料，生产发展稳定而谨慎，公司的扩张与发展主要靠留存收益，股票通过证券交易所买卖，但大多数股票由其家族控制，借款只用于专项，平均债务利率为4%，该企业的资本利润率只是同行业的平均水平，与甲公司相比，在资产上有自己的优势，那就是拥有属于自己的房地产，生产规模大。1～6月的销售收入为4000万元，息税前利润为480万元。

甲、乙两公司6月底的资产负债表如表3.17所示。

表3.17　甲公司与乙公司6月底的资产负债表　　单位：万元

项　　目	甲　公　司	乙　公　司
流动资产		
货币资金	50	120
应收账款	400	1050
存货	280	2000
流动资产合计	730	3170
固定资产		
房屋	—	790
机器设备	420	940
减：累计折旧	42	300
固定资产净值	378	2030
资产总计	1108	5200
流动负债		
短期借款	352	770
应付账款	128	530
流动负债合计	480	1300
长期借款	288	—
负债合计	768	1300
所有者权益		
股本	280	3750
留存收益	60	150
所有者权益合计	340	3900
负债与所有者权益总计	1108	5200

现在两家公司各需筹集资金400万元购置机器设备。

思考与分析：

（1）它们应该如何筹资？为什么？

（2）两家公司的筹资渠道是否相同？为什么？

（3）谁更在乎成本问题？原因是什么？

本章学习笔记

第四章　资本成本和资本结构

知识点 ☞ 通过本章相关知识的学习，学生应了解和掌握以下知识点：资本成本的概念、内容及意义，个别资本成本、综合资本成本和边际资本成本的计算，经营杠杆、财务杠杆的含义，经营杠杆、财务杠杆的计算方法，资本结构的含义和有关理论。

技能点 ☞ 会利用个别资本成本、综合资本成本，以及经营杠杆、财务杠杆等指标，进行最佳资本结构决策。

引导案例

企业的资金来源主要包括内部融资和外部融资两个渠道，其中内部融资主要是指企业的自有资金和在生产经营过程中的资金积累部分；外部融资即企业的外部资金来源部分，主要包括直接融资和间接融资两种方式。

从美国、英国、德国、法国、意大利、日本、加拿大等七国平均水平来看，内部融资比例高达55.71%，外部融资比例为44.29 %；而在外部融资中，来自金融市场的股权融资仅占融资总额的10.86%，而来自金融机构的债务融资则占32%。

从国别差异来看，内部融资比例以美、英两国最高，均高达75%，德国、加拿大、法国、意大利四国次之，日本最低。从股权融资比例看，加拿大最高，达到 19%，美国、法国、意大利三国次之，均为13%，英国、日本分别为8%和7%，德国最低，仅为3%。从债务融资比例看，日本最高，达到59%，美国最低，为12%。可见，美国企业不仅具有最高的内部融资比例，而且从证券市场筹资的资金中，债务融资所占比例也要比股权融资高得多。

我国上市公司的内部融资在融资结构中的比例是非常低的，外部融资比例远高于内部融资，那些“未分配利润为负”的上市公司几乎完全依赖外部融资。另外，在外部融资中，股权融资所占比例平均大大超过了50%。

请思考内部融资和金融机构融资会给企业带来哪些益处，为什么上述七国注重内部融资和外部融资中的金融机构融资，我国公司为什么做不到。

（资料来源：马元兴．2006．财务管理．北京：高等教育出版社．）

第一节　资 本 成 本

一、资本成本概述

（一）资本成本的概念

在市场经济条件下，企业筹措和使用资金往往都需要付出代价，资本成本是指企业为筹集和使用资金而付出的代价。从广义上讲，企业筹集和使用任何短期和长期资金，都要付出代价，但短期资金一般不影响企业长期资本结构，从这个意义上讲，狭义的资本成本仅指筹集和使用长期资金的成本。

（二）资本成本的内容

资本成本包括资金筹集费和资金占用费两部分。资金筹集费指企业在资金筹措过程中为获取资金而付出的各种费用，如发行股票、债券支付的发行手续费、印刷费、律师费、公证费及广告费等，企业向银行借款支付的手续费等，筹集费用一般在筹措资金时一次性支付，在以后资金的使用过程中不再发生。因此，筹集费用在计算资本成本时，可作为筹资额的扣除额处理，即可以从筹资总额中直接扣除。

资金占用费是指企业在使用资金的过程中而付出的费用，如股票的股利、银行借款和债券的利息等。正常情况下，资金占用费是企业在使用资金过程中按一定比例、一定方式不断支付给资金所有者的报酬，是筹资企业经常发生的。

资本成本有多种计量形式，既可以用绝对数表示，也可用相对数表示。用绝对数来表示资本成本就是资本成本额，但为了便于不同筹资渠道和不同筹资方案的比较，资本成本通常用相对数——资本成本率来表示。资本成本率是指企业用资费用与实际筹得资金（即筹资数额扣除筹资费用后差额）的比率。

用公式表示为

$$K=\frac{P}{(P-F)}\text{或}\frac{D}{p(1-f)}$$

式中，K——资本成本率，以百分率表示；

D——资金占用费；

P——筹资数额；

F——筹资费用额；

F——筹资费用率（即筹资费用与筹资数额的比率）。

（三）资本成本的意义

资本成本是企业理财的一个重要概念，分析资本成本对于企业的筹资决策、投资决策乃至整个企业的财务活动都具有重要意义。

1. 资本成本是选择筹资方式的重要依据

企业可以从多种渠道，采用多种方式来筹集资金，而通过不同渠道和方式筹集的资金，其个别资本成本是不一样的，同时企业筹集长期资金往往同时采用多种筹资方式，存在不同的筹资组合，多种筹资组合的成本和风险也各不相同。为了经济有效地筹集资金，企业必须分析各种筹资方式资本成本的高低，并进行合理的组合，以确定最佳的资本结构。

2. 资本成本是评价投资项目、比较投资方案和追加投资决策的主要经济标准

一个投资项目是否可行，是否值得投资，有多种评价方法。但最基本的要求是该项目的投资收益率应高于资本成本率，这样经济上才是合理的；否则，如果该项目的投资收益率低于其资本成本率，企业将无利可图。因此，国际上通常将资本成本视为投资项目的最低权益率或取舍率，并作为比较投资方案的主要标准。

3. 资本成本是衡量企业整个经营业绩的基准

对于资金使用者来说，使用资金所得到的收益是否大于所付出的成本，对企业的经营非常重要。尤其是负债资金，如果企业的业绩不佳，到期无法偿还债务的本息，将有可能导致企业亏损甚至破产，因此，评价企业经营业绩的好坏，可将企业的权益率指标，如资金利润率与资本成本率比较，如果前者高，说明企业经营业绩较好，否则说明企业经营业绩欠佳。

二、个别资本成本

个别资本成本是指企业使用单种筹资方式取得各种长期资金的成本。长期资金的筹集方式一般有银行借款、债券、优先股、普通股、留存收益等，其中前两者的成本可统称为债务资本，后三者的成本可统称为权益资本。个别资本成本，相应的即银行借款成本、债券成本、优先股成本、普通股成本、留存收益成本等。个别资本成本是评价各种筹资方式优劣的主要依据。由于各种筹资方式取得资金的成本各不相同，下面分别加以介绍。

（一）银行借款资本成本

企业银行借款资本成本是指借款利息和筹资费用。按照国际惯例，借款利息一般允许在企业所得税前支付，因此，盈利企业实际负担的利息为：利息×（1−所得税税率）。它可以起到抵税作用。

一次还本、分期付息借款的资本成本可按下列公式计算：

$$K_L=\frac{I_L(1-T)}{L(1-f_L)} \quad 或 \quad K_L=\frac{I(1-T)}{1-f_L}$$

式中，K_L—— 银行借款成本；

I_L—— 银行借款利息；

T—— 所得税税率；

L—— 银行借款额（借款资本金）；

F_L—— 银行筹资费用率；

I—— 借款年利率。

【例 4.1】 宏远公司从银行取得 5 年期长期借款 250 万元，年利率为 11%，期限为 3 年，每年付息一次，到期一次还本，筹资费用率为 0.5%，企业所得税税率为 25%。则该项银行借款资本成本为

$$K_L=\frac{250\times11\%(1-25\%)}{250(1-0.5\%)}=8.29\%$$

或
$$=\frac{11\%(1-25\%)}{1-0.5\%}=8.29\%$$

当银行借款的筹资费（主要是借款的手续费）很小时，也可以忽略不计。这时银行借款资本成本可按下列公式计算：

$$K_L=I(1-T)$$

【例 4.2】 根据例 4.1，如不考虑手续费，则这笔借款的资本成本测算为

$$k_L=11\%\times(1-25\%)=8.25\%$$

当借款合同附加补偿性余额条款的条件下，企业可动用的借款筹资数额应扣除补偿性余额，这时借款的实际利率和资本成本将会上升。

【例 4.3】 如例 4.1 公司欲获得借款 250 万元，年利率为 11%，期限为 3 年，每年结息一次，到期一次还本。银行要求补偿性余额为 20%，公司所得税税率为 25%，则这笔借款的资本成本为

$$K_L=\frac{250\times11\%\times(1-25\%)}{250\times(1-20\%)}=10.31\%$$

在借款年内结息次数超过一次时，借款实际利率也会高于名义利率，从而资本成本上升，这时长期借款资本成本的公式为

$$K_L=\left[\left(1+\frac{I}{M}\right)^{MN}-1\right](1-T)$$

式中，M —— 年内借款结息次数；

N —— 借款期限。

【例 4.4】 如例 4.1 中的公司欲获得借款 250 万元，年利率为 11%，期限为 3 年，每季结息一次，到期一次还本，公司所得税税率为 25%，则这笔借款的资金成本为

$$K_L=\left[\left(1+\frac{11\%}{4}\right)^{12}-1\right](1-25\%)=28.86\%$$

（二）债券资本成本

发行债券的资本成本主要涉及债息和筹资费用，其性质与银行借款相似，债券资本成本中的利息，亦在税前列支，但发行债券的筹资费用一般较高，应予以考虑。债券的筹资费用即债券的发行费用，包括申请发行债券的手续费，债券注册费、印刷费、上市费、承销费等。债券的发行价格有平价、溢价、折价 3 种。债券利息按面额（即本金）和票面利率确定，但债券的筹资额应按发行价格计算，以便正确计算债券资本成本。

债券资本成本的计算公式为

$$K_{\mathrm{b}}=\frac{I_{\mathrm{b}}(1-T)}{B(1-f_{\mathrm{b}})}$$

式中，K_{b}——债券资本成本；

I_{b}——债券年利息；

T——所得税税率；

B——债券筹资额，按发行价格确定；

f_{b}——债券筹资费用率。

【例 4.5】 光大公司发行总额 500 万元的 10 年期债券，票面利率为 12%，发行费用率为 5%，公司所得税税率为 25%，则该债券的资本成本为

$$K_{\mathrm{b}}=\frac{500\times12\%\times(1-25\%)}{500\times(1-5\%)}=9.47\%$$

若上例中的是溢价发行，总价为 600 万元，则该公司的资本成本为

$$K_{\mathrm{b}}=\frac{500\times12\%\times(1-25\%)}{600\times(1-5\%)}=7.89\%$$

若上例中是折价发行，总价为 400 万元，则该债券的资本成本为

$$K_{\mathrm{b}}=\frac{500\times12\%\times(1-25\%)}{600\times(1-5\%)}=11.84\%$$

在实际中，由于债券利率水平通常高于银行借款，同时，债券发行费用较多，因此，债券资本成本一般高于银行长期借款资本成本。

（三）优先股资本成本

企业发行优先股，需要支付筹资发行费用，且优先股的股息通常是固定的。它与债券不同的是股利在税后支付，但没有固定到期日。

优先股资本成本可按下列公式计算：

$$K_{\mathrm{p}}=\frac{D_{\mathrm{p}}}{P_{\mathrm{p}}(1-f_{\mathrm{p}})}$$

式中，K_{p}——优先股资本成本；

D_{p}——优先股年股息；

P_{p}——优先股筹资额；

f_{p}——优先股筹资费用率。

【例 4.6】 明星公司按面值发行优先股 100 万元，筹资费用率为 4%，每年支付 12%的股利，优先股的成本为

$$K_{\mathrm{p}}=\frac{100\times12\%}{100\times(1-4\%)}=12.5\%$$

由于优先股股息在税后支付，不减少公司的所得税，而债券利息在税前支付。当企业破产时，优先股股东的求偿权位于债券持有者之后，优先股股东的风险大于债券持有的风险，这就使得优先股利率一般要大于债券的利息率。因此，优先股资本成本明显高于债券资本成本。

（四）普通股资本成本

普通股资本成本的确定方法与优先股基本相同。但是，普通股股利一般不是固定的，通常是逐年增长的。如果每年股利以固定的比率 g 增长，第一年股利为 D_c，则第二年为 $D_c(1+g)$，第三年为 $D_c(1+g)^2$，第 n 年为 $D_c(1+g)^{n-1}$。因此，在上述假设前提下，普通股资本成本的计算公式经推导可简化如下：

$$K_c=\frac{D_c}{P_c(1-f_c)}+g$$

式中，K_c ——普通股资本成本；

P_c ——普通股筹资额；

f_c ——普通股筹资费用率；

g ——股利预计年增长率。

【例 4.7】 龙头企业发行普通股面值 8000 万元，预计第一年的股利率为 9%，以后每年增长 5%，筹资费用率为 4%，则该普通股资本成本为

$$K_c=\frac{8000\times9\%}{8000\times(1-4\%)}+5\%=14.38\%$$

若公司按溢价发行普通股，发行价格为 12 000 万元，则普通股的资本成本为

$$K_c=\frac{8000\times9\%}{12\,000\times(1-4\%)}+5\%=11.25\%$$

上述普通股资本成本的确定方法通常称为股利增长模型，是一种常用的方法。

应该指出的是，股份制企业股利支付具有一定的不确定性。企业是否支付股利及支付多少股利应视企业的经营状况和股利政策而定。因此，股票的资本成本视股利支付方式的不同，还有多种计算方法，如资本资产估价模型、已实现投资者权益率等方法，但这些方法在运用中，相关因素确定的主观随意性较大，这里不做介绍。

（五）留存收益的资本成本

留存收益又称保留盈余或留用利润，是公司尚未分配的累计利润，它由公司税后净利润形成，它的所有权归全体股东所有，但未以股利的方式发放给股东。留存收益属于企业内部权益资本，是企业资金的一种重要来源。以表面上看，公司使用留存收益似乎不花费什么成本。实际上，留存收益作为企业内部融资的资本再投资时，等于股东对企业追加投资，股东愿意将其留用于公司而不作为股利取出投资别处，总是要求与普通股等价的报酬。如果企业将留存收益作为再投资所获得的收益低于股东自己进行另一项风险相似的投资收益，股东将不愿意把其留用于公司而希望作为股利派发。因此，留存收益也要计算成本，它是一种机会成本，它与普通股资本成本基本相同，只是不考虑筹资费用。

在股利稳定增长的前提下，其资本成本的计算公式为

$$K_r=\frac{D_c}{P_c}+g$$

式中，K_r—— 留存收益资本成本。

【例 4.8】 ST 公司普通股的市价为 20 元/股，去年年度预计股利为 1.6 元/股，预计股利增长率为 3%，则该公司留存收益的资本成本为

$$K_r = \frac{1.6}{20} + 3\% = 11\%$$

在企业全部资本中，普通股与留存收益的风险最大，要求的报酬相应最高，因此其资本成本也最高。

三、综合资本成本

由于受多种因素的制约，企业不可能只使用某种单一的筹资方式，往往需要通过多种方式筹集所需资金，为了正确做出筹资和投资决策，必须计算企业的综合资本成本。综合资本成本是指企业全部长期资金的总成本，通常以各种资金占全部资金的比例为权数，对个别资本成本进行加权平均来确定，故又称加权平均资本成本。它由个别资本成本和权数两个因素决定的。其计算公式为

$$K_w = \sum_{i=1}^{n} K_i W_i \quad (\sum_{i=1}^{n} W_i = 1)$$

式中，K_w ——综合资本成本；

K_i ——第 i 种资本成本；

W_i ——第 i 种资金占全部资金的比例，即权数；

n ——筹资方式的种类。

确定个别资本成本和企业各种资本占全部资本的比例后，即可计算企业的综合资本成本。

【例 4.9】 宏伟公司共筹到资金 1 000 万元，其中债券 300 万元，优先股 100 万元，普通股 400 万元，留存权益 200 万元，各种资金的成本分别为：K_b=8%，K_p =14%，K_c = 16.5%，K_r=17%，请计算该企业的综合资本成本率。

解：①各种资金所占的比例为

$$W_b = \frac{300}{1000} \times 100\% = 30\% \qquad W_p = \frac{100}{1000} \times 100\% = 10\%$$

$$W_c = \frac{400}{1000} \times 100\% = 40\%$$

$$W_r = \frac{200}{1000} \times 100\% = 20\%$$

② 综合资本成本为

$$\begin{aligned} K &= W_b K_b + W_P K_P + W_c K_c + W_r K_r \\ &= 30\% \times 8\% + 10\% \times 14\% + 40\% \times 16.5\% + 20\% \times 17\% \\ &= 13.8\% \end{aligned}$$

四、边际资本成本

（一）边际资本成本的概念

边际资本成本是指企业每追加一个单位的资金而增加的成本。它是财务管理中的重要

概念，也是企业筹资、投资过程中必须加以考虑的问题。企业筹资的目的是为了投资。当企业现有资金不足以满足资金需要时，企业往往要采用适当的方法另外筹集资金。然而企业无法以某一固定的资本成本来筹措无限的资金，当其筹集的资金超过一定限度时，原来的资本成本就会增加。在企业追加筹资时，需要知道筹资额在什么数额上便会引起资本成本怎样的变化，这就需要计算边际资本成本。

（二）边际资本成本的计算和应用

边际资本成本的计算与加权平均资本成本相同，是追加筹资时所使用的加权平均成本。以下举例说明边际资本成本的计算和应用。

【例 4.10】 光明公司拥有长期资金 400 万元，其中长期借款 60 万元，资本成本 3%，长期债券 100 万元，资本成本 10%；普通股 240 万元，资本成本 13%。平均资本成本为 10.75%。由于扩大经营规模的需要，拟筹集新资金。经分析，认为筹集新资金后仍应保持目前的资本结构，即长期借款占 15%，长期债券占 25%，普通股占 60%，并测算出了随筹资的增加各种资本成本的变化，如表 4.1 所示。

表 4.1　随筹资的增加各种资本成本的变化

资金种类	目标资本结构/%	新筹资额	资本成本/%
长期借款	15	45 000 元以内	3
		45 000～90 000 元	5
		90 000 元以上	7
长期债券	25	200 000 元以内	10
		200 000～400 000 元	11
		400 000 元以上	12
普通股	60	300 000 元以内	13
		300 000～600 000 元	14
		600 000 元以上	15

1. 计算筹资突破点

因为花费一定的资本成本只能筹集到一定限度的资金，超过这一限度多筹集资金就要花费资本成本，引起原有资本成本的变化，于是就把在保持某一资本成本的条件下可以筹集到资金总限度称为现有资本结构下的筹资突破点。在筹资突破点范围内筹资，原来的资本成本不会改变；一旦筹资额超过筹资突破点，即使维持现有的资本结构，其资本成本也会增加。筹资突破点的计算公式为

$$筹资突破点=\frac{某一特定成本可筹集到的某种资金数额}{该种资金在资本结构中所占的比例}$$

在花费 3%资本成本时，取得的长期借款筹资限额为 45 000 元，其筹资突破点便为

$$\frac{45\,000}{15\%}=300\,000（元）$$

而在花费 5%资本成本时，取得的长期借款筹资限额为 90 000 元，其筹资突破点便为

$$\frac{90\,000}{15\%}=600\,000（元）$$

按此方法，表 4.1 中各种情况下的筹资突破点的计算结果见表 4.2。

表 4.2 各种情况下的筹资突破点

资金种类	资本结构/%	资本成本/%	新筹资额	筹资突破点/元
长期借款	15	3	45 000 元以内	300 000 600 000
		5	45 000～90 000 元	
		7	90 000 元以上	
长期债券	25	10	200 000 元以内	800 000 1 600 000
		11	200 000～400 000 元	
		12	400 000 元以上	
普通股	60	13	300 000 元以内	500 000 1 000 000
		14	300 000～600 000 元	
		15	600 000 元以上	

2. 计算边际资本成本

任何项目的边际成本是该项目增加一个产出量相应增加的成本。例如，目前平均人工成本为每人 10 元；如果增加 10 人，人工的边际成本可能是每人 15 元；如果增加 100 人，人工的边际成本可能是每人 20 元。这种现象可能是由于比较难找到愿意从事该项工件的工人所导致的。同样的观念用于筹集资本，企业想筹措更多的资金每 1 元的成本也会上升。边际资本成本就是取得 1 元新资本的成本，筹措的资金增加时边际资本成本会上升。

根据上一步计算出的筹资突破点，可以得到 7 组筹资总范围：① 30 万元以内；② 30 万～50 万元；③ 50 万～60 万元；④ 60 万～80 万元；⑤ 80 万～100 万元；⑥ 100 万～160 万元；⑦ 160 万元以上。对以上 7 组筹资范围分别计算加权平均资本成本，即可得到各种筹资范围的加权平均资本成本。计算结果如表 4.3 所示。

表 4.3 各种筹资范围的加权平均资本成本

筹资总额范围	资金种类	资本结构/%	资金成本/%	加权平均资本成本
300 000 元以内	长期借款	15	3	3%×15%=0.45% 10%×25%=2.5% 13%×60%=7.8% 10.75%
	长期债券	25	10	
	普通股	60	13	
300 000～500 000 元	长期借款	15	5	5%×15%=0.75% 10%×25%=2.5% 13%×60%=7.8% 11.05%
	长期债券	25	10	
	普通股	60	13	
500 000～600 000 元	长期借款	15	5	5%×15%=0.75% 10%×25%=2.5% 14%×60%=8.4% 11.65%
	长期债券	25	10	
	普通股	60	14	

续表

筹资总额范围	资金种类	资本结构	资金成本	加权平均资本成本
600 000～800 000 元	长期借款	15	7	7%×15%=1.05% 10%×25%=2.5% 14%×60%=8.4% 11.95%
	长期债券	25	10	
	普通股	60	14	
800 000～1 000 000 元	长期借款	15	7	7%×15%=1.05% 11%×25%=2.75% 14%×60%=8.4% 12.2%
	长期债券	25	11	
	普通股	60	14	
1 000 000～1 600 000 元	长期借款	15	7	7%×15%=1.05% 11%×25%=2.75% 15%×60%=9% 12.8%
	长期债券	25	11	
	普通股	60	15	
1 600 000 元以上	长期借款	15	7	7%×15%=1.05% 12%×25%=3% 15%×60%=9% 13.05%
	长期债券	25	12	
	普通股	60	15	

从以上计算结果可以看出筹资总额增加时边际资本成本的变化，企业可依此做出追加筹资的规划。在不同的筹资总额范围内，资金的加权平均成本是不同的，并且随着筹资额的增加而不断上升。所以企业在增加投资时，应该将投资的内含报酬率和需要的新增筹资的边际成本进行比较，如果前者大于后者，则该投资方案可行；否则，是不可行的。

第二节　杠 杆 原 理

在财务管理中，经营杠杆和财务杠杆是两个重要的概念。这两种杠杆都与企业的风险与收益相关联，是资本结构决策的重要内容。在财务管理中，每一种杠杆效应都包含杠杆利益和杠杆风险两个方面，企业的资本结构决策很大程度上就是在杠杆利益和杠杆风险之间进行权衡。了解杠杆原理，有助于企业合理规避风险，提高财务管理水平，实现企业的理财目标。

一、经营风险和经营杠杆

（一）经营风险

经营风险又称商业风险，是指企业因经营上的原因而导致利润变动的风险。经营风险是由公司的经营决策（投资决策）所决定的，即公司的资产结构决定了它所面临的经营风险的大小。经营风险与公司的经营杠杆有着密切的关系，经营杠杆扩大了市场和生产等不确定因素对利润的影响，而且经营杠杆作用越大，利润变动越激烈，企业的经营风险越大。影响企业经营风险的因素很多，主要有以下几个。

1. 产品需求变化

产品需求变化主要取决于市场需求变动及企业销售对市场需求变动的敏感性。市场对企业的需求越稳定，产品需求弹性越小，经营风险就越低；反之，经营风险就越高。

2. 产品售价

在同类产品竞争的条件下，如果能保持相对稳定的销售价格，产品售价变动不大，经营风险就小；否则经营风险就大。

3. 产品成本

产品成本是收入的抵减，成本不稳定，会导致利润不稳定，因此产品成本变动大的，经营风险就大；反之，经营风险就小。

4. 调整价格的能力

当产品成本变动时，若企业具有较强的调整价格的能力，经营风险就小，反之，经营风险就大。

5. 固定成本的比例

在企业全部成本中，固定成本所占比例较大时，单位产品分摊的固定成本额就多，若产品量发生变动，单位产品分摊的固定成本会随之变动，最后导致利润更大幅度的变动，经营风险就大；反之，经营风险就小。

（二）经营杠杆

1. 经营杠杆的概念

经营杠杆又称营业杠杆，是指在某一固定成本比例的作用下，销售量变动对息税前利润产生的影响。在一定的经营规模条件下，固定成本需要有单位产品来分摊，若产品销售量发生变动时，单位产品分摊的固定成本会随之变动，从而导致息税前利润以更大的幅度变动，就形成了经营杠杆现象。

2. 经营杠杆利益

经营杠杆利益是指在扩大销售的条件下，经营性固定成本这一杠杆会使息税前利润增长的幅度更大。在销售价格、单位变动成本和固定成本总额均保持不变的情况下，企业增加产销量时，销售收入和变动成本总额将等比例增加。但固定成本总额却保持不变，从而使息税前利润的变动幅度大于产销量的变动幅度。

【例 4.11】 光明公司 2004～2006 年产销量及销售收入等有关资料如表 4.4 所示。

表 4.4　光明公司经营杠杆利益测算表

项　目	2004 年	2005 年	2006 年
销售增长率/%	—	10	20
产销量/件	10 000	11 000	13 200
销售单价/元	40	40	40
销售收入/万元	40	44	52.8
变动成本率/%	60	60	60
变动成本/万元	24	26.4	31.68
贡献毛益/万元	16	17.6	21. 12
固定成本/万元	10	10	10
息税前利润/万元	6	7.6	11.12
息税前利润增长率/%	—	26.67	46.32

由表 4.4 的计算可以看出，在销售单价、变动成本率不变的情况下，由于固定成本每年都保持不变，销售量一旦增长，必然会使息税前利润以更大的幅度增长。这也表明该公司有效地利用了经营杠杆，获得了较高的经营杠杆利益。

3. 经营杠杆系数

一个企业只要存在固定成本，经营杠杆就必然会起作用，但不同企业经营杠杆的作用程度往往不等。反映经营杠杆的作用程度，估计经营杠杆利益的大小，评价经营风险的高低，一般是通过测算经营杠杆系数（degree of operating leverage，DOL）来完成的。经营杠杆系数是企业息税前利润变动率与销售量变动率之间的比率。可用公式表示为

$$\mathrm{DOL}=\frac{\Delta \mathrm{EBIT}/\mathrm{EBIT}}{\Delta Q/Q}$$

式中，DOL —— 经营杠杆系数；

EBIT——变动前的息税前利润；

Δ EBIT ——息税前利润变动额；

Q —— 变动前的销售量；

Δ Q —— 销售变动量。

假定企业的成本-销售-利润保持线性关系，可变成本在销售收入中所占的比例不变，固定成本也保持稳定，经营杠杆系数便可通过销售额和成本来表示。这又有两种公式。

公式 1：
$$\mathrm{DOL}=\frac{Q(P-V)}{Q(P-V)-F}$$

公式 2：
$$\mathrm{DOL}=\frac{S-\mathrm{VC}}{S-\mathrm{VC}-F}$$

式中，P —— 单位销售价格；

V —— 单位变动成本；

F —— 固定成本总额；

S——销售额；

VC——变动成本总额。

在实际工作中，公式 1 可用于计算单一产品的经营杠杆系数；公式 2 除了用于单一产品外，还可用于计算多种产品的经营杠杆系数。

【例 4.12】 光明公司生产 A 产品，固定成本为 60 万元，变动成本率为 40%，当企业的销售额分别为 400 万元、200 万元、100 万元时，经营杠杆系数分别为

$$\mathrm{DOL}_{(1)}=\frac{S-\mathrm{VC}}{S-\mathrm{VC}-F}=\frac{400-400\times40\%}{400-400\times40\%-60}=1.33$$

$$\mathrm{DOL}_{(1)}=\frac{S-\mathrm{VC}}{S-\mathrm{VC}-F}=\frac{200-200\times40\%}{200-200\times40\%-60}=2$$

$$\mathrm{DOL}_{(1)}=\frac{S-\mathrm{VC}}{S-\mathrm{VC}-F}=\frac{100-100\times40\%}{100-100\times40\%-60}\to\infty$$

以上计算结果反映了如下规律。

第一，在固定成本不变的情况下，经营杠杆系数说明了销售额增长（减少）引起利润增长（减少）的幅度。在上例中，当销售额为 400 万元时，销售额的增长（减少）会引起利润 1.33 倍的增长（减少）；当销售额为 200 万元时，销售额的增长（减少）将引起利润 2 倍的增长（减少）。

第二，在固定成本不变的情况下，销售额越大，经营杠杆系数越小，经营风险也就越小；反之，销售额越小，经营杠杆系数越大，经营风险也就越大。在例 4.12 中，当销售额为 400 万元时，经营杠杆系数为 1.33；当销售额为 200 万元时，经营杠杆系数为 2。显然后者利润的不稳定性大于前者，故而后者的经营风险大于前者。

第三，在销售额处于小于盈亏临界点的阶段，经营杠杆系数将随销售额的增加而递增；在销售额处于大于盈亏临界点的阶段，经营杠杆系数将随销售额的增加而递减；在销售额达到盈亏临界点时，经营杠杆系数将趋近于无穷大。在例 4.12 中，销售额为 100 万元，此时企业经营只能保本，若销售稍有增加便可出现盈利，若销售稍有减少便可能发生亏损。

企业一般可以通过增加销售额、降低产品单位变动成本、降低固定成本比例等措施使经营杠杆系数下降，降低经营风险，但这往往要受到条件的制约。

二、财务风险和财务杠杆

（一）财务风险

财务风险又称融资风险或筹资风险，是指企业由负债经营而引起的所有者收益变动的风险。企业为了获得财务杠杆利益，就要增加负债，一旦企业息税前利润下降，不足以补偿固定利息支出时，企业的每股收益就下降得更快，甚至会引起企业的破产。影响财务风险的因素主要有以下几种。

1. 资本供求的变化

资本市场资本供求的变化，会引起企业资本需求及投资规模的变化，从而使企业所有

者收益变得不确定，进而加剧企业的财务风险。企业通过资本市场取得资金的渠道越多，融资越顺利，企业的财务风险越小；反之，企业的财务风险越大。

2. 利率水平的变化

资本市场利率水平的变动，会引起企业债务资本成本和综合资本成本的变动，从而导致所有者收益的变动，加大企业的财务风险。市场利率水平越稳定，企业的财务风险越小；反之，企业的财务风险越大。

3. 获利能力的变化

企业获利能力即经营利润水平的变化，会引起所有者收益的变动甚至不能偿债。企业的获利能力越高，负债的风险越小；反之，企业进行负债经营的风险越高。

4. 资本结构的变化

资本结构的变化即财务杠杆的利用程度。企业负债比率的变化或者说财务杠杆利用程度的变化会引起投资者收益的变动。财务杠杆水平越高，所有者收益及公司破产的风险越大；反之，企业的财务风险随之降低。

现用下例说明财务风险的出现。

【例 4.13】　有甲、乙、丙 3 家工厂，各厂的生产经营业务相同，资本总额相等，均为 500 万元。但是，3 家工厂的资本构成不同，负债资本在企业全部资本中的比例分别如下：甲厂为 20%，乙厂为 40%，丙厂为 60%。假定 3 家工厂 2000 年产销量相同，则甲、乙、丙 3 家工厂的息税前利润均为 100 万元和 20 万元时的计算资料如表 4.5 和表 4.6 所示。

表 4.5　3 家工厂息税前利润为 100 万元时的计算资料

项　目	甲	乙	丙
息前、税前利润/万元	100.00	100.00	100.00
利息（10%）/万元	10.00	20.00	30.00
税前利润/万元	90.00	80.00	70.00
所得税（25%）/万元	22.50	20.00	17.50
税后利润/万元	67.50	60.00	52.50
权益资本收益率/%	16.875	20.00	26.25

表 4.6　3 家工厂息税前利润为 20 万元时的计算资料

项　目	甲	乙	丙
息前、税前利润/万元	20	20	20
利息（10%）/万元	10	20	30
税前利润/万元	10	0	−10
所得税（25%）/万元	2.5	0	0
税后利润/万元	7.5	0	−10
权益资本收益率/%	1.875	0	−5

由表 4.5 和表 4.6 看出，当甲、乙、丙厂的资本总额不变且息税前利润均为 100 万元时，由于丙厂的负债比重最高，则其所有者的收益最高。当甲、乙、丙厂的资本总额不变，但息税前利润由 100 万元降到 20 万元，由于丙厂的负债比例高，导致其所有者收益最低。

由此得出结论：在企业资本总额一定的前提下，负债比例的高低，导致所有者收益变动，即财务杠杆作用给企业带来风险。除此以外，还有一些因素会影响企业财务风险，如资本供求变化、利率水平变化、获利能力变化等。

（二）财务杠杆

1. 财务杠杆的概念

财务杠杆是指企业在制定资本结构决策时，债务筹资的运用对普通股每股收益产生的作用。运用债务经营，企业可以获得一定的财务杠杆利益，同时也承受相应的财务风险，对此可用财务杠杆系数来衡量。

2. 财务杠杆利益

财务杠杆利益是指利用债务筹资这个杠杆而给企业投资者带来的额外收益，如表 4.7 所示。

表 4.7 财务杠杆利益

息税前利润/万元	息税前利润增长/%	债务利息/万元	所得税（25%）/万元	税后利润/万元	税后利润增长/%
3000	—	2000	250	750	—
4000	33	2000	500	1500	100
5000	67	2000	750	2250	200

由表 4.7 可以看出，在资本结构一定，债务利息所得税税率保持不变时，若息税前利润增加，则可分配给投资者的收益（税后利润）会以更快的速度增加。

3. 财务杠杆系数

财务杠杆作用的大小通常用财务杠杆系数（degree of financial leverage，DFL）来表示。财务杠杆系数越大，表明企业财务风险越大，所有者收益变动度就越大。财务杠杆系数是普通股每股收益（每股税后利润）变动度与息前、税前利润变动率的比值。其计算公式为

$$\mathrm{DFL}=\frac{\Delta\mathrm{EPS}/\mathrm{EPS}}{\Delta\mathrm{EBIT}/\mathrm{EBIT}}$$

因为

$$\mathrm{EPS}=(\mathrm{EBIT}-I)(1-T)/N$$

$$\Delta\mathrm{EPS}=\Delta\mathrm{EBIT}(1-T)/N$$

所以

$$\mathrm{DFL}=\frac{\Delta\mathrm{EBIT}\ (1-T)/N}{(\mathrm{EBIT}-I)(1-T)/N}\div\frac{\Delta\mathrm{EBIT}}{\mathrm{EBIT}}=\frac{\mathrm{EBIT}}{\mathrm{EBIT}-I}$$

式中，DFL ——财务杠杆系数；

I ——利息；

T ——所得税税率；

N ——流通在外的普通股股数；

EPS ——普通股每股收益；

ΔEPS ——普通股每股收益变动额。

【例 4.14】 根据例 4.13 的资料，计算息税前利润为 100 万元时的甲、乙、丙 3 家工厂的财务杠杆系数如下：

$$\text{DFL（甲）}=100/(100-10)=1.11$$

$$\text{DFL（乙）}=100/(100-20)=1.25$$

$$\text{DFL（丙）}=100/(100-30)=1.43$$

此计算结果表明：当企业的其他条件不变，只是负债比例不同时，负债越多（如丙厂），财务杠杆系数越大，财务风险越大，所有者收益也越高。以丙厂为例，财务杠杆系数为 1.43 表明息税前利润每增长 1 倍，则普通股每股收益将增长 1.43 倍，反之则下降 1.43 倍。

财务杠杆系数的取值范围为[1，∞]。

财务管理人员可通过合理安排资本结构，来控制财务风险。

在企业资本结构中存在优先股时，财务杠杆系数的计算公式为

$$\text{DFL}=\frac{\text{EBIT}}{\text{EBIT}-I-D/(1-T)}$$

式中，D —— 优先股股利。

【例 4.15】 光大公司发行普通股 800 万股，优先股为 100 万股，年优先股股利为 0.60 元，债务资本为 500 万元，利息率为 8%，息税前利润为 400 万元，所得税税率为 25%，则该公司的财务杠杆系数为

$$\text{DFL}=\frac{400}{400-500\times8\%-100\times0.60/(1-25\%)}=1.43$$

三、联合风险和联合杠杆

（一）联合风险

联合风险是指企业运用经营杠杆和财务杠杆共同带来的风险。联合杠杆系数反映了企业每股收益变动率随企业销售变动率变动的倍数。这种放大作用是经营杠杆和财务杠杆共同作用的结果，它体现了联合风险的大小。改变联合杠杆的大小，就可以改变企业税后利润随销售变动的程度，而联合杠杆的大小也可以通过多种经营杠杆和财务杠杆的组合来获得。所以，熟练掌握经营杠杆、财务杠杆与联合杠杆之间的关系，对于合理选择经营杠杆和财务杠杆的组合方式，正确估计企业面临的税后利润变动风险有着重要的意义。

（二）联合杠杆

1. 联合杠杆的概念

联合杠杆又称总杠杆或复合杠杆，是企业经营杠杆和财务杠杆联合作用给企业普通股每股收益带来的影响。在企业经营活动中，既存在经营杠杆，又存在财务杠杆，这两种杠杆会综合地发挥作用。这样，当企业的产销量发生较小的变动时，在经营杠杆和财务杠杆联合作用下，会导致每股收益发生较大的变动。联合杠杆为企业带来杠杆利益，也会给企业带来杠杆风险。

2. 联合杠杆系数

为了衡量联合杠杆的作用程度，需要计算联合杠杆系数（degree of combining leverage, DCL）。联合杠杆系数是指普通股每股收益（税后净利润）变动率相当于销售量变动率的倍数。销售量和每股收益之间的关系可用如下公式表示：

$$\mathrm{DCL}=\frac{\Delta \mathrm{EPS}/\mathrm{EPS}}{\Delta Q/Q}$$

式中，DCL——联合杠杆系数。

上述公式可以做以下变换：

$$\mathrm{DCL}=\frac{\Delta \mathrm{EBIT}/\mathrm{EBIT}}{\Delta Q/Q}\cdot\frac{\Delta \mathrm{EPS}/\mathrm{EPS}}{\Delta \mathrm{EBIT}/\mathrm{EBIT}}=\mathrm{DOL}\cdot\mathrm{DFL}$$

上述公式还可以变换为

$$\mathrm{DCL}=\frac{Q(P-V)}{Q(P-V)-F-I}$$

或者

$$\mathrm{DCL}=\frac{S-VC}{S-VC-F-I}$$

如果企业存在优先股，则

$$\mathrm{DCL}=\frac{Q(P-V)}{Q(P-V)-F-I-D/(1-T)}$$

【例 4.16】 假设光明公司资本结构为 400 万元，其中债务资本占 40%，利息率为 12%，公司的销售总额为 100 万元，变动成本率为 60%，固定成本总额为 8 万元。则该公司的联合杠杆系数可计算如下：

$$\mathrm{DCL}=\frac{S-VC}{S-VC-F-I}=\frac{100\times(1-60\%)}{100\times(1-60\%)-8-400\times40\%\times12\%}=3.125$$

或

$$\mathrm{DOL}=\frac{100\times(1-60\%)}{100\times(1-60\%)-8}=1.25$$

$$\mathrm{DFL}=\frac{100\times(1-60\%)-8}{100\times(1-60\%)-8-400\times40\%\times12\%}=2.5$$

$$\mathrm{DCL}=\mathrm{DOL}\cdot\mathrm{DFL}=1.25\times2.5=3.125$$

计算表明，联合杠杆的作用大于经营杠杆与财务杠杆的单独影响作用，它能够估计出销售额变动对每股收益的影响，也看到了经营杠杆与财务杠杆之间的相互关系。一般情况下，企业将联合杠杆系数即总风险控制在一定范围之内，这样经营杠杆系数较高（低）的企业只能在较低（高）的程度上使用财务杠杆。这些有待于企业在考虑了各有关的具体因素后做出选择。

第三节　资 本 结 构

资本结构是企业筹资决策的核心。在筹资管理过程中，采用适当的方法以确定最佳资本结构，是筹资管理的重要内容之一。

一、资本结构概述

（一）资本结构的概念

资本结构是指企业各种资本的构成及其比例关系。狭义的资本结构是指长期资本结构；广义的资本结构是指全部资本（包括长期资金和短期资金）的结构。在企业财务管理中，资本结构一般是指狭义的资本结构。

资本结构是企业筹资决策的核心问题。企业应综合考虑有关影响因素，运用适当的方法确定最佳资本结构，并在以后追加筹资中加以保持。企业现有资本结构不合理，应通过筹资活动进行调整，使其趋于合理化。

企业资本结构是企业采用各种筹资方式筹集资金而形成的。企业筹资方式虽然很多，但总的来看可分为负债资金和权益资金两类，因此，资本结构问题总的来说是负债资金占资金总额的比例问题。资本结构也就是企业负债资本与权益资本之间的比例关系。

（二）资本结构中债务资本的作用

在企业资本结构中，合理地安排负债资金，对企业有重要影响。

1. 适度的负债可降低企业资本成本

企业利用负债资金要定期支付利息并按时还本，所以债权人的风险比较小。企业利用债务集资的利息率可略低于股息率。另外，债务利息从税前支付，可减少缴纳所得税的数额。由于以上因素，债务的资本成本明显低于权益资金的成本，因此在一定的限度内增加债务，可降低企业加权平均的资本成本。

2. 负债筹资具有财务杠杆作用

不论企业利润多少，债务的利息通常都是固定不变的。息税前利润增大时，每一元盈余所负担的固定利息，就会相应地减少，这能给每一股普通股带来更多的收益，这就是财务杠杆作用。因此，在公司息税前利润较多、增长幅度较大时适当地利用债务资金，发挥财务杠杆的作用，可增加每股利润，从而使企业股票价格上涨。

3. 负债资金会加大企业的财务风险

企业利用债务资金，可降低资本成本，增加权益资金的收益率。但是由于债务资金需要按期支付固定的利息和归还本金，如果企业盈余下降甚至发生亏损时，使用债务资金则会降低权益资本收益率，并增加企业破产的风险。并且负债比例越大，财务风险也就越大。

总之，筹资管理的重要内容之一，就是使企业既获得负债筹资的收益，又避免太大的风险，在财务杠杆利益和财务风险之间要求一种合理的均衡。

（三）影响资本结构的因素

影响资本结构的基本因素包括企业自身的因素和企业外部的因素两个方面，概括如表 4.8 所示。

表 4.8 影响资本结构的因素

影响因素	说 明
企业经营状况的稳定性和成长率	如果产销业务稳定，企业可较多地负担固定的财务费用；如果产销业务量能够以较高的水平增长，企业可以采用高负债的资本结构，以提升权益资本的报酬
企业的财务状况和信用等级	企业财务状况良好，信用等级高，债权人愿意向企业提供信用，企业容易获得债务资本
企业资产结构	拥有大量固定资产的企业主要通过长期负债和发行股票融通资金；拥有较多流动资产的企业更多地依赖流动负债融通资金。资产适用于抵押贷款的企业负债较多，以技术研发为主的企业则负债较少
企业投资人和管理当局的态度	稳健的管理当局偏好于选择低负债比例的资本结构
行业特征	产品市场稳定的成熟产业经营风险低，因此可提高债务资本比例，发挥财务杠杆作用。高新技术企业产品、技术、市场尚不成熟，经营风险高，因此可降低债务资本比例，控制财务风险
企业发展周期	企业初创阶段，经营风险高，在资本结构安排上应控制负债比例；企业发展成熟阶段，产品产销业务量稳定和持续增长，经营风险低，可适度增加债务资本比例，发挥财务杠杆效用；企业收缩阶段，产品市场占有率下降，经营风险逐步加大，应逐步降低债务资本比例，保证经营现金流量能够偿付到期债务，保持企业持续经营能力，减少破产风险
经济环境的税务政策和货币政策	当所得税税率较高时，债务资本的抵税作用大，企业充分利用这种作用以提高区域·企业价值。当国家执行了紧缩的货币政策时，市场利率较高，企业债务资本成本增大

二、最佳资本结构的选择

（一）最佳资本结构的概念

最佳资本结构是指企业在一定时期内，能使综合资金成本最低、企业价值最大时的资本结构。最佳资本结构的目标是合理确定借入资金与自有资金的比例关系，最低资本成本，最小风险程度及对普通股股东管理权的影响最小，并取得最大的投资收益。最佳资本结构的评价标准：①有利于最大限度地增加所有者财富，使企业价值最大化；②在企业不同的资本结构评价中，其综合资本成本最低；③能确保企业资金有较多的流动性，并使其资本结构具有与市场适应程度的弹性。

从资本成本和财务风险的分析可以看出，债务筹资具有节税、降低资本成本、使净收益率不断提高等杠杆作用和功能，因此对外负债是企业采用的主要筹资方式。但随着债务比例的不断增大，负债利率趋于上升，破产风险加大。所以如何找出最佳的负债点，即最佳资本结构，使得负债筹资的优点得以充分发挥，同时又避免其不足，是筹资管理的关键。财务管理中将最佳负债点的选择称为资本结构决策。

（二）资本结构的决策方法

资本结构的决策方法主要有以下两种。

1. 比较资本成本法

比较资本成本法是指通过计算不同筹资方案的加权平均资本成本，并以此为标准相互比较进行资本决策的方法。

【例 4.17】 光大公司拟筹资组建一分公司，投资总额为 500 万元，有 3 个方案可供选择。其资本结构分别如下。

甲方案：长期借款 50 万元，债券 100 万元，普通股 350 万元。

乙方案：长期借款 100 万元，债券 150 万元，普通股 250 万元。

丙方案：长期借款 150 万元，债券 200 万元，普通股 150 万元。

3 种筹资方案所对应的资本成本分别为：长期借款为 6%，债券 10%；股权收益率分别为 10%、15%、20%。试分析选择最佳资本结构方案。

各方案的综合资本成本计算如下：

$$\text{甲方案的综合资本成本}=\frac{50}{500}\times 6\%+\frac{100}{500}\times 10\%+\frac{350}{500}\times 10\%=9.6\%$$

$$\text{乙方案的综合资本成本}=\frac{100}{500}\times 6\%+\frac{150}{500}\times 10\%+\frac{250}{500}\times 15\%=11.7\%$$

$$\text{丙方案的综合资本成本}=\frac{150}{500}\times 6\%+\frac{200}{500}\times 10\%+\frac{150}{500}\times 20\%=11.8\%$$

根据计算结果可以看出，A 方案综合资本成本最低，所以应选择 A 方案为最佳筹资方案。

企业在持续的生产经营过程中，由于扩大业务或对外投资的需要，有时会追加筹资。按最佳资本结构的要求，选择追加筹资方案可通过直接测算比较各备选追加筹资方案的边际资本成本，从中选择最佳筹资方案。追加筹资方案的边际资本成本也按加权平均法计算。

【例 4.18】 光大公司现有两个追加筹资方案可供选择，有关资料经测算整理后如表 4.9 所示。

表 4.9　相关资料

筹资方式	追加筹资方案I		追加筹资方案II	
	追加筹资额/万元	资金成本/%	追加筹资额/万元	资金成本/%
长期借款	50	7	60	7.5
优先股	20	13	20	13
普通股	30	16	20	16
合计	100		100	

方案I的加权平均资本成本为

$$\frac{50}{100}\times 7\%+\frac{20}{100}\times 13\%+\frac{30}{100}\times 16\%=10.9\%$$

方案II的加权平均资本成本为

$$\frac{60}{100}\times 7.5\%+\frac{20}{100}\times 13\%+\frac{20}{100}\times 16\%=10.3\%$$

两个追加筹资方案相比，方案II的边际资本成本低于方案I。因此，追加筹资方案II优于方案I。

2. 每股利润分析法

每股利润分析法是利用每股利润无差别点来进行资本结构决策的方法。每股利润无差别点是指两筹资方式下普通股每股利润等同时的息税前利润点，也称息税前利润平衡点或筹资无差别点。根据每股利润无差别点，可以分析判断在什么情况下运用债务筹资来安排和确定资本结构。

现举例说明这种分析方法的运用。

【例 4.19】 光明公司目前拥有资金 850 万元，其结构为：债务资本 100 万元，普通股权益资本为 750 万元。现准备追加筹资 150 万元，有 3 种筹资选择：增发新普通股、增加债务、发行优先股。有关资料如表 4.10 所示。

表 4.10　现行和增资后的资本结构

资金种类	现行资本结构		增资后的资本结构					
			增发普通股		增加债务		发行优先股	
	金额/万元	比例	金额/万元	比例	金额/万元	比例	金额/万元	比例
债务	100	0.12	100	0.10	250	0.25	100	0.10
优先股	0	—	0	—	0	—	150	0.15
普通股权益	750	0.88	900	0.90	750	0.75	750	0.75
资金总额	850	1.00	1 000	1.00	1000	1.00	1 000	1.00
其他资料：								
年利息额	9		9		27		9	
年优先股股息额	0		0		0		15	
普通股股份数/万股	10		13		10		10	

当息税前利润预计为160万元时，可计算增资后的普通股每股利润，见表4.11所示。

表4.11　增资后的普通股每股利润计算

项　目	增发新股	增加债务	发行优先股
息税前利润/万元	160	160	160
减：利息/万元	9	27	9
税前利润/万元	151	133	151
减：所得税（40%）/万元	60.4	53.2	60.4
税后利润/万元	90.6	79.8	90.6
减：优先股股息/万元	—	—	15
普通股可分配利润/万元	90.6	79.8	75.6
普通股股份数/万股	13	10	10
每股利润/元	6.97	7.98	7.56

由表4.11可见，不同增资方式下，普通股每股利润是不等的。当息税前利润为160万元时，增加债务后普通股的每股利润最高。这实际上反映了不同资本结构对每股利润的影响。

表4.11所计算的结果是息税前利润预计为160万元的情况。那么，究竟息税前利润为多少时，采用哪种筹资方式有利呢？这可以通过确定息税前利润平衡点来判断。计算公式为

$$\frac{(\overline{\text{EBIT}}-I_1)(1-T)-D_{P_1}}{N_1}=\frac{(\overline{\text{EBIT}}-I_2)(1-T)-D_{P_2}}{N_2}$$

式中，$\overline{\text{EBIT}}$——息税前利润平衡点，即每股利润无差别点；

I_1、I_2——两种筹资方式下的年利息额；

D_{P_1}、D_{P_2}——两种筹资方式下的年优先股股息；

N_1、N_2——两种筹资方式下普通股股份数。

现将表4.11的资料代入上式。

增发普通股与增加债务两种方式下的无差别点为

$$\frac{(\overline{\text{EBIT}}-9)(1-40\%)}{13}=\frac{(\overline{\text{EBIT}}-27)(1-40\%)}{10}$$

$$\overline{\text{EBIT}}=87\text{（万元）}$$

增发普通股与发行优先股两种方式下的无差别点为

$$\frac{(\overline{\text{EBIT}}-9)(1-40\%)}{13}=\frac{(\overline{\text{EBIT}}-9)(1-40\%)-15}{10}$$

$$\overline{\text{EBIT}}=117.3\text{（万元）}$$

即当息税前利润为87万元时，增发普通股和增加债务后的每股利润相等；同样道理，当息税前利润为117.3万元时，增发普通股和发行优先股后的每股利润相等。

$\overline{\text{EBIT}}$为87万元的意义在于：当息税前利润大于87万元时，增加债务筹资比增发普通股较为有利，当息税前利润小于87万元时，则不应增加债务。同样道理，$\overline{\text{EBIT}}$为117.3万元的意义在于：当息税前利润大于117.3万元时，发行优先股比增发普通股更为有利，当息税前利润于117.3万元，则不应发行优先股。

小　结

1. 资本成本是企业为筹集和使用资金而付出的代价，包括资金筹集费和资金占用费两部分。资本成本是选择资金来源、确定筹资方案的重要依据，也是评价投资项目、决定投资取舍的重要标准，还可以作为衡量企业经营成果的尺度。资本成本可以用绝对数表示，也可以用相对数表示。多数情况下，资本成本是用资本成本率来表示的，即用资费用与实际筹得资金（即筹资数额扣除筹资费用后差额）的比率。

2. 资本成本有几种表示方法，包括个别资本成本、综合资本成本和边际资本成本。在筹资过程中，要充分考虑各类资金的资本成本，以便做出合理的选择。个别资本成本是比较各种筹资方式的重要标准，企业可以依据不同长期资金来源的资本成本的高低，从中选出成本较低的筹资方式。综合资本成本是企业进行资本结构决策的基本依据。企业长期资金的筹集可以采用不同方式的筹资组合，在选择最佳筹资组合从而决定企业资本结构时，最低的综合资本成本将成为决策的依据。边际资本成本是企业追加筹资时的依据。通过对边际资本成本的计算，确定追加筹资的具体操作方案。

3. 经营杠杆是企业在某一固定成本比重的作用下，销售量变动对息税前利润产生的影响。反映经营杠杆的作用程度，是通过测算经营杠杆系数来完成的。经营杠杆系数是企业息税前利润变动率与销售量变动率之间的比率。财务杠杆是企业在制定资本结构决策时，债务筹资的运用对普通股每股收益产生的作用。财务杠杆作用的大小可用财务杠杆系数来衡量。财务杠杆系数是普通股每股收益（每股税后利润）变动度与息前、税前利润变动率的比值。联合杠杆又称总杠杆或复合杠杆，是企业经营杠杆和财务杠杆联合作用给企业普通股每股收益带来的影响。为了衡量联合杠杆的作用程度，需要计算联合杠杆系数。联合杠杆系数是指普通股每股收益（税后净利润）变动率相当于销售量变动率的倍数。

4. 资本结构是企业各种资本的构成及其比例关系。最佳资本结构是指一定条件下，使其综合资本成本最低，同时企业价值最大的资本结构。在资本结构管理中，确定最佳资本结构通常用比较资本成本法和每股利润分析法。

5. 关键概念：资本成本；个别资本成本；综合资本成本；边际资本成本；经营杠杆；经营杠杆系数；财务杠杆；财务杠杆系数；联合杠杆；联合杠杆系数；资本结构；最佳资本结构；每股利润无差别点。

基础知识与技能训练

一、单项选择题

1. 不存在筹资费用的筹资方式是（　　）。

　　A. 银行借款　　B. 融资租赁　　C. 发行债券　　D. 利用留存收益

2．甲企业发行一债券，面值为2000元，期限为5年，票面利率为10%，每年付息一次，发行费为5%，所得税税率为25%。则该债券资本成本为（　　）。

A．15%　　B．10%　　C．6.7%　　D．7.89%

3．资金成本的基础是（　　）。

A．银行利率　　B．资金的时间价值　　C．市场利率　　D．通货膨胀率

4．某企业的长期资本总额为1000万元，借入资金占总资本的40%，借入资金的利率为10%。企业销售额为800万元，息税前利润为200万元。则财务杠杆系数为（　　）。

A．1.2　　B．1.26　　C．1.25　　D．3.2

5．不存在财务杠杆作用的筹资方式是（　　）。

A．银行借款　　B．发行债券　　C．发行优先股　　D．发行普通股

6．在其他条件不变的情况下，借入资金的比例越大，财务风险（　　）。

A．越大　　B．不变　　C．越小　　D．逐年上升

7．一般情况下，下列筹资方式中，资本成本最低的是（　　）。

A．发行股票　　B．发行债券　　C．长期借款　　D．保留盈余

8．调整企业资本结构并不能（　　）。

A．降低资金成本　　B．降低财务风险

C．降低经营风险　　D．增加融资弹性

9．当营业杠杆系数和财务杠杆系数都是1.5时，则联合杠杆系数是（　　）。

A．3　　B．2.25　　C．1.5　　D．1

10．某企业本年的息税前利润为5000万元，本年利息为500万元，优先股股利为400万元，所得税税率为20%，则该企业下年度财务杠杆系数为（　　）。

A．1　　B．1.11　　C．1.22　　D．1.25

二、多项选择题

1．影响财务杠杆系数的因素有（　　）。

A．息税前利润　　B．固定成本　　C．优先股股利　　D．所得税税率

2．最佳资本结构的判断标准有（　　）。

A．企业价值最大　　B．加权平均资金成本最低

C．资本结构具有弹性　　D．筹资风险最小

3．债务比例（　　），财务杠杆系数（　　），财务风险（　　）。

A．越高　越大　越高　　B．越低　越小　越低

C．越高　越小　越高　　D．越低　越大　越低

4．在企业资本结构决策中，可利用的杠杆原理有（　　）。

A．营业杠杆　　B．财务杠杆　　C．销售杠杆

D．金融杠杆　　E．联合杠杆

5．下列属于影响资本结构的因素的是（　　）。

A．企业财务状况　　B．企业销售情况

C．贷款人和信用评级机构的影响　　D．所得税税率的高低

三、判断题

1．资金成本既包括资金的时间价值，又包括投资的风险价值。（　　）

2．企业负债比例越高，财务风险越大，因此负债对企业总是不利的。（　　）

3．在个别资本成本一定的情况下，企业综合资金成本的高低取决于资金总额。（　　）

4．资本结构问题总的来说是负债资金的比例问题，即负债在企业全部资金中所占的比例。（　　）

5．当经营杠杆系数和财务杠杆系数都是2.5时，联合杠杆系数为5。（　　）

6．企业在选择追加筹资方案时的依据是个别资本成本的高低。（　　）

7．最佳资本结构是指能够使企业获得利润最多的资本结构。（　　）

8．使用每股利润无差别点进行筹资决策，能够保证企业的加权平均资本成本最低。（　　）

9．经营杠杆系数越大，说明息税前利润对于产销量的变化越敏感，企业的经营风险越小。（　　）

10．综合资本成本是企业全部长期资本成本中的个别资本成本的平均数。（　　）

四、实训题

1. 某企业计划筹集资金100万元，所得税税率为25%，有关资料如下。

（1）向银行借款10万元，借款年利率为7%，手续费为2%。

（2）按溢价发行债券12万元，债券面值10元，溢价发行价格为12元，票面利率为9%，期限为5年，每年支付一次利息，其筹资费用率为3%。

（3）发行优先股25万元，预计年股利率为12%，筹资费率为4%。

（4）发行普通股40万元，每股发行价格10元，筹资费率为6%。预计第一年每股股利1.2元，以后每年以8%的增长率递增。

（5）其余所需资金通过留存收益取得。

要求：（1）计算个别资本成本。

（2）计算该企业的综合资本成本。

2．某企业目前拥有资金2000万元，其中，长期借款为800万元，年利率为10%；普通股为1200万元，每股面值为1元，发行价格为20元，目前价格也为20元，上年每股股利为2元，预计年股利增长率为5%，所得税税率为25%。

该公司计划筹集资金100万元，有两种筹资方案：①增加长期借款100万元，借款利率上升到12%；②增发普通股4万股，普通股每股市价增加到25元。

要求：（1）计算该公司筹资前的加权平均资本成本。

（2）采用比较资金成本法确定该公司最佳的资本结构。

3. 某企业年销售净额为280万元，息税前利润为80万元，固定成本为32万元，变动成本率为60%；资本总额为200万元，债权资本比率为40%，债务利率为12%。

要求：分别计算该企业的经营杠杆系数、财务杠杆系数和联合杠杆系数。

五、案例分析

案例：季节性资金需求方案的选择

甲、乙、丙3位投资者筹建春风食品公司，计划年销售收入要达到1800万元。经分析测算，固定资产需投资500万元，流动资产在生产经营淡季最低占用300万元，在生产经营的旺季需占用500万元，预计生产经营期间公司可利用自发性负债筹资50万元，其他所需资金如何筹集。3位股东分别拿出了一套方案。

甲股东提出的方案：3位股东各投入资本金150万元，合计450万元，向银行长期借款300万元，当生产经营处于旺季时，可向银行借入短期资金200万元来满足临时需求。

乙股东提出的方案：3位股东各投入150万作为资本金，向银行长期借款200万元，其他所需资金可通过短期借款来满足。

丙股东提出的方案：3位股东各投）入150万元作为资本金，向银行长期借款400万元，其他所需资金可通过临时性负债解决。

思考与分析：

（1）如果你是春风食品公司的财务经理，请对这3个方案进行分析评价。

（2）如果从降低筹资风险的角度出发，说明你将选择哪个方案。

（3）如果从提高企业效益的角度出发，说明你将选择哪个方案。

本章学习笔记

第五章　营运资金管理

知识点 ☞

通过本章相关知识的学习，学生应了解和掌握以下知识点：营运资金的概念、特点、意义及基本原则；现金持有的动机和成本；现金的日常收支管理的基本内容和方法；应收账款的作用和成本；应收账款的日常管理的基本内容和方法；存货的作用和成本；存货日常管理的基本内容和方法。

技能点 ☞

能利用成本分析模式、存货模式和随机模式确定现金持有量；能进行应收账款信用标准、信用条件和收账政策的决策；能利用经济批量的基本模型和拓展模型计算存货的经济批量；能计算再订货点和安全储备；能计算存货的保本储存期。

引导案例

某富翁走过地下通道，碰到一个乞丐，看到乞丐衣衫单薄的样子，富翁一下动了恻隐之心，掏钱时才发现身上只带了100元，“把钱给了乞丐，自己午饭怎样解决？”富翁手里拿着100元犹豫了，乞丐见到这100元心里一阵狂喜，但突然富翁又把钱收了起来，乞丐吞了一下口水。富翁脱下自己的大衣对乞丐说：“衣服给你吧，价值1000多元呢。”富翁以为乞丐会很感激。乞丐接过大衣，但很快又还给他，却盯着他的钱包说：“你还是给我现金吧，衣服不能拿去买饭吃！”这回富翁饿了一中午。

从这个故事中可以了解一些财务原理：名贵衣服虽然价值1000多元，但只能用来穿，而100元可以让乞丐买到很多他需要的东西，对乞丐来说，100元现款比1000多元的衣服更有诱惑力。对一个企业来说，是利润重要还是手里的现金重要？如果一个企业没有利润，企业的流动性就不存在，结果就是破产。实际上，企业保证合理的一定比例的流动资金在任何一个企业的理财中都十分关键，这也就是财务管理中的营运资金问题。

第一节 营运资金管理概述

一、营运资金的概念

营运资金是企业在生产经营过程中，以流动资产方式所占用的资金。营运资金有广义和狭义之分，广义营运资金是指企业流动资产总额；狭义营运资金是流动资产减去流动负债后的余额，也称净营运资金。用公式表示为

营运资金=流动资产−流动负债

营运资金管理就是对企业流动资产和流动负债的管理。企业的日常经营活动无不涉及营运资金的管理。营运资金管理的好坏直接影响企业的偿债能力和企业的信誉，因此，营运资金管理特别强调安全性，即强调保证企业能够按时偿还各类债务。同时，营运资金处于不断投入又不断收回的循环周转过程中，这使人们难以直接评价其投资报酬率。所以，营运资金评价的基本方法是看它是否以最低的成本满足生产经营周转的需要。

二、营运资金的特点及管理原则

营运资金的特点及原则体现在流动资产和流动负债的特点及原则上，如表 5.1 所示。

表 5.1 营运资金的特点及管理原则

特　　点	1）来源具有多样性。既可以用短期筹资方式如银行短期借款、短期融资券、商业信用，也可以用长期筹资方式。 2）数量具有波动性。流动资产和流动负债的数量会随企业的生产及销售而发生变化，有时多，有时则较少。 3）周转具有短期性。企业占用在流动资产上的资金，通常会在一年或一个营业周期内收回，对企业影响的时间比较短。 4）实物形态具有变动性和易变现性。流动资产一般具有较强的变现能力，在生产过程中原材料经过加工成为产品的组成部分；而流动负债也有很多种形态
管理原则	1）满足合理的资金需求。 2）提高资金使用效率。 3）节约资金使用成本。 4）保持足够的短期偿债能力

三、营运资金管理的意义

营运资金管理对企业具有重要意义。

1）企业资产中有相当大的比例为流动资产，占用在流动资产上的资金总额通常很大；与之类似，流动负债在负债总额中也占有相当大的比例。因此，营运资金管理占有重要地位。

2）企业涉及营运资金管理的业务很多。企业财务人员每天都要处理大量与流动资产和

流动负债相关的经济业务，日常工作的大部分业务都与营运资金有关。

3）营运资金管理涉及企业供、产、销等重要环节。管理好企业的营运资金对于实现企业长期发展战略目标、提高企业经济效益、加速资金周转、实现财务目标具有极其重要意义。

4）管理好企业的营运资金可以避免发生支付危机。加强企业的流动资产和流动负债的管理，可以提高短期偿债能力，改善企业现金流，防范发生支付危机的可能性。

第二节　流动资产管理

一、流动资产的含义及种类

流动资产是指可以在一年或者超过一年的一个营业周期内变现或使用的资产，包括现金、短期投资、应收及预付款项、存货等。

1）现金。现金是可以立即用来购买物品、支付各项费用或用来偿还债务的交换媒介或支付手段，主要包括库存现金和银行活期存款。现金具有较强的偿债能力，但是不会带来报酬或只有极低的报酬。所以，企业不会保留过多的现金。

2）短期投资。短期投资是指各种准备随时变现的有价证券以及不超过一年的其他投资，主要指有价证券投资。有价证券投资一方面能给企业带来收益，另一方面又能增强企业资产的流动性，另外还可以存放暂时不用的资金。

3）应收及预付款项。应收及预付款项是企业在生产经营过程中所形成的应收而未收的或预先支付的款项，包括应收账款、应收票据、其他应收款和预付货款。企业拥有一定数量的应收及预付款项是不可避免的，应力求加快账款的回收速度，减少坏账损失。

4）存货。存货是企业为生产和销售而储存的各种物资，包括商品、半成品、在产品、原材料等。存货在流动资产中占的比例较大。要加强存货管理，使存货数量保持在最优水平上。

流动资产的特点是流动性大，周转期短。流动资产具有较强的变现能力，是企业价值补偿与价值增值实现的主体来源。

二、现金管理

现金是流动性最强的资产，是企业重要的支付手段，可以满足企业生产经营的各种开支需要。拥有足够的现金对降低企业财务风险、增强企业资金的流动性具有十分重要的意义。

有价证券可以作为企业现金的一种替代品，其变现能力强，可以随时兑换成现金，企业一般将现金和有价证券一起管理。企业有多余现金时，可将现金兑换成有价证券；待现金流出量大于流入量需要补充现金时，再出让有价证券换回现金。

（一）企业持有现金的动机

企业持有现金的动机主要有下述几种，如表5.2所示。

表 5.2 企业持有现金的动机

动机	含义	影响因素
支付动机	企业为了维持日常周转及正常商业活动所需持有的现金额	
预防动机	企业持有较多的现金，可使企业更好地应付意外事件的发生	1）现金收支预测的可靠程度； 2）企业临时融资的能力； 3）企业愿意承担的风险程度
投机动机	企业为了抓住突然出现的获利机会而持有的现金	
补偿动机	银行为了预防企业出现支付困难，要求企业保留补偿性余额，作为偿还利息及本金的保障	

（二）现金管理的目的

现金管理的目的，是在保证企业生产经营所需现金的同时，节约使用资金，并从暂时闲置的现金中获得收入。企业的库存现金没有收益，银行存款利率也较低。现金结余过多，会降低企业的收益；但现金太少，又可能会出现现金短缺，影响生产经营活动。现金管理应力求做到既保证企业交易所需资金，降低风险，又不使企业有过多的闲置现金，以增加收益。

（三）现金管理的成本

现金管理的成本通常由持有成本、转换成本和短缺成本 3 个部分组成。

1. 持有成本

持有成本是指因持有现金而放弃的再投资收益和增加的相关管理费用。现金的再投资收益，也称现金的机会成本，是指将现金投资于有价证券所能获得的收益。例如，某企业持有现金 20 万元，若投资于证券，可以获得 5%的收益率，即现金的再投资收益为 1 万元（20 万元×5%）。现金的机会成本属于变动成本，它与现金持有量正相关，即现金持有量越大，机会成本越高；反之，则越低。为管理现金而发生的管理费用，也称现金的管理成本，包括管理人员工资和安全措施费等。现金的管理成本属于固定成本，它与现金持有量之间无明显比例关系。

2. 转换成本

转换成本是指用现金购入有价证券，以及转让有价证券换取现金时付出的交易费用，即现金与有价证券之间相互转换的成本，如委托买卖佣金、委托手续费、证券过户费、实物交割手续费等。严格地讲，转换成本并不都是固定费用，有的具有变动成本的性质，如委托买卖佣金或手续费，这些费用通常是按照委托成交金额计算的。因此，依据委托成交金额计算的转换成本与证券转换次数关系不大，属于决策的无关成本，在此不予考虑。这样，与证券转换次数密切相关的转换成本便只包括其中的固定性交易费用。这时，转换成本与证券转换次数呈线性关系，即

转换成本总额=证券转换次数×每次的转换成本

证券转换成本与现金持有量的关系：在现金需要量既定的前提下，现金持有量越少，进行证券变现的次数就越多，相应的转换成本就越大；反之，现金持有量越多，进行证券变现的次数就越少，需要的转换成本就越小。因此，现金持有量是通过证券变现次数对转换成本产生影响的。

3. 短缺成本

短缺成本是指现金持有量不足又无法及时通过有价证券变现等形式加以补充而给企业造成的损失，包括直接损失和间接损失。直接损失是由于现金的短缺而使企业的生产经营及投资受到影响所造成的损失，如由于现金短缺而无法购进急需的原材料，使生产经营及投资中断的损失。间接损失是指由于现金的短缺而给企业带来的无形损失，如由于现金短缺而不能按期支付货款或不能按期归还贷款，给企业信用和企业形象造成损害。现金的短缺成本随现金持有量的增加而下降，随现金持有量的减少而上升，即与现金持有量负相关。

明确与现金持有量相关的成本及各自的特性，有助于从成本最低的角度出发，确定现金最佳持有量。

（四）最佳现金持有量的确定

基于持有现金的支付、预防、投机、补偿四方面动机，大多数企业都要保持一定数量的现金余额。为此，企业应该确定最佳现金持有量。从理论上讲，最佳现金持有量是既能使企业在现金存量上花费的代价最低，又能相对地保证现金需求的持有量，即既能将企业的流动性风险控制在较低水平，同时，又能避免过多现金占用的现金余额。

最佳持有量只是相对而言的，从不同角度测算，其结果是有差别的。其测定的方法也有很多，下面介绍几种常用的确定最佳现金持有量的方法。

1. 成本分析模式

成本分析模式是在不考虑现金转换成本的情况下，通过对现金的持有成本和短缺成本进行分析，找出其总成本最低的现金持有量作为最佳现金持有量的一种方法。由于持有成本分为机会成本和管理成本，成本分析模式也就是找出机会成本、管理成本和短缺成本所组成的总成本曲线中最低的点所对应的现金持有量，作为最佳现金持有量。因为持有现金的机会成本为现金持有量与有价证券收益率之积，它与现金持有量成正相关关系；管理成本具有固定成本的属性，不随现金持有量的变化而变化；而现金短缺成本与现金持有量呈负相关关系。以上关系可用图 5.1 表示。从图 5.1 中可以看出，总成本曲线呈抛物线形，抛物线的最低点即为总成本的最低点，其所对应的现金持有量便是最佳现金持有量。

需要指出的是，运用成本分析模式确定最佳现金持有量的前提是企业允许现金短缺现象的存在，且现金的短缺成本能准确测定。

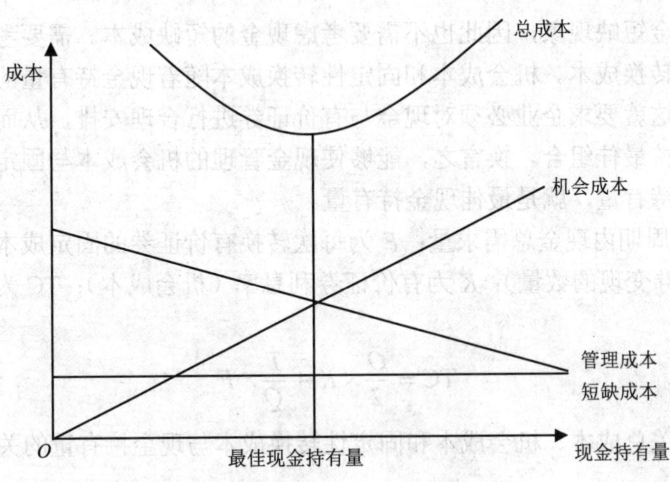

图 5.1　成本分析模式示意图

【例 5.1】　某企业为寻求最佳现金持有量，拟定了 4 种现金持有方案，其相应的成本资料如表 5.3 所示。

表 5.3　现金持有量及相关成本表　　单位：元

项　　目	A 方案	B 方案	C 方案	D 方案
现金持有量	20 000	30 000	40 000	50 000
机会成本	2000	3000	4000	5000
管理成本	1000	1000	1000	1000
短缺成本	6000	4000	2000	1200
总成本	9000	8000	7000	7200

注：假定有价证券利息率为 10%。

比较各方案的总成本可知，4 个方案中 C 方案的总成本最低，因此，该企业的最佳现金持有量为 40 000 元。

2. 存货模式

存货模式是将现金看作企业的一项特殊存货，按照存货的经济批量原理确定最佳现金持有量的方法。这一模式是由美国经济学家威廉 • 鲍莫儿（William J. Baumol）首先提出的，故又称鲍莫儿模式。

运用存货模式确定最佳现金持有量时，是以下列假设为前提的：①企业所需要的现金可通过证券变现取得，且证券变现的不确定性很小；②企业预算期内现金需求总量可以预测；③预算期内现金支出数额比较稳定、波动较小，而且每当现金余额接近于零时，短期证券可以随时转换为现金；④证券的利息率和每次固定性交易费用可以获悉。如果这些条件得到满足，企业便可以利用存货模式来确定现金的最佳持有量。

存货模式的着眼点是现金相关总成本最低。现金的管理成本因其相对稳定，不随现金持有量的变化而变化，因此在存货模式中将其视为与决策无关的成本而不予考虑。存货模式假定不存在现金短缺现象，因此也不需要考虑现金的短缺成本。需要考虑的是现金的机会成本和固定性转换成本。机会成本和固定性转换成本随着现金持有量的变动而呈现出相反的变动趋势，这就要求企业必须对现金与有价证券进行合理安排，从而使机会成本与固定性转换成本保持最佳组合。换言之，能够使现金管理的机会成本与固定性转换成本之和保持最低的现金持有量，就是最佳现金持有量。

设 T 为一个周期内现金总需求量；F 为每次转换有价证券的固定成本；Q 为最佳现金持有量（每次证券变现的数量）；K 为有价证券利息率（机会成本）；TC 为现金管理相关总成本。则：

$$\mathrm{TC}=\frac{Q}{2}\times K+\frac{T}{Q}\times F$$

现金管理相关总成本、机会成本和固定性转换成本与现金持有量的关系可用图 5.2 来表示。

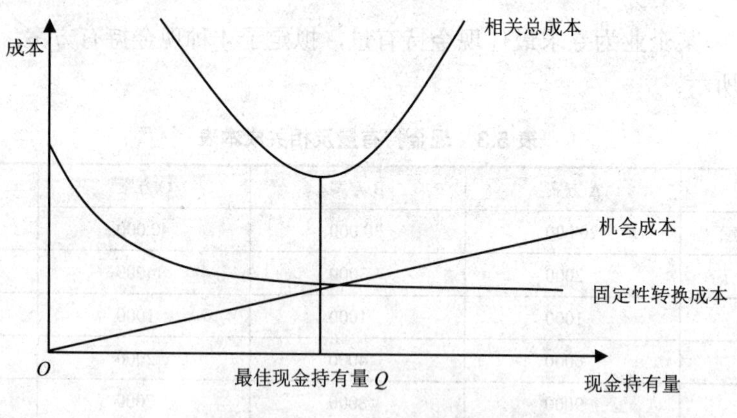

图 5.2　存货模式示意图

从图 5.2 可以看出，现金管理的相关总成本与现金持有量呈 U 形曲线关系。当持有现金的机会成本与证券变现的转换成本相等时，现金管理的相关总成本最低，此时的现金持有量为最佳现金持有量，即

$$Q=\sqrt{\frac{2TF}{K}}$$

同时可得到最低现金管理相关总成本的计算公式：

$$\mathrm{TC}=\sqrt{2TFK}$$

【例 5.2】 某企业现金收支状况比较稳定，预计全年（按 360 天计算）现金需求总量为 20 万元，现金与有价证券的转换成本为每次 400 元，有价证券的年利率为 10%，则

$$\text{最佳现金持有量}Q=\sqrt{\frac{2\times 200\,000\times 400}{10\%}}=40\,000\ （元）$$

$$\text{最低现金管理相关总成本 TC}=\sqrt{2\times 200\,000\times 400\times 10\%}=4000\ （元）$$

其中：

$$机会成本=40\,000/2\times10\%=2000\ (元)$$
$$转换成本=200\,000/40\,000\times400=2000\ (元)$$

存货模式的优点是计算结果比较精确，但它是以现金流入间隔发生和现金支出持续均匀发生，以及企业能够随时进行有价证券的交易为前提的。当企业现金收支波动较大，或者短期证券交易限制较多时，该模式的运用就受到了限制。

3. 随机模式

随机模式是由美国经济学家莫顿·米勒（Merton Miller）和丹尼尔·奥（Daniel Orr）首先提出的，故又称米勒-奥模式。这一模式假设企业每日的现金净流量为一随机变量，它近似地服从正态分布。未来现金流量呈不规则波动、难以准确预测的企业可以采用该模式来确定最佳现金持有量。

随机模式的基本原理是制定一个现金余额的控制区间（即确定现金余额的上限和下限）和一个回归点（最优返回线）。上限代表现金余额的最高点，下限代表最低点，最优返回线则是企业的现金余额一旦超出控制区间所要返回的目标。

1）当现金余额在上、下限之间变动时，表明现金余额处于一个合理的水平，不须进行调整。

2）当现金余额超过上限，表明现金余额过多，应将现金转换成有价证券，使得现金余额回到最优返回线。

3）当现金余额低于下限，则表明现金余额过少，应增加现金余额，同样要使现金余额回到最优返回线。

上述 3 种情况是随机模式对现金持有量控制的不同表现，具体如图 5.3 所示。

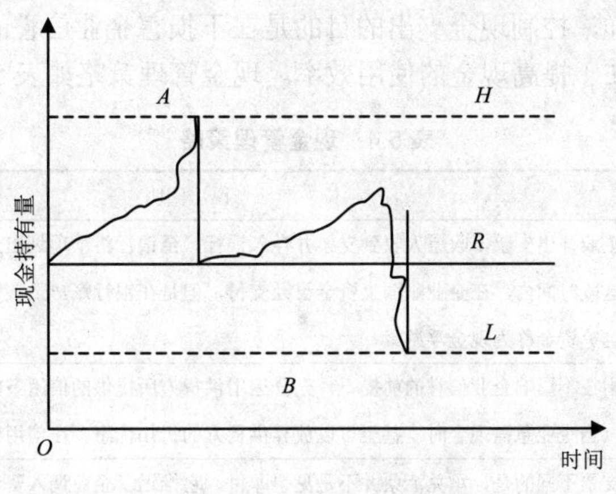

图 5.3 随机模式的现金持有量控制图

根据随机模式确定最佳现金持有量的基本步骤如下：①确定现金持有量的下限，这个下限通常可以是企业的现金安全储备额；②估算每日现金流量的方差或标准差，企业可以根据历史资料分析得到；③确定有价证券的利息率和每次有价证券的固定转换成本；④根据公式计算现金最优返回线和现金持有量的上限。

相关的计算公式为

$$R=\sqrt[3]{\frac{3b\delta^2}{4i}}+L$$

$$H=3R-2L$$

式中，R——现金最优返回线，也就是现金持有的最佳水平；

L——现金持有量的下限；

H——现金持有量的上限；

b——每次有价证券的固定转换成本；

i——有价证券的日利息率；

δ——每日现金余额变化的标准差。

【例 5.3】 某企业有价证券的年利率为 9%，每次有价证券的固定转换成本为 50 元，最低现金持有量为 1000 元，每日现金余额变化的标准差为 800 元。

$$i=9\%/360=0.025\%$$

$$R=\sqrt[3]{\frac{3\times50\times800^2}{4\times0.025\%}}+1000\approx5579\ （元）$$

$$H=3\times5579-2\times1000=14\,737\ （元）$$

上述计算结果表明：当企业的现金余额超过 14 737 元时，应将超过 5579 元的部分现金去投资有价证券，使现金持有量下降至 5579 元；当现金余额降至 1000 元以下时，则应将有价证券换回现金，使现金持有量回升至 5579 元。

（五）现金管理策略

现金日常管理工作的重点在于加强现金的收支管理，一个高效率的收款系统能够使收款成本达到最小。同样，控制现金支出的目的是在不损害企业信誉的条件下，尽可能推迟现金的支出，其目的在于提高现金的使用效率。现金管理策略如表 5.4 所示。

表 5.4　现金管理策略

延缓现金支出的策略	说　明
使用现金浮游量	从企业开出支票，收票人收到支票并存入银行，至银行将款项划出企业账户，这中间需要一段时间。这段时间内，在企业账面上资金已经支付，但是在银行账户上该笔资金仍在，企业依然可以使用，这笔资金称为现金浮游量
推迟应付款的支付	是指在不影响企业信誉的前提下，充分运用供货方所提供的信用条件，尽可能地推迟应付款的支付期，当企业急需现金时，甚至可以放弃供货方的折扣优惠，在信用期的最后一天支付款项
汇票代替支票	与支票不同的是，承兑汇票并不是见票即付，它推迟了企业调入资金支付汇票的实际所需时间
力争现金流量同步	应尽量使现金流出与流入同步，这样，就可以降低交易性现金余额，同时可以减少有价证券转换为现金的次数，提高现金的利用率，节约转换成本
使用零余额账户	企业与银行合作，保持一个主账户和一系列子账户。企业只在主账户保持一定的安全储备，而在一系列子账户不需要保持安全储备

三、应收账款管理

应收账款是因为企业对外销售产品、材料、提供劳务及其他原因，应向购货单位或接受劳务的单位收取的款项，包括应收账款、其他应收款、应收票据等。随着市场经济的发展，商业信用的推行，应收账款管理已成为流动资产管理中一个日益重要的问题。

（一）应收账款产生的原因

1. 客观原因

企业在销售商品时，由于商品销售数量的巨大及地域的广泛，销售和收款存在时间差。商品成交的时间和收到货款的时间常不一致，导致了应收账款的存在。虽然现实经济生活中的现金销售方式很普遍，如零售业，但对大多数批发和生产企业而言，发货时间和收到货款的时间往往不同，因而这些企业常常存在较多的应收账款。

2. 主观原因

主观原因是发生应收账款的主要原因。市场中的激烈竞争，迫使企业以各种手段扩大销售。除了依靠产品质量、价格、售后服务、广告外，赊销也是扩大销售的手段之一。对于同等的产品价格、类似的质量水平、一样的售后服务，如果实行赊销，将扩大商品的销售额，于是产生了应收账款。

由客观原因造成的应收账款，不属于商业信用，也不是应收账款管理的主要内容，在此仅讨论属于商业信用的应收账款的管理。

（二）应收账款的作用

应收账款在企业生产经营中的作用，主要表现在以下两个方面。

1. 促进销售

产品的销售方式可以分为现销和赊销两种。企业通过赊销向客户提供商业信用，一方面向客户提供了商品，另一方面在一个有限的时期内向客户提供了现金，这样可以招徕更多的客户，促进企业的商品销售，扩大其市场份额，强化企业的竞争地位和实力，从而给企业带来更多的收益。在企业商品销售不畅、市场疲软、竞争不力，或者销售新产品、开拓新市场时，赊销的作用尤为明显。

2. 减少存货

赊销在促进企业商品销售的同时，必然可以减少企业商品存货的持有量。持有的商品存货越多，在存货上占用的资金也越多，势必会带来更多的存货成本，包括存货的管理费、仓储费和保险费等。通过赊销促进商品销售，减少存货持有量，就可以相应地减少存货成本。因此，当企业商品存货数量较多时，可以考虑采用较为优惠的信用政策进行赊销，以扩大销售，减少存货的持有。

（三）应收账款的成本

应收账款在起到促进销售、减少存货作用的同时，也要发生相应的成本。应收账款的成本主要包括机会成本、管理成本和坏账成本。

1. 机会成本

应收账款是销货企业向购货企业提供的一种商业信用，其实质是购货企业在一个时期内占用了销货企业的资金，从而使销货企业在这一时期内无法利用这笔资金从事其他生产经营和投资活动，销货企业会因此而丧失一定的收益，这就形成了应收账款的机会成本。换句话说，应收账款的机会成本就是指企业在应收账款上占用的资金不能用于其他投资而丧失的投资收益。这一成本的大小通常与企业维持赊销业务所需要的资金数量及企业的资本成本率有关。其计算公式为

应收账款的机会成本＝维持赊销业务所需要的资金×资本成本率

其中资本成本率一般可按有价证券利息率来计算；维持赊销业务所需要的资金可按下列步骤计算。

1）计算应收账款周转率（次数）：

应收账款周转率（次数）＝日历天数（360）/平均收账天数

2）计算应收账款平均余额：

应收账款平均余额＝年赊销收入净额/应收账款周转次数

3）计算维持赊销业务所需要的资金：

维持赊销业务所需要的资金＝应收账款平均余额×变动成本率

上述计算是从保守角度（即从成本而非售价角度）计算机会成本的。同时，还假设企业的成本水平保持不变（即单位变动成本不变，固定成本总额不变）。在此情况下，只有变动成本随着赊销业务的扩大而上升。

【例 5.4】 假设某企业预测的年赊销收入净额为 150 万元，应收账款平均收账天数为 60 天，变动成本率为 60%，有价证券利息率为 8%，则应收账款机会成本计算过程如下：

应收账款周转率＝360/60＝6（次）

应收账款平均余额＝150/6＝25（万元）

维持赊销业务所需要的资金＝25×60%＝15（万元）

应收账款的机会成本＝15×8%＝1.2（万元）

2. 管理成本

既然发生了应收账款，企业就必然要进行相应的管理，包括进行客户的信用调查、收集各种相关信息、应收账款的日常核算、账龄分析及逾期账款的催收等。所谓应收账款的管理成本，就是指从应收账款发生到收回期间所有与应收账款管理系统运行有关的费用。包括调查客户信用情况的费用、收集各种信息的费用、应收账款的账簿记录与监管费用、应收账款的收账费用等。其中除了收账费用波动较大，较难预计之外，其他部分一般来说较为固定。

3. 坏账成本

由于各种各样的原因，企业的应收账款中会有一部分不能如数收回而发生坏账损失。这种坏账损失就是应收账款的坏账成本。它一般与企业应收账款的数量成正比，即应收账款越多，坏账成本越大。

（四）应收账款政策的制定

应收账款政策是指企业对应收账款的发生和收回所制定的一系列政策，是企业财务政策的一个重要组成部分。它包括信用标准、信用条件和收账政策等内容。

1. 信用标准

信用标准是指客户获得企业商业信用所应具备的条件，通常以预期的坏账损失率表示，也可以用信用分数等衡量。如果客户达不到一定的信用标准，便不能享受企业的信用优惠或只能享受较低的信用优惠。信用标准的设定可以通过具体确定客户的信用等级来进行，并根据客户的不同信用等级给予不同的信用优惠。企业在制定信用标准时，如果信用标准较高，只对信誉很好、坏账损失率很低的顾客给予赊销，固然可以减少坏账成本和应收账款的机会成本，但同时也会减少销售量。如果信用标准较低，则情况正好相反，即可能可以较大幅度地增加企业的销售量，但同时坏账成本和应收账款的机会成本也会随之提高。因此，企业应根据具体情况权衡利弊，从理论上说，当信用标准变化带来的边际收益等于其边际成本时，该信用标准为最佳信用标准。

信用标准可从定性及定量两方面进行分析。

（1）信用标准的定性分析

企业在设定某一顾客的信用标准时，往往先要评估它赖账的可能性。通常可以通过5C信用评价系统来进行，具体内容如表5.5所示。

表5.5　5C信用评价系统

5C	含　义	衡　量
品质（character）	指个人申请人或企业申请人管理者的诚实和正直表现；这是5C信用评价中最重要的因素	通常要根据过去计量结合现状调查来进行分析
能力（capacity）	指经营能力	通常通过分析申请者的生产经营能力及获利情况，管理制度是否健全，管理手段是否先进，产品生产销售是否正常，在市场上有无竞争力，经营规模和经营实力是否逐年增长等来评估
资本（capital）	是指如果企业或个人当前的现金流不足以还债，他们在短期和长期内可供使用的财务资源	调查了解企业资本规模和负债比率，反映企业资产或资本对负债的保障程度
抵押（collateral）	当企业或个人不能满足还款条件时，可以用作债务担保的资产或其他担保物	分析担保抵押手续是否齐备，抵押品的估值和出售有无问题，担保人的信誉是否可靠等
条件（condition）	是指影响申请人还款能力和还款意愿的经济环境	对企业的经济环境，包括企业发展前景、行业发展趋势、市场需求变化等进行分析，预测其对企业经营效益的影响

（2）信用标准的定量分析

信用标准的定性分析不够明确和具体，还必须从定量角度对客户的信用进行描述。企业进行商业信用的定量分析可以从考察信用申请人的财务报表开始。通常使用比率分析法评价顾客的财务状况，如表 5.6 所示。

表 5.6　信用的定量分析方法

考核指标类别	具 体 指 标
流动性和营运资本比率	流动比率、速动比率以及现金对负债总额比率
债务管理和支付比率	利息保障倍数、长期债务对资本比率、带息债务对资产总额比率及负债总额对资产总额比率
盈利能力	销售回报率、总资产回报率和净资产收益率

2. 信用条件

信用标准是企业评价客户等级，决定给予或拒绝客户信用的依据。一旦企业决定给予客户信用优惠，就需要考虑具体的信用条件。因此，所谓信用条件，就是指销货企业要求客户支付赊购货款的条件，它由信用期间、现金折扣期限和现金折扣率 3 个部分组成。例如，信用条件为“2/10，*N*/30”表示企业给出的信用期间是 30 天，现金折扣期限为 10 天，现金折扣率为 2%。意思是，如果客户在 10 天内付款，可以享受 2%的现金折扣；如果放弃现金折扣的优惠，则全部货款须在 30 天内付清。较为优惠的信用条件可以增加销售额，但同时也会加大应收账款成本，因而企业在确定信用条件时也要综合考虑成本与收益的关系。

（1）信用期间的确定

信用期间又称信用期限，是指企业给予客户的从购货到付款之间的延期付款的时间间隔。例如，企业允许某客户在购货后的 30 天内付款，则企业给予该客户的信用期间就是 30 天。企业商品销售量的大小与信用期间的长短存在一定程度的依存关系。一般而论，信用期越长则商品销售量越大。缩短信用期会使销售额下降；但不适当地延长信用期也会给企业带来不良后果。信用期过长，固然能增加销售额，但销售所得的收益会被相应增长的应收账款费用所抵消，甚至造成销售利润的负增长；而且信用期越长坏账风险越大，会引起坏账损失和收账费用的增加。因此，企业是否要延长给予客户的信用期间，应该权衡改变信用期所获得的收益和所产生的相应费用损失。只有当所获得的收益超过所产生的相应的费用损失，也就是企业能从延长信用期的决策中获利时，企业才会延长给予客户的信用期。

（2）现金折扣政策的确定

现金折扣政策由现金折扣期限和现金折扣率两部分组成。企业可以制定单一的现金折扣政策，也可以制定包含两种或两种以上折扣方式的现金折扣政策。例如，“3/10，2/20，*N*/30”表示在 10 天内付款，可享受应付金额 3%的折扣，即只需支付原价的 97%；在 20 天内付款，可享受应付金额 2%的折扣，即只需支付原价的 98%；在 30 天之内付款，则不再享受折扣优惠，按原价付款。这里的 30 天也就是企业给予客户的信用期间。折扣期限越短，现金折扣率越大，反之则越小。

现金折扣是指企业为了鼓励客户在一定的期限内尽早偿付货款而给予付款额一定比例

的扣减。制定现金折扣政策的目的是吸引购货方为了享受现金折扣的优惠而提前付款，从而缩短企业应收账款的平均收款期，减少应收账款的资金占用，加速应收账款的周转。另外，对购货方来说，获得现金折扣就是取得了一笔理财收益，也能吸引一部分客户前来购货，从而扩大销售。与延长信用期间一样，采用现金折扣方式在刺激销售、加速现金收回及减少坏账损失的同时，同样也需要付出一定的代价。这种代价就是由于对方享受了现金折扣之后企业损失的现金收入。因此，是否实行现金折扣政策，以及设计何种程度的现金折扣政策的基本思路是，以该项现金折扣政策带来的现金折扣损失与收益相比较，若其净收益大于未采用现金折扣政策或采用原现金折扣政策的净收益，则表明该现金折扣政策较优。从边际收益理论的角度说，也就是当一个现金折扣能使边际利益刚好等于边际成本时，则这个现金折扣可确定为最佳现金折扣。

下面以企业信用标准与信用条件的决策案例来说明企业应如何制定相应的信用政策。

【例 5.5】 甲企业为加强市场竞争，拟降低原信用标准与信用条件，为此设计了 A、B 两套方案，预计的赊销收入、应收账款平均收款期及管理费用、坏账损失等变化，以及由此而引起的边际收益变化，如表 5.7 所示。（假定该公司的变动成本率为 80%，应收账款投资要求的最低报酬率为 15%）

表 5.7　相关资料

项　　目	原方案	A 方案	B 方案	与原方案的差异	
				A 方案	B 方案
赊销收入/元	1 080 000	1 440 000	1 620 000	+360 000	+540 000
销售的边际贡献/元	216 000	288 000	324 000	+72 000	+108 000
应收账款平均收款期/天	20	30	60	+10	+40
应收账款周转次数/次	18	12	6	−6	−12
应收账款平均余额/元	60 000	120 000	270 000	+60 000	+210 000
应收账款占用资金/元	48 000	96 000	216 000	+48 000	+168 000
应收账款机会成本/元	7 200	14 400	32 400	+7 200	+25 200
应收账款管理费用/元	10 000	15 000	40 000	+5 000	+30 000
坏账损失率/%	1	2	4	+1	+3
坏账损失/元	10 800	28 800	64 800	+18 000	+54 000
赊销的边际收益/元	188 000	229 800	186 800	+41 800	−1 200

由表 5.7 分析可知，信用政策放宽至 A 方案，将增加净收益 41 800 元；但如进一步放宽至 B 方案，则将减少净收益 1200 元。故应采用 A 方案。

（五）应收账款的日常管理

对于已经发生的应收账款，企业应加强日常管理工作，以便及时发现问题，采取有力措施进行日常分析与控制。应收账款的日常管理主要包括建立客户档案及制定相应的信用额度、执行应收账款的对账制度、进行应收账款的账龄分析和计提应收账款的坏账准备等。

1. 建立客户档案及设定相应的信用额度

企业应为每一客户建立档案，详细记录有关资料。客户档案的内容一般应包括客户的基本情况、客户与本企业的往来情况及客户的资信情况等几个方面。客户的基本情况有客户名称、地址、联系人与联系方式、银行账号、企业负责人情况等；客户与本企业的往来情况主要记录客户采购商品的类别、金额、订单数量及以往的付款情况等；客户的资信情况则可以运用信用调查的方法取得客户在偿债能力和偿债信誉方面的情况。

以客户档案的相关记录为依据，企业就可以为每一客户设定一个信用额度。当某一客户因未支付逾期账款而达到其相应的信用额度后，企业可以决定停止对该客户的赊销业务，停止出货，以限制客户不付款引起的坏账损失。通常，企业对一个新客户可以先制定一个较低的信用额度，随着时间的推移，如果客户的付款情况是正常的，可以提高其信用额度。反过来，如果原给予较高信用额度的老客户，由于种种原因，其付款能力或付款信誉下降，企业也可以降低其信用额度。

2. 执行应收账款的对账制度

为了保证企业应收账款的账面记录与实际相符，企业应建立定期或不定期的应收账款对账制度。应收账款的对账工作应由独立于销售部门的会计部门来执行。通过对账，企业

应收账款对账单

（客户单位名称）：

贵公司在　　　年　　月　　日至　　　年　　月　　日期间，从我公司购货及付款情况如下：

序号	发货日期	发票号码	货物规格及数量	货款总额	结算方式	已结算金额	欠款金额	备注

请贵公司核对后将回单联寄回。

企业名称（盖章）

年　　月　　日

数额正确无误。

签章：＿＿＿＿＿＿＿＿　　　　日期：＿＿＿＿＿＿＿＿

数额不符及需加说明事项：

签章：＿＿＿＿＿＿＿＿　　　　日期：＿＿＿＿＿＿＿＿

图 5.4　应收账款对账单

可以及时了解与客户之间在账目上是否存在不符的情况。如果发现账目不符，企业应该及时做进一步查对，直到查明不符的原因，并根据不同的原因进行相应的处理。应收账款的对账一般应有规定的日期，但当出现销售人员变动或发现客户有异常现象等特殊情况，应随时与客户核对账目。

应收账款的对账一般需要以下几个步骤：首先核对本企业应收账款的相关记录，并编制对账单；然后通过电函、信函等方式送达给客户，请客户进行核对；客户核对后，如核对相符，应在对账单上签章退回本单位，如不符，应在对账单上注明情况或另抄对账单退回，以便进一步核对。应收账款对账单一式两联，其中一联为回单联。其一般格式如图 5.4 所示。

3. 进行应收账款的账龄分析

应收账款发生后，企业应采取各种措施，尽量争取如数及时地收回款项。企业已经发生的应收账款时间有长有短，有的可能尚处于收款期限以内，有的则可能已超过了原先约定的收款期限，成为逾期账款。一般来说，应收账款逾期的时间越长，其收回的可能性就越小，形成坏账的可能性就越大。因此，企业应该建立应收账款的账龄分析制度，随时掌握应收账款的回收情况，为制定应收账款的收账政策提供依据。对应收账款进行账龄分析，可以通过编制应收账款账龄分析表进行。

应收账款账龄分析表是一张能反映企业各项应收账款的账龄长短的报表，其具体格式如图 5.5 所示。

应收账款账龄分析表

编制单位：　　　　　　　　年　月　日　　　　　　　　单位：元

客户名称	账面金额	账龄					
		信用期内	超过信用期 1 个月内	超过信用期 1～3 个月	超过信用期 3～6 个月	超过信用期 6～12 个月	超过信用期 1 年以上
合计							

图 5.5　应收账款账龄分析表

通过对应收账款的账龄分析，企业可以了解到有多少欠款尚在信用期限以内，有多少欠款已经逾期；逾期欠款的逾期时间长短及各自的金额及所占的比例大小。通过应收账款的账龄分析，企业可以明确应收账款催收的工作重点，也有利于企业制定更为合理的应收账款政策，提高应收账款的管理水平。

4. 计提应收账款的坏账准备

无论企业采用什么样的应收账款政策，无论企业如何强化应收账款的日常管理，只要存在赊销，存在应收账款，那么，坏账损失的发生都是无法避免的。一般来说，出现以下两种情况之一时，企业应确认应收账款无法收回，即确认坏账：①债务人破产或死亡，以其破产财产或遗产清偿后，仍不能收回的应收账款；②债务人逾期未履行偿债义务，且有明显特征表明无法收回的应收账款。

根据谨慎性原则的要求，企业应对坏账损失的可能性进行预先估计，建立坏账准备金制度。采取一定的方法计提坏账准备，可以在一定程度上增强企业抵御坏账风险的能力，也利于加速企业的资金周转，提高经济效益。

四、存货管理

（一）存货的含义和种类

存货是指企业在生产经营过程中为销售或耗用而储备的物资，包括材料、燃料、低值易耗品、在产品、半成品、协作件、商品等。

存货基本上可分为以下 3 类：①为生产耗用需要而准备的物资，主要包括各种原材料、燃料和低值易耗品等；②自制半成品和尚未加工完成的在产品；③已加工完成但未销售的产品及外购产品。

（二）存货的作用

存货在企业生产经营中的作用，主要表现在以下 3 个方面。

1. 保证生产和销售的日常经营需要

企业的日常经营活动主要是组织商品生产和商品销售活动，而商品的生产和销售离不开存货。市场需求是处于不断变化之中的，市场需求的下降会导致企业的存货积压；市场需求的上升则可能导致存货不足而产生脱销现象。因此，企业必须保持一定量的存货以适应市场需求的不断变化。

2. 利用经济批量，降低经营成本

原材料采购如果零星进行，其价格往往较高，而成批购买常有一定的价格优惠，企业可以确定合理的经济采购批量，分批购入分期使用，从而降低材料的采购成本。企业生产也是一样，由于生产设备折旧等固定成本不受生产数量多少的影响，批量生产能给企业带来规模效应，从而降低产品的生产成本。

3. 减少意外事件造成的损失

在企业生产经营的过程中，常常会发生一些意料之外的事件，如原材料供应的突然中断，故企业应当保留一定量的存货作为保险储备，以应付意外事件的发生，减少甚至避免意外事件造成的损失。

（三）存货的成本

储存一定量的存货，必然会发生一定的成本支出。存货成本主要包括取得成本（采购

成本和订货成本）、储存成本和短缺成本，具体内容如图 5.6 所示。

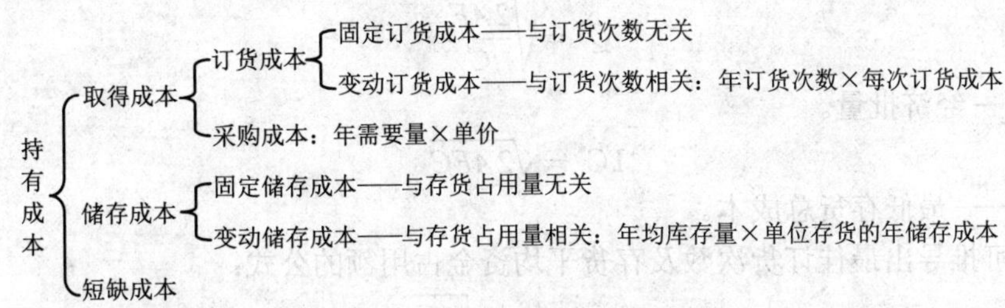

图 5.6　存货成本示意图

（四）存货的数量控制

1. 经济批量的基本模型

（1）经济批量的含义

经济批量又称经济订货批量，是使得一定时期存货的总成本最小的每批订货数量，主要应用于外购材料和商品。每批订货数量过大，会导致企业存货过多，增加储存成本，并且会影响企业资金的周转；而每批订货数量过小，会导致订货次数增多和存货不足，增加订货成本和缺货成本，甚至影响企业生产的正常运行。因此，要设法确定一个最佳的存货订购数量，即经济批量。

（2）经济批量基本模型的假设条件

1）存货在一定时期的需求量稳定且能较准确地预测。

2）存货的耗用或者销售比较均衡。

3）存货购入价格不变，且不存在数量折扣。

4）存货的市场供应充足，能够及时补充存货，且均能马上一次到位。

5）仓储条件及所需现金不受限制。

6）不允许出现缺货现象。

（3）经济批量的基本模型

由于假设不允许缺货现象的存在，即每当存货数量降到零时，下一批订货会随即全部购入，故不存在缺货成本。在经济批量的基本模型中，与经济批量决策相关的成本就只有存货的订货成本和储存成本。用公式表示为

$$\mathrm{TC}=\frac{A}{Q}\times F+\frac{Q}{2}\times C$$

式中，TC —— 存货相关总成本；

A —— 存货需要总量；

Q —— 每次订货量；

F —— 每次订货成本；

C —— 单位存货储存成本。

经济批量就是使这两类成本之和最小的订货量，此时的存货相关总成本就是最低存货

总成本。用公式表示为

$$Q^*=\sqrt{\frac{2AF}{C}}$$

式中，Q^* —— 经济批量。

$$TC^*=\sqrt{2AFC}$$

式中，TC^* —— 最低存货总成本。

由此还可推导出最佳订货次数及存货平均资金占用额的公式：

$$N^*=\frac{A}{Q^*}=\sqrt{\frac{AC}{2F}}$$

式中，N^* —— 最佳订货次数。

$$W^*=\frac{Q^*}{2}\times P$$

式中，W^* —— 存货平均资金占用额；

P —— 存货单位采购成本。

经济批量的基本模型可用图 5.7 来表示。

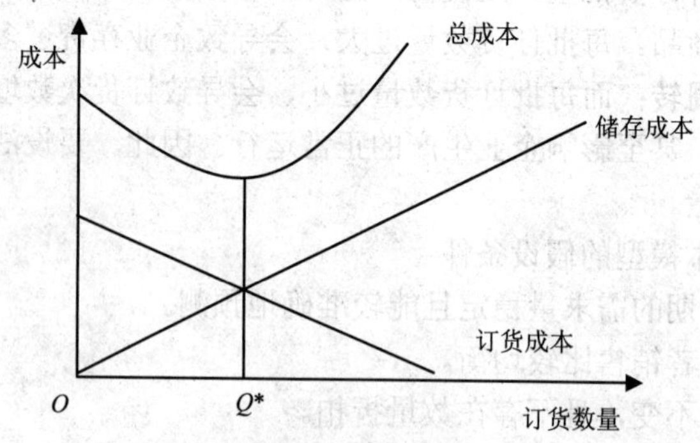

图 5.7　经济批量基本模型示意图

从图 5.6 可以看出，储存成本与订货数量成正比，而订货成本与订货数量成反比，最佳订货量则是储存成本与订货成本相交点（即储存成本等于订货成本）所对应的 Q^* 点，此时总成本最低。

【例 5.6】　某企业每年耗用 B 材料 3600 千克，该材料的单位采购成本为 30 元，单位储存成本为 6 元，平均每次订货成本为 300 元。则

$$Q^*=\sqrt{\frac{2\times3600\times300}{6}}=600\text{（千克）}$$

$$TC^*=\sqrt{2\times3600\times300\times6}=3600\text{（元）}$$

$$N^*=\frac{3600}{600}=6\text{（次）}$$

$$W^*=\frac{600}{2}\times30=9000\text{（元）}$$

2. 实行数量折扣的经济批量模型

（1）数量折扣对经济批量的影响

为了鼓励客户购买更多的商品，销售企业通常会对购买数量较大的客户给予一定的价格优惠，即数量折扣，也称商业折扣。对进货企业而言，购买的数量会影响到商品的购买价格，此时，企业的存货进货成本与购买数量相关，因此，在经济批量确定时除了要考虑订货成本与储存成本之外，还应考虑存货的进货成本，即应当放宽前述假设条件的第三条，存货相关总成本应为存货进货成本、相关订货成本与相关储存成本之和。

（2）实行数量折扣的经济批量的确定

实行数量折扣的经济批量确定，可以按下列步骤进行。

1）按照经济批量的基本模型确定进货批量，并计算按该批量进货时的存货相关总成本。

2）计算按刚好能获得数量折扣的进货批量进货时的存货相关总成本。

3）比较不同进货批量的存货相关总成本，最低存货相关总成本所对应的进货批量，就是实行数量折扣的经济批量。

【例 5.7】 某企业每年需耗用乙材料 9000 千克，每千克的标准价为 30 元。销售企业规定：客户每批购买量不足 1000 千克的，按标准价计算；每批购买量 1000 千克以上、不足 2000 千克的，价格优惠 2%；每批购买量在 2000 千克以上的，价格优惠 3%。假定该材料的单位储存成本为 15 元，平均每次订货成本为 300 元。要求计算该企业采购乙材料的经济批量。

按经济批量的基本模型计算进货批量：

$$Q=\sqrt{\frac{2\times 9000\times 300}{15}}=600\text{（千克）}$$

计算每次进货 600 千克时的存货相关总成本：

$$9000\times 30+\frac{9000}{600}\times 300+\frac{600}{2}\times 15=279\,000\text{（元）}$$

计算每次进货 1000 千克时的存货相关总成本：

$$9000\times 30\times(1-2\%)+\frac{9000}{1000}\times 300+\frac{1000}{2}\times 15=274\,800\text{（元）}$$

计算每次进货 2000 千克时的存货相关总成本：

$$9000\times 30\times(1-3\%)+\frac{9000}{2000}\times 300+\frac{2000}{2}\times 15=278\,250\text{（元）}$$

通过比较可以得知：每次进货 1000 千克时的存货相关总成本最低，所以该企业采购乙材料的经济批量为 1000 千克。

3. 允许缺货的经济批量模型

如果允许出现缺货现象，企业在确定存货经济批量时，就不仅要考虑订货成本和储存成本，还要考虑缺货成本，即 3 项成本之和最低的进货数量就是经济批量。

放宽基本模型，允许缺货的经济批量模型有如下公式：

$$Q^*=\sqrt{\frac{2AF}{C}\times\frac{C+R}{R}}$$

$$S=Q^*\times\frac{C}{C+R}$$

式中，R——单位缺货成本；

S——平均缺货量。

【例 5.8】 某企业每年耗用 B 材料 3600 千克，该材料的单位采购成本为 30 元，单位储存成本 6 元，平均每次订货成本为 450 元，单位缺货成本为 12 元。则

$$Q^*=\sqrt{\frac{2\times3600\times450}{6}\times\frac{6+12}{12}}=900\text{（千克）}$$

$$S=900\times\frac{6}{6+12}=300\text{（千克）}$$

4. 再订货点和保险储备

一般情况下，企业很难做到在存货库存下降到零时再马上补足。为了保证生产和销售的正常进行，企业必须在上一批存货耗尽前提前订货，那么，究竟在上一批存货库存下降到多少时，就应该订购下一批存货呢？这就是再订货点的确定问题。此外，企业生产经营过程中经常会出现一些不确定的例外情况，很难做到存货的均衡耗用和各批订货之间的完美衔接。为了保证企业生产经营的正常进行，避免由于存货用量突然增大或到货延期所产生的缺货损失，企业还需要多储备一些存货供应急之用，这就需要建立保险储备。

（1）再订货点

再订货点是指发出订货指令时尚余的存货数量。它的大小取决于存货每天正常耗用量的多少和订货提前期的长短。其中，订货提前期就是从发出订单到货物验收入库所需要的时间。用公式表示为

再订货点＝存货每天正常耗用量×订货提前期

【例 5.9】 某企业 B 材料的每天正常耗用量为 10 千克，订货提前期为 15 天。则

B 材料的再订货点＝10×15＝150（千克）

即当 B 材料的库存量下降到 150 千克时，就应当再次订货，等到下批订货到达时，原有材料正好用完。

（2）保险储备

保险储备是指为了防止存货耗用突然增大或到货延期等而建立的储备。可按下列公式进行计算：

保险储备量＝（预计每天最大耗用量－每天正常耗用量）×订货提前期

在要求保险储备时，存货的再订货点相应提高，公式为

再订货点＝存货每天正常耗用量×订货提前期＋保险储备量

【例 5.10】 某企业 B 材料的每天正常耗用量为 10 千克，预计每天最大耗用量为 13 千克，订货提前期为 15 天。则

保险储备量＝（13－10）×15＝45（千克）

再订货点＝10×15＋45＝195（千克）

必须指出的是，保险储备的存在虽然可以减少缺货成本，但增加了存货的平均库存量，增加了储存成本。企业在进行相应决策时，应该在缺货成本与储存成本之间进行权衡，选择使总成本最低的保险储备量和再订货点。

（五）存货的日常管理

存货日常管理的目标是在保证企业生产经营正常进行的前提下尽量防止积压，减少存货资金占用，加快存货的流转，缩短存货的储备期；用行之有效的管理方法既加强重点存货控制，又简化日常管理。

1. 存货资金占用的管理

企业持有存货必然会占用一定的资金，对存货资金占用的管理主要是正确测算企业在生产经营各个环节所需占用的存货资金，为持有存货做好资金准备。

确定存货资金占用的方法很多，如因素分析法、比例计算法、周转期法等。这里主要介绍前两种方法。

（1）因素分析法

因素分析法是在上年存货资金实际占用额的基础上，通过逐项分析本年度影响存货资金占用额的有关变动因素（如销售增长、物价变动、周转速度等）情况，加以适当调整进而确定资金占用数额的方法。其计算公式为

存货资金需占用数额＝上年资金实际平均占用额×(1±本年度各因素变动百分比)

因素分析法不必分存货种类，可将企业存货视为一个整体，对全部存货资金进行统一测算。该法主要适用于品种繁多、规格复杂和价格较低的存货资金占用额的测算。

（2）比例计算法

比例计算法是根据存货资金和有关因素（如销售收入、产品产量、产品成本总额、材料消耗总额等）之间的比例关系，测定存货资金占用额的一种方法。通常根据存货资金需要量与销售收入之间的比例关系进行测算。其计算公式为

存货资金占用额＝本年度预计销售收入总额×预计销售收入存货资金率

其中预计销售收入存货资金率可根据上年销售收入存货资金率，结合有关变动因素进行适当调整后确定，即

$$预计销售收入存货资金率=\frac{上年存货资金占用额}{上年实际销售总额}\times(1-本年度存货资金加速周转百分比)$$

本方法主要用于辅助材料、修理用备件等存货资金需要量的测算，也可以用于全部存货资金占用额的测算。

2. 存货储存期的管理

存货的管理包括对采购和生产环节管理，也包括对销售环节的管理。如果说经济订货量的重点是在采购环节对采购量的控制，以达到降低成本的目的，那么，存货储存期则主

要侧重于销售环节对存货进行的管理，目的是尽量缩短存货的储存期，降低成本费用，提高企业盈利水平。

企业储存存货而发生的费用，按照其与储存时间的关系可以分为固定储存费用和变动储存费用两类。固定储存费用主要是指在进货当时发生的各项进货费用、管理费用，其数额大小与储存期的长短没有直接关系，也称一次性费用。变动储存费用主要指储存期间发生的存货资金占用费（机会成本）、存货仓储管理费、仓储损耗等，其金额随存货期的延长或缩短成正比例变动，因此也称日增长费用。

用本量利关系式可将它们与利润的关系表达为

$$利润=毛利-销售税金及附加-固定储存费-变动储存费$$

其中：

$$变动储存费=每日变动储存费\times储存天数$$

可见，利润主要受储存时间长短这一因素的影响。随着储存期的延长，利润将日渐减少。毛利扣除固定储存费用和销售税金及附加后的差额，被变动储存费抵消到恰好等于企业目标利润时，表明存货已经到了保利期；当它完全被变动储存费抵消时，便意味着存货已经到了保本期。换言之，存货如果能在保利期或保本期内售出，企业获利便会超过目标值或至少不亏本。若存货不能在保利期或保本期内售出，企业将难以实现既定的利润目标或会蒙受损失。

保本储存期就是当利润为零时的储存天数，即

$$保存储存期=\frac{毛利-销售税金及附加-固定储存费}{每日变动储存费}$$

企业以批进批出方式经销某批存货的，其盈亏可按下列公式计算：

$$该批存货的获利或亏损额=每日变动储存费用\times(保本储存期-实际储存期)$$

【例 5.11】 某企业购进甲商品 1000 件，单位进价（不含增值税）为 100 元，单位售价（不含增值税）为 120 元，经销该批商品的固定性费用为 10 000 元，销售税金及附加 800 元，每日变动性储存费 40 元，则该商品的保本储存期为

$$\frac{(120-100)\times1000-800-10\,000}{40}=230\text{（天）}$$

若该商品实际储存 200 天，实现批进批出，则该商品实际获利额为

$$40\times(230-200)=1200\text{（元）}$$

3. *存货日常管理中的一些管理技术*

存货日常管理中的一些管理技术包括 ABC 分类管理、JIT 管理、归口分级管理等。这里主要介绍 ABC 分类管理与 JIT 管理。

（1）ABC 分类管理

19 世纪意大利经济学家巴雷特（Barrett）提出了 ABC 控制法，而存货的 ABC 分类管理就是该方法的具体应用。ABC 分类管理就是把企业的全部存货按照一定的标准划分为 A、B、C 三类，分别实行按品种重点管理，按类别一般管理和按总额灵活掌握的分类管理方法。

ABC 分类的标准包括品种数量的多少、存货的重要程度、价格的高低、耗用量的大小、采购的难易等。其中主要标准有两个，一是品种数量标准，二是金额标准，而金额标准又是最基本的标准。一般 A 类存货品种数量少，金额比较大；而 C 类存货品种数量多，金额比较少。介于两者之间的品种数量一般，金额也一般的即为 B 类存货。不同的企业，分类的标准没有严格的额度限制，但一般控制的金额比例为 0.7∶0.2∶0.1 左右，而品种数量比例为 0.1∶0.2∶0.7 左右。通常 A 类存货应为重点管理，B 类存货一般兼顾，C 类存货灵活掌握，其管理方式如表 5.8 所示。

表 5.8 ABC 管理方式

项　目	A 类	B 类	C 类
管理要求	严格控制	一般控制	简便控制
控制对象	按品种	按类别	按总金额
储存记录情况	详细记录	一般记录	一般记录
采购方式	按计划	一般掌握	按需要
检查方式	经常检查	定期检查	必要时抽查
领用方式	限额领料	一般掌握	一般掌握

运用 ABC 分类法管理存货，其具体过程可按以下步骤进行。

1）列示全部存货的明细资料，包括材料名称、耗用量、单价等，并计算出每一存货在一定时期的价值总额。

2）计算每一存货金额占全部存货金额的百分比。

3）按照金额从大到小顺序排列，并累加金额百分比，编制表格。

4）当金额百分比累加到 70%左右时，以上存货视为 A 类，B 类与 C 类亦可比照 A 类累加并确定。

【例 5.12】 某企业存货的有关资料如表 5.9 和表 5.10 所示。

表 5.9 企业存货资料

序　号	材料名称	金额/万元	百分比/%	分　类
1	（略）	114	21.71	A
2		95	18.09	A
3		88	16.76	A
4		74	14.99	A
5		27	5.14	B
6		21	4.00	B
7		16	3.05	B
8		13	2.48	B
9		9	1.71	B
10		7	1.33	B

续表

序　号	材料名称	金额/万元	百分比/%	分　类
11	（略）	6	1.14	B
12		5	0.09	B
其余 28 种		50	9.52	C
合计		525	100	

表 5.10　ABC 分类表

类　别	品种数量	品种构成/%	金额/万元	金额构成/%
A	4	10	371	70.67
B	8	20	104	19.81
C	28	70	50	9.52
合计	40	100	525	100

（2）JIT 管理

JIT 生产模式是 1953 年日本丰田公司首先提出的一种高质量、低库存的生产方式——即时生产（just-in-time，JIT），其基本理念是“只在需要的时候，按需要的量，生产所需的产品”，即倡导一种“零存货”的理想理论，完全否定了存货成本的存在，JIT 是一种倒推式的管理，即逆着生产工序，由顾客需求开始，上推至订单、产成品、半成品、零件和原材料，最后到供应商。上道工序提供的在时间和数量上和下道工序需要的正好吻合，追求一种无存货的生产方式。JIT 生产系统的应用消除了不产生价值的作业和活动，对成本的管理和控制是全方位的，在存货库存、质量控制、生产效率和数据收集等方面都有良好的经济效益。

第三节　流动负债管理

一、流动负债概述

流动负债是需要在一年或者超过一年的一个营业周期内偿还的债务。流动负债属于短期融资，主要包括短期借款和商业信用。

二、短期借款管理

（一）短期借款的含义及分类

短期借款是企业向银行或非银行金融机构借入的期限在一年以内的借款，是筹集短期资金的重要方式。其分类如表 5.11 所示。

表 5.11　短期借款表

分类标准	分　　类
按照目的和用途不同	生产周转借款、临时借款、结算借款、票据贴现借款
按偿还方式不同	一次性偿还借款和分期偿还借款
按利息支付方式不同	收款法借款、贴现法借款和加息法借款
按有无担保	抵押借款和信用借款

（二）短期借款的信用条件

短期借款的信用条件的具体内容如表 5.12 所示。

表 5.12　短期借款的信用条件

条件	含　义	需注意的问题
信贷限额	是银行对借款人规定的无担保贷款的最高限额，有效期限通常为一年	无法律效应，银行并不承担必须提供全部信贷数额的义务
周转信贷协定	银行具有法律义务地承诺提供不超过某一最高限额的贷款协定	1）有法律效应，银行必须满足企业不超过最高限额的借款； 2）贷款限额未使用的部分，企业需要支付承诺费
补偿性余额	银行要求借款企业在银行中保持按贷款限额或实际借用额一定百分比（通常为10%～20%）的最低存款余额	补偿性余额提高了借款的实际利率
借款抵押	银行向财务风险较大的企业发放贷款时，要求企业以抵押品担保	银行向信誉好的客户提供非抵押贷款，而抵押贷款对银行来说是一种风险投资，贷款利率较非抵押贷款高
偿还条件	到期一次偿还和在贷款期内定期（按月、季）等额偿还两种方式	贷款期内定期等额偿还会提高借款的有效年利率
其他承诺	银行有时还要求企业为取得贷款而做出其他承诺，如及时提供财务报表、保持适当的财务比率等	

（三）短期借款的利率及利息支付方式

短期借款利率包括优惠利率、浮动优惠利率和非优惠利率。优惠利率是银行向资信好的企业贷款时的名义利率，为贷款利率的最低限；浮动优惠利率是一种随市场利率而随时调整的优惠利率；非优惠利率是银行贷款给企业时，收取的高于优惠利率的利率。

由于短期借款协议的信用条件各不相同，不同借款的利息支付方式亦不一样，如表 5.13 所示。

表 5.13　短期借款的付息方式

付息方式	含　义
收款法付息 （到期一次还本付息）	在借款到期时向银行支付利息的方法
贴现法付息 （预扣利息）	又称折价法，是指银行向企业发放贷款时，先从本金中扣除利息部分，到期时借款企业偿还全部贷款本金的一种利息支付方法

续表

付息方式	含　义
加息法付息（分期等额偿还本息）	银行发放分期等额偿还贷款时采用的利息收取方法

（四）企业对银行的选择

企业在选择贷款银行时，要考虑借款种类、借款成本和借款条件是否适宜；此外，还应关注下列因素。

1）银行对贷款风险的政策。银行对其贷款风险通常有不同的政策。有的趋于保守，只愿承担较小的贷款风险；有的富于开拓，敢于承担较大的贷款风险。

2）银行对企业的态度。不同银行对企业的态度不一样。有的银行会积极为企业提供建议，帮助企业分析潜在的财务问题；有的银行则很少提供咨询服务，当企业遇到困难时，只会一味地对企业施加还贷压力。

3）贷款的专业化程度。一些大银行设有不同的专业部门，分别处理不同类型、行业的贷款，企业与这些拥有丰富专业化贷款经验的银行合作，可受益更多。

4）银行的稳定性。稳定的银行可以保证企业的借款不致中途发生变故。银行的稳定性取决于资本规模、存款水平波动程度和存款结构。一般来说，资本雄厚、存款水平波动小、定期存款比例大的银行稳定性好，反之则稳定性差。

三、商业信用融资管理

商业信用是在商品交易中由于延期付款或预收货款所形成的企业间的借贷关系。商业信用产生于商品交换之中，是自发性负债，在短期负债融资中占相当大的比例。商业信用的具体形式有应付账款、应付票据、预收账款和应计未付款等，具体内容如表 5.14 所示。

表 5.14　商业信用融资管理内容

<table>
<tr><th>要点</th><th colspan="3">内　容</th></tr>
<tr><td rowspan="6">商业信用的形式</td><td rowspan="3">应付账款</td><td>含义</td><td>企业购买货物暂未付款而欠对方的款项</td></tr>
<tr><td>决策指标</td><td>$\text{放弃折扣的信用成本率}=\frac{\text{折扣}\%}{1-\text{折扣}\%}\times\frac{360\text{天}}{\text{付款期（信用期）}-\text{折扣期}}$</td></tr>
<tr><td>决策原则</td><td>1）放弃现金折扣的信用成本率大于短期借款利率（或短期投资报酬率），应选择享受折扣；
2）放弃现金折扣的信用成本率小于短期借款利率（或短期投资报酬率），应选择放弃折扣</td></tr>
<tr><td>应付票据</td><td colspan="2">是企业进行延期付款商品交易时，因采用商业汇票结算方式而产生的商业信用</td></tr>
<tr><td>预收账款</td><td colspan="2">是指销货单位按照合同和协议规定，在发出货物之前向购货单位预先收取部分或全部货款的信用行为</td></tr>
<tr><td>应计未付款</td><td colspan="2">是企业在生产经营和利润分配过程中已经计提但尚未以货币支付的款项。主要包括应付职工薪酬、应交税金、应付利润或应付股利等</td></tr>
<tr><td>优缺点</td><td colspan="3">优点：①商业信用容易获得；②企业有较大的机动权；③企业一般不用提供担保。
缺点：①商业信用筹资成本高，在附有现金折扣条件的应付账款融资方式下，其筹资成本与银行信用相比较高；②容易恶化企业的信用水平；③受外部环境影响较大</td></tr>
</table>

小 结

1. 营运资金是指一个企业维持日常经营所需的资金，通常是指一年内可以变现的流动资产和一年内将到期的流动负债的差额。营运资金管理就是对企业流动资产和流动负债的管理。流动资产具有周转期短、形式多样、空间上的并存性和时间上的继起性，以及变现能力强的特点。流动负债具有速度快、弹性大、成本低、风险高的特点。营运资金管理除了要做到合理确定营运资金各项目的占用数量、处理好流动性与效益性之间的关系等几个基本要求外，还需要特别注意防范企业破产风险和防止企业过度扩张的问题。

2. 现金是企业流动性最强的资产，企业持有现金的动机主要有交易动机、预防动机和投机动机。如何在现金的流动性与收益性之间做出合理的选择，是现金管理的主要目标。现金管理的成本包括持有成本、转换成本和短缺成本。在明确与现金持有量相关的成本及各自特性的基础上，采用成本分析模式、存货模式或随机模式合理确定现金持有量，采取适当方法加速现金回收、延缓现金支付，在保证企业日常经营活动现金需求的同时，降低现金占用，提高现金使用效率，从而提高资金收益率。

3. 企业在采取赊销方式促进销售、减少存货而获得收益的同时，会产生应收账款，并因此而付出一定的代价。这一代价即应收账款成本，包括机会成本、管理成本和坏账成本。应收账款政策包括信用标准、信用条件和收账政策等内容。应收账款政策的决策就是将其所获得的收益与相应的成本进行比较，选择能给企业带来边际收益的决策方案。在正确决策的基础上，企业还要加强应收账款的日常管理，对相关情况进行监控，以便及时调整应收账款政策；对已经发生的应收账款进行监督与控制，努力降低坏账损失风险。

4. 存货是企业不可或缺的资产，往往占到流动资产的主要部分。存货管理也是营运资金管理的重要内容。存货的成本主要包括采购成本、订货成本、储存成本和短缺成本。经济批量模型是常用的存货数量控制方法，利用经济批量模型可以计算出能使存货总成本最低的进货数量。根据自身实际情况，企业还可以确定再订货点和安全储备量。除此之外，企业还要进行存货资金占用的管理、存货储存期的管理，以及利用 ABC 分类法或 JIT 法等进行存货日常管理。

5. 流动负债是需要在一年或者超过一年的一个营业周期内偿还的债务。流动负债属于短期融资，主要包括短期借款和商业信用。流动负债的特点包括：筹资速度快且容易取得；弹性较大，可从时间、数额方面根据经营状况调整借款额；资金成本较低；现金支付压力大。

6. 关键概念：营运资金；流动资产；流动负债；现金；持有成本；转换成本；短缺成本；应收账款成本；信用标准；信用条件；存货；采购成本；订货成本；储存成本；再订货点；安全储备量；ABC 分类法；存货储存期；流动负债；应付票据。

基础知识与技能训练

一、单项选择题

1．现金作为一种资产，它的（　　）。

A．流动性差，盈利性强　　B．流动性强，盈利性差

C．流动性强，盈利性也强　　D．流动性差，盈利性也差

2．某企业若采用银行业务集中法增设收款中心，可使企业应收账款平均余额由现在的500万元减至300万元。企业综合资金成本率为12%，因增设收款中心每年将增加相关费用12万元，则该企业分散收账收益净额为（　　）万元。

A．4　　B．8　　C．12　　D．24

3．在一定时期，当现金需要量一定时，同现金持有量成反比的成本是（　　）。

A．管理成本　　B．资金成本　　C．短缺成本　　D．机会成本

4．企业某年6月10日赊购商品时双方约定"2/10，*N*/20"。在6月15日有能力付款，但直到6月20日才支付这笔款项。其目的是运用现金日常管理策略中的（　　）。

A．加速收款　　B．使用现金浮游量

C．力争现金流量同步　　D．推迟应付款的支付

5．既要充分发挥应收账款的作用，又要加强应收账款的管理，其核心是（　　）。

A．加强销售管理　　B．尽量采用现款销售

C．采取积极的收账政策　　D．制定适当的信用政策

6．在其他因素不变的情况下，企业采用积极的收账政策，可能导致的后果是（　　）。

A．坏账损失增加　　B．收账费用增加

C．平均收账期延长　　D．应收账款投资增加

7．不属于存货的储存变动成本的是（　　）。

A．存货的保险费用　　B．存货资金的应计利息

C．存货的残损和变质损失　　D．替代材料紧急购入的额外成本

8．基本经济进货批量模式所依据的假设不包括（　　）。

A．允许缺货　　B．存货价格稳定

C．仓储条件不受限制　　D．所需存货市场供应充足

9．在存货的管理中与建立保险储备量无关的因素是（　　）。

A．交货期　　B．缺货成本　　C．平均库存量　　D．存货需求量

10．利用ABC管理法进行存货管理，应重点管理的存货是（　　）。

A．数量最多的存货　　B．金额最多的存货

C．数量和金额居中的存货　　D．数量和金额均最多的存货

二、多项选择题

1．确定最佳现金持有量的存货模式考虑的成本主要是（　　）。

A．机会成本　　B．管理成本　　C．短缺成本　　D．转换成本

2．通常情况下，企业持有现金的机会成本（　　）。

A．与现金余额成正比　　B．与持有时间成反比

C．是决策的无关成本　　D．等于有价证券的利息率

3．下列属于应收账款管理成本的是（　　）。

A．对客户的资信调查费用

B．催收应收账款而发生的费用

C．无法收回应收账款而发生的费用

D．因投资应收账款而丧失的利息费用

4．构成企业信用政策的主要内容有（　　）。

A．信用标准　　B．信用条件　　C．信用期限　　D．收账政策

5．存货资金占用额的预测方法有（　　）。

A．周转期法　　B．因素分析法　　C．比例分析法　　D．经济批量法

三、判断题

1．企业为满足交易动机所持有的现金余额主要取决于企业的日常开支水平。（　　）

2．现金流量的不确定性越大，预防性现金的数额也就应越大；反之，则相反。（　　）

3．如果企业的借款能力较强，保障程度较高，则可适当增加预防性现金的数额。（　　）

4．按随机模式要求，当现金存量低于最优返回线时，应及时补足现金，以保证最佳现金余额。（　　）

5．如果在折扣期内将应收账款用于短期投资所得的投资收益率低于放弃折扣的隐含利息成本，则应放弃折扣而去追求更高收益。（　　）

6．订货的经济批量大小与订货提前期的长短没有关系。（　　）

7．存货管理的目标是以最低的存货成本保证企业生产经营的顺利进行。（　　）

8．在存货 ABC 分类管理法下，应当重点管理的是虽然品种数量较少，但金额较大的存货。（　　）

9．能够使企业的进货费用、储存成本和缺货成本之和最低的进货批量，便是缺货条件下经济进货批量。（　　）

10．存货年需要量、单位存货年储存变动成本和单价的变动会引起经济订货量占用资金同方向变动；每次订货的变动成本变动会引起经济订货量占用资金反方向变动。（　　）

四、实训题

1．某企业现金收支状况比较稳定，预计全年需要现金 400 000 元，一次转换成本为 400

元，有价证券收益率为20%。

要求运用现金持有量确定的存货模式计算：

（1）最佳现金持有量。

（2）确定转换成本、机会成本。

（3）最佳现金管理相关总成本。

（4）有价证券交易间隔期。

2．某公司年度需耗用乙材料36 000千克，该材料采购成本为200元/千克，年度储存成本为16元/千克，平均每次进货费用为20元。

要求：（1）计算本年度乙材料的经济进货批量。

（2）计算本年度乙材料经济进货批量下的相关总成本。

（3）计算本年度乙材料经济进货批量下的平均资金占用额。

（4）计算本年度乙材料的最佳进货批次。

3．某公司是一个商业企业，由于目前的收账政策过于严厉，不利于扩大销售，且收账费用较高，该公司正在研究修改现行的收账政策。现有甲和乙两个放宽收账政策的备选方案，有关数据如表5.15所示。

表5.15　甲、乙备选方案的数据

项　　目	现行收账政策	甲方案	乙方案
年销售额/万元	2500	2600	3000
年收账费用/万元	40	20	10
所有账户的平均收账期/天	45	90	102
所有账户的坏账损失率/%	2	2.5	3

已知A公司的变动成本率为80%，应收账款投资要求的最低报酬率为15%。坏账损失率是指预计年度坏账损失和销售额的百分比。假设不考虑所得税的影响。

要求：通过计算分析，回答应否改变现行的收账政策。如果要改变，应选择甲方案还是乙方案？

五、案例分析

案例：应收账款与存货管理①

华基公司是一家销售小型电脑的电脑公司，其市场目标是针对小规模的公司，这些公司只需要使用电脑而不需要购买像IBM所供的大型电脑设备。公司所生产之产品极佳，销路很好，而扩张迅速。该公司1999～2001年的资产负债表与损益表如表5.16和表5.17所示。

① 资料来源：王化成. 2001. 财务管理教学案例. 北京：中国人民大学出版社.

表 5.16　资产负债表（年末）

单位：万元

项　　目	1999 年	2000 年	2001 年
现金	100	150	200
应收账款	1000	2000	3000
存货	900	1800	2800
流动资产净值	2000	3950	6000
固定资产净值	3000	3550	4000
资产合计	5000	7500	10 000
应付账款	300	400	500
应付银行票据（10%）	300	1280	2350
应付费用	100	120	150
流动负债合计	700	1800	3000
长期负债（10%）	1000	2100	3200
普通权益	3300	3600	3800
负债与净值总额	5000	7500	10 000

表 5.17　损益表

单位：万元

项　　目	1999 年	2000 年	2001 年
销货毛收入	7500	8750	10 000
折让	80	90	100
销货净额	7420	8660	9900
销货成本（销货毛收入的 80%）	6000	7000	8000
毛利	1420	1660	1900
减：利息费用	90	250	500
信用部门及收款费用	20	30	50
呆账费用	210	330	450
课税所得	1100	1050	900
税款（40%）	440	420	360
净利	660	630	540

利息费用是根据每年的平均贷款余额，不是根据表 5.16 所示的年末资产负债表得出的。负债的利率为 10%，因此，平均负债余额，1999 年为 900 万元，2000 年为 2500 万元，2001 年为 5000 万元。

2002 年年初，该公司有些问题开始呈现出来。该公司过去的成长一向利用保留盈余、长期负债融资。不过，主要的放款人开始不同意进一步扩大债务而不增加自有资金。公司最初的创建人王强和李汉两人没有资金投资到公司，由于担心失掉公司控制权，又不愿意出售额外股份给外人（他们两人目前拥有 60%的股份，其余股份为一机构投资人持有）。该公司的长期负债利率为 10%，王先生及李先生非常忧虑继续保有其信用额度。该公司的销货条件为“2/10，*N*/60”，约半数的顾客享受折扣，但有许多未享受折扣的顾客，延迟付款。2001 年的呆账损失计 450 万元，信贷部门的成本（分析及收款费用）总计为 50 万元。该公司制造几种不同形式的电脑，但售价均为 5000 元，销货成本约为 4000 元。2001 年销售总计 2 万台。销售情况在该年相当平稳，没有显著的季节变动。从生产一种电脑形式转变为另一种形式的设置成本为 5000 元，此项数值可视为订货成本。储存存货的成本估计为 30%；这么高的比率，是由于高技术产品如电脑陈旧的耗费很大。

思考与分析：

试分析该公司的财务状况，特别是其信用政策和存货政策，并提出改善建议。

本章学习笔记

第六章　长期投资管理

知识点 ☞　通过本章相关知识的学习，学生应了解和掌握以下知识点：投资的概念、种类、目的及决策程序；对外证券投资的不同类型及投资组合；固定资产的概念、折旧；投资决策评价指标及投资决策分析。

技能点 ☞　能进行对外证券投资不同投资组合决策；能进行投资决策评估指标的计算及投资决策分析。

引导案例

在花钱方面，西方人有一个观点：如果今天的钱留到明天花就损失了今天花钱所带来的多出的那一部分效用。例如，两年前买 21 寸的彩电大概要 2000 多元，现在买只要 1000 元左右。如果一个人两年前可以买但就是要等到现在便宜了才买，实际上他损失了两年看彩电带给他的效用。就实际而言，经济中是存在通货膨胀的，今年的 1 元钱到明年自然也会贬值的。

第一节　长期投资管理概述

从财务活动的进程看，企业取得资金后，应进行资金投放和使用，以获取投资收益。在企业的财务活动中，投资是价值创造的关键环节，它占据了最重要的地位。

一、投资的特点与目的

（一）投资的特点

投资是指企业为通过分配来增加财富，或为谋求其他利益，而将资产让渡给其他单位所获得的另一项资产。通过本章的引导案例，可以从中总结出投资具有以下特点。

1. 投放的对象性

投资总是将资金投放在某对象上，纯粹的货币不是投资，只有将它转化为某一对象，如实物资产、有价证券等，货币才能转化为投资。

2. 时机的选择性

投出资金并不是随时进行的，只有客观上存在投资的条件，投资才能真正付诸实施。

3. 经营上的预付性

投资是在实际的经营活动进行之前发生的，它具有预付款的性质，其收回只有在投资形成生产经营能力或投资实际运转后才能完成，需要几年、几十年甚至更长的时间。

4. 目标上的收益性

投资的最终目标是为了取得投资收益。

5. 收益的不确定性

投资收益只是在未来才能获得，最终收益是多少事先很难知晓，正是基于此，任何投资都存在着风险。尤其将资金投放于一些专用特别强的资产上，如汽车生产线只能用于生产汽车，而对于非汽车生产商则价值不大，这就使得投资决策的风险更高。一般认为，资产的专用性越强，用作他用的价值就越低，投资一旦失败造成的损失也就越大，投资就更加要慎重。

（二）投资的目的

投资的目的与企业财务管理的总体目标一致，即企业价值最大化，具体体现为以较低投资风险与投资总额获得较多的投资收益。具体包括以下几个方面。

1. 取得投资收益

企业取得投资收益可以通过增加投资规模，降低投资成本的方式进行。

2. 降低投资风险

投资风险表现为投资收益额的不确定性。企业为了使投资收益相对稳定，往往通过降低投资风险来实现：一是通过多角化经营实现风险分散；二是通过风险控制机制以减少投资风险，如投资先期的可行性论证、预知风险并提出控制措施。

3. 承担社会义务

企业购置的环保设备和安全设备等资产，它们的使用虽然不能直接为企业带来经济利益，但是有助于企业从相关资产中获得经济利益，或者将减少企业未来经济利益的流出。例如，为净化环境或者满足国家有关排污标准的需要购置的环保设备，这些设备的使用虽然不会为企业带来直接的经济利益，但却有助于企业提高对废水、废气、废渣的处理能力，有利于净化环境，从而最终促进该地区的经济发展。

二、投资的种类

为加强投资管理，提高投资效益，还必须分清投资的性质，对投资进行科学的分类，具体分类情况及特点如表 6.1 所示。

表 6.1　企业投资分类情况表

标　　志	种　　类	含义及特点
按投资活动与企业本身的生产经营活动关系	直接投资	是将资金直接投放于形成生产经营能力的实体性资产，直接谋取经营利润的企业投资
	间接投资	是将资金投放于股票、债券等权益性资产上的企业投资
按投资对象的存在形态和性质	项目投资	购买具有实质内涵的经营资产，包括有形资产和无形资产。项目投资属于直接投资
	证券投资	购买属于综合生产要素的权益性权利资产的企业投资。证券投资属于间接投资
按投资活动对企业未来生产经营前景的影响	发展性投资	也称战略性投资，是指对企业未来的生产经营发展全局有重大影响的企业投资，如企业间兼并合并的决策、转换新行业和开发新产品的决策、大幅度扩大生产规模的决策等
	维持性投资	也称技术性投资，是为了维持企业现有的生产经营正常进行，不会改变企业未来生产经营发展全局的企业投资，如更新替换旧设备的决策、配套流动资金投资、生产技术革新的决策等
按投资活动资金投出的方向	对内投资	是指在本企业范围内部的资金投放，用于购买和配置各种生产经营所需的经营性资产。对内投资属于直接投资
	对外投资	通过联合投资、合作经营、换取股权、购买证券资产等投资方式，向企业外部其他单位投放资金。对外投资主要是间接投资，也可能是直接投资，如企业间的联营投资

三、投资决策的影响因素

（一）可利用资本的成本和规模

任何投资活动都离不开资本的成本及获得的难易程度，它在很大程度上影响着投资行为。资本成本实际就是投资者所获得的必要报酬。其次是资本的可行性或是可利用的资本规模，可行性决定了投资机会是否丧失的可能性，显然，它是投资决策中最为关键的约束条件之一。

（二）项目的盈利性

可利用资本的成本和规模只强调了投资决策的一个方面，而项目的盈利性可能更为关键。事实上，项目的盈利性及资本成本的高低决定了投资预期的可行性。

（三）企业承担风险的意愿和能力

企业的决策者都会尽其所能地来预测销售额和成本并以此确定新投资的盈利性，但无论如何，任何预测都有风险性。根据资本资产定价模型，风险和收益是对等的，任何风险都要求在收益中得到补偿。

第二节　长期投资的评价指标

一、投资决策中的现金流量

商品经济中，任何建设项目的效益和费用都可以抽象为现金流量系统。从项目财务评价角度看，在某一时点上流出项目的资金称为现金流出，记为 CO；流入项目的资金称为现金流入，记为 CI。现金流入与现金流出统称为现金流量，现金流入为正现金流量，现金流出为负现金流量。同一时点上的现金流入量与现金流出量的代数和（CI—CO）称为净现金流量。

（一）现金流量的构成

投资项目从整个经济寿命周期来看，大致可分为 3 个时点阶段，投资期、营业期和终结期，如图 6.1 所示。故现金流量的构成也包括 3 个部分，如图 6.2 所示。

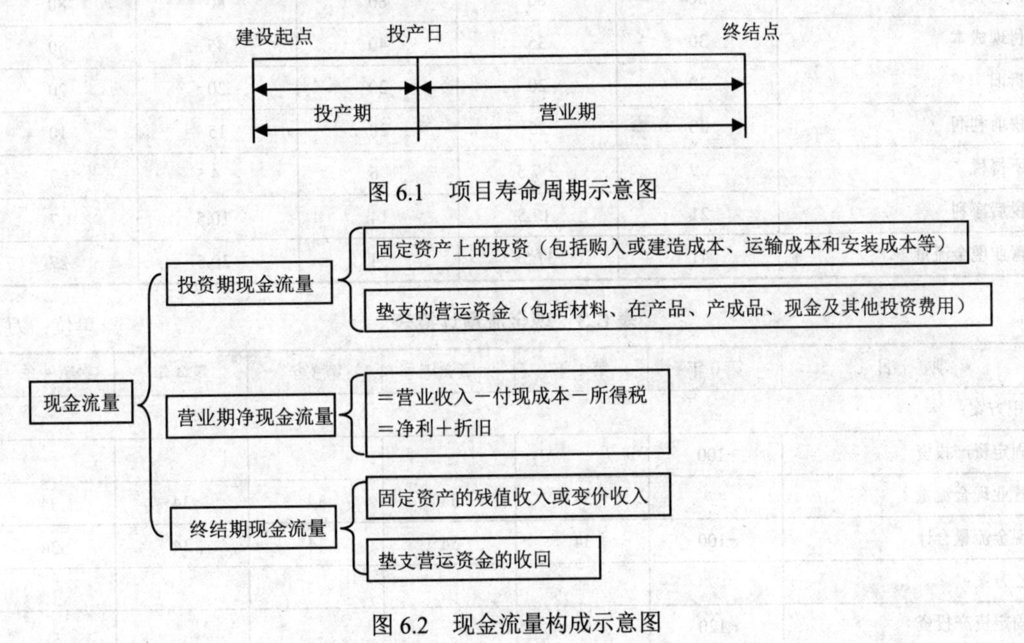

图 6.1　项目寿命周期示意图

图 6.2　现金流量构成示意图

（二）现金流量的计算

【例 6.1】　天地公司准备购入一设备以扩充生产能力，现有甲、乙两个方案可供选择。甲方案：需投资 100 万元，使用寿命为 5 年，采用直线法折旧；5 年后设备无残值；5 年中每年的销售收入为 60 万元，每年的付现成本为 20 万元。乙方案：需投资 120 万元，另外在第一年垫支运营资金 20 万元（报废时回收），采用直线折旧法计提折旧，使用寿命也为

5 年，5 年后残值为 20 万元；5 年中每年的销售收入为 80 万元，付现成本第一年为 30 万元，以后随着设备陈旧，逐年增加修理费 5 万元。甲乙两方案的营业现金流量预测表和现金流量计算表，如表 6.2 和表 6.3 所示。(假定所得税率税为 30%)

表 6.2　营业现金流量预测表

单位：万元

项　目	第 1 年	第 2 年	第 3 年	第 4 年	第 5 年
甲方案：					
销售收入	60	60	60	60	60
付现成本	20	20	20	20	20
折旧	20	20	20	20	20
税前利润	20	20	20	20	20
所得税	6	6	6	6	6
税后净利	14	14	14	14	14
营业现金流量	34	34	34	34	34
乙方案：					
销售收入	80	80	80	80	80
付现成本	30	35	40	45	50
折旧	20	20	20	20	20
税前利润	30	25	20	15	10
所得税	9	7.5	6	4.5	3
税后净利	21	17.5	14	10.5	7
营业现金流量	41	37.5	34	30.5	27

表 6.3　现金流量计算表

单位：万元

项　目	第 0 年	第 1 年	第 2 年	第 3 年	第 4 年	第 5 年
甲方案：						
固定资产投资	-100					
营业现金流量		34	34	34	34	34
现金流量合计	-100	34	34	34	34	34
乙方案：						
固定资产投资	-120					
营业资金垫支	-20					
营业现金流量		41	37.5	34	30.5	27
固定资产残值						20
营运资金回收						20
现金流量合计	-140	41	37.5	34	30.5	67

二、投资方案经济效益评价指标体系

在对投资项目进行经济评价前，首先需要建立一套评价指标体系，并确定一套科学的评判可行与否的标准。

评价指标是投资项目经济效益或投资效果的量化及其直观的表现形式，它通常是通过对投资项目所涉及的成本费用和收益进行量化和比较来确定的。只有正确地理解和适当地应用各个评价指标及其评价标准，才能对投资项目进行有效的经济分析，从而做出正确的投资决策。

（一）评价指标的分类

按照其所考虑的因素及使用方法的不同，评价指标可进行不同的分类。

1）根据是否考虑时间价值，评价指标可分为静态评价指标（也称非贴现现金流量评价指标）和动态评价指标（也称贴现现金流量评价指标），如图 6.3 所示。

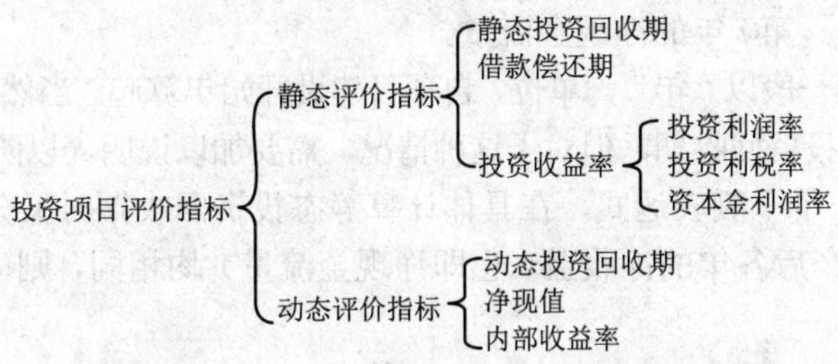

图 6.3　投资方案经济效益评价指标体系之一

2）根据指标的性质，评价指标可分为时间性指标、价值性指标和比率性指标，如图 6.4 所示。

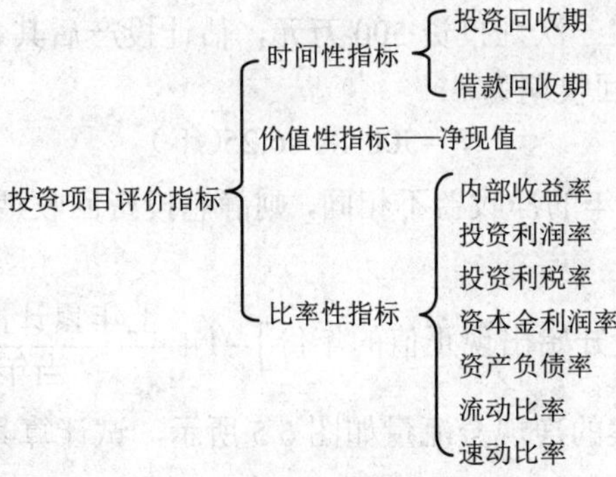

图 6.4　投资方案经济效益评价指标体系之二

（二）评价指标的计算

1. 静态评价方法

在投资方案经济效益评价分析中，将不考虑资金时间价值的经济效益评价指标称为静态评价指标。主要包括静态投资回收期和投资收益率。

采用静态评价指标对投资方案进行评价时，由于没有考虑资金的时间价值，因此它主要适用于对方案的粗略评价，如应用于投资方案的机会鉴别和初步可行性研究阶段，以及用于某些时间较短，投资规模与收益规模均比较小的投资项目的经济评价等。

（1）静态投资回收期（P_t）

静态投资回收期是指以项目每年的净收益回收项目全部投资所需要的时间，是考查项目财务上投资回收能力的重要指标。这里所说的全部投资既包括固定资产投资，又包括流动资金投资。

静态投资回收期的表达式如下：

$$\sum_{t=0}^{P_t}(\mathrm{CI}-\mathrm{CO})_t=0$$

式中，P_t —— 静态投资回收期；

CI —— 现金流入量；

CO —— 现金流出量；

$(\mathrm{CI}-\mathrm{CO})_t$ —— 第 t 年的净现金流量。

静态投资回收期一般以“年”为单位，自项目建设开始年算起。当然也可以计算自项目建成投产年算起的静态投资回收期，但对于这种情况，需要加以说明，以防止两种情况的混淆。

上述表达式是一个一般表达式，在具体计算静态投资回收期时又分以下两种情况。

1）项目建成投产后各年的净收益（也即净现金流量）均相同，则静态投资回收期的计算公式为

$$P_t=\frac{K}{R}$$

式中，K —— 全部投资；

R —— 每年的净收益。

【例 6.2】 某投资方案一次性投资 500 万元，估计投产后其各年的平均净收益为 80 万元，则该方案的静态投资回收期为

$$P_t=500/80=6.25(\text{年})$$

2）项目建成投产后各年的净收益不相同，则静态投资回收期可根据累计净现金流量求得，其计算公式为

$$P_t=\left[\text{累计净现金流量开始出现正值的年份}\right]-1+\frac{\text{上年累计净现金流量绝对值}}{\text{当年净现金流量}}$$

【例 6.3】 某投资方案的净现金流量如图 6.5 所示，试计算其静态投资回收期。

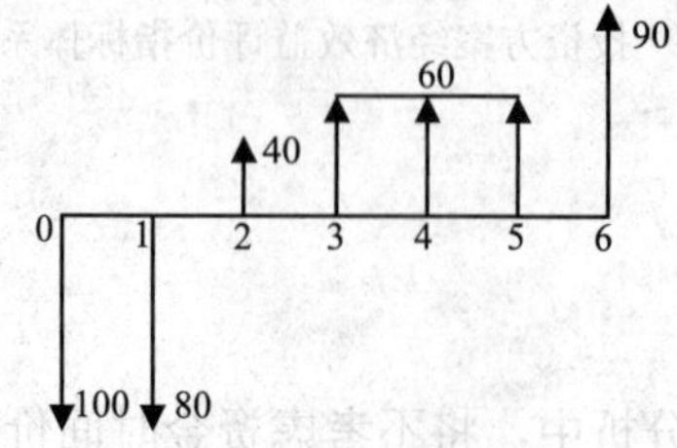

图 6.5 净现金流量图（单位：万元）

列出该投资方案的累计现金流量情况表，如表 6.4 所示。

表 6.4　累计净现金流量表　　单位：万元

年　序	0	1	2	3	4	5	6
净现金流量	-100	-80	40	60	60	60	90
累计现金流量	-100	-180	-140	-80	-20	40	130

根据公式计算得：

$$P_t = 5 - 1 + \frac{|-20|}{60} = 4.33\text{（年）}$$

静态投资回收期一般从建设开始年算起。采用静态投资回收期对投资方案进行评价时，其基本做法如下。

① 确定行业的基准投资回收期（P_c）。基准投资回收期是国家根据国民经济各部门、各地区的具体经济条件，按照行业和部门的特点，结合财务会计上的有关制度及规定而颁布，同时进行不定期修订的建设项目经济评价参数，是对投资方案进行经济评价的重要标准。

② 计算项目的静态投资回收期（P_t）。

③ 比较 P_t 与 P_c：若 $P_t \leq P_c$，则项目可以考虑接受；若 $P_t > P_c$，则项目是不可行的。

静态投资回收期（P_t）指标的优点：经济意义明确、直观、计算简便；在一定程度上反映了投资效果的优劣；可适用于各种投资规模。该指标的不足：只考虑投资回收之前的效果，不能反映回收投资之后的情况，也即无法准确衡量项目投资收益的大小；没有考虑资金的时间价值，因此无法正确地辨识项目的优劣。

（2）投资收益率

投资收益率又称投资效果系数，是指在项目达到设计能力后，其每年的净收益与项目全部投资的比率，是考虑项目单位投资的盈利能力的指标。

其计算公式为

$$\text{投资收益率} = \frac{\text{年净收益}}{\text{项目全部投资}} \times 100\%$$

当项目在正常生产年份内各年的收益情况变化幅度较大时，也可采用下列公式进行计算：

$$\text{投资收益率} = \frac{\text{年平均净收益}}{\text{项目全部投资}} \times 100\%$$

在采用投资收益率对项目进行经济评价时，其基本做法与采用静态投资回收期的做法相似，也即主要是将计算出的项目的投资收益率与行业的平均投资收益率进行比较；若高于或等于行业平均投资收益率则项目可以考虑接受，若低于行业平均投资收益率则项目不可行。

投资收益率是一个综合性指标，在进行项目经济评价时，根据分析目的的不同，投资收益率又具体分为投资利润率、投资利税率、资本金利润率等。其中最常用的是投资利润率。

投资利润率是指项目在正常生产年份内所获得的年利润总额或年平均利润总额与项目全部投资的比率，其计算公式为

$$投资利润率=\frac{年利润总额（年平均利润总额）}{项目全部投资}\times 100\%$$

【例 6.4】 某投资项目投资与收益情况如表 6.5 所示，试计算其投资利润率。

表 6.5　某项目投资收益情况表　　单位：万元

年　序	0	1	2	3	4	5	6
投　资	−100						
利　润		10	12	12	12	12	14

投资利润率＝(10＋12＋12＋12＋12＋14) / 6 / 100×100%＝12%

投资收益率指标的优点：计算简便，能够直观地衡量项目的经营成果；可适用于各种投资规模。该指标的不足：没有考虑投资收益的时间因素，忽视了资金具有时间价值的重要性；指标的计算主观随意性太强，在指标的计算中，对于应该如何计算投资资金占用，如何确定利润，都带有一定的不确定性和人为因素，因此以投资收益率指标作为主要的决策依据不太可靠。

2. *动态评价方法*

一般将考虑了资金时间价值的经济效益评价指标称为动态评价指标（或贴现现金流量评价指标）。与静态评价指标相比，动态评价指标更加注重考查项目在其计算期内各年现金流量的具体情况，因而也就能够更加直观地反映项目的盈利能力，所以它的应用也就比静态评价指标更加广泛。在项目的可行性研究阶段，进行项目经济评价时一般以动态评价指标作为主要指标，以静态评价指标作为辅助指标。

动态评价指标常用的一般有净现值（率）、内部收益率、净年值、动态投资回收期等。下面介绍几个主要的指标。

（1）净现值

1）净现值的含义及计算。

净现值（net present value，NPV）是指把项目计算期内各年的净现金流量，按照一个给定的标准折现率（基准收益率）折算到建设期初（项目计算期第一年年初）的现值之和。

净现值是考查项目在其计算期内盈利能力的主要动态评价指标。其计算公式为

$$NPV=\sum_{t=0}^{n}\frac{(CI-CO)_t}{(1-i_c)^t}$$

式中，NPV——净现值；

$(CI-CO)_t$——第 t 年的净现金流量；

n——项目计算期；

i_c——标准折现率。

净现值的经济含义可做如下解释：假设有一个小型投资项目，初始投资为 10 000 元，项目寿命期为 1 年，到期可获得收益 12 000 元，如果设定标准折现率为 8%，根据净现值

的计算公式，可以求出该项目的净现值为 1111 元（12 000×0.9259−10 000）。也就是说，只要投资者能在资本市场或从银行以 8%的利率筹措到资金，那么该项投资即使再增加 1111 元的投资，在经济上还是可以做到不盈不亏。换个角度讲，如果投资者能够以 8%的利率筹借到 10 000 元的资金，那么一年后，投资者会获得 1200 元 [12 000−10 000×（1+8%）] 的利润，这 1200 元利润的现值恰好是 1111 元（1200×0.9529），即净现值刚好等于项目在生产经营期内所获得的净收益的现值。

2）净现值的判别准则。根据公式计算出 NPV 后，其结果不外乎以下 3 种情况：$NPV>0$，$NPV=0$，$NPV<0$，在用于投资方案的经济评价时其判别准则如下。

若 $NPV>0$，说明方案可行。因为这种情况说明投资方案实施后的投资收益水平不仅能够达到标准折现率的水平，而且还会有盈余，即项目的盈利能力超过其投资收益期望水平。

若 $NPV=0$，说明方案可考虑接受。因为这种情况说明投资方案实施后的平均投资收益水平，恰好等于标准折现率，即其盈利能力能达到所期望的最低财务盈利水平。

若 $NPV<0$，说明方案不可行。因为这种情况说明投资方案实施后的投资收益水平达不到标准折现率水平，即其盈利能力水平比较低，甚至可能出现亏损。

【例 6.5】 某项目的各年现金流量如表 6.6 所示，试用净现值指标判断项目的经济性（i_c=15%）。

表 6.6　某项目的现金流量表　　单位：万元

年　序	0	1	2	3	4～19	20
投资支出	-40	-10				
经营成本			17	17	17	17
收　入			25	25	30	50
净现金流量	-40	-10	8	8	13	33

利用公式，将表中各年净现金流量代入，得

$$
\begin{aligned}
NPV &= -40-10\times(P/F,15\%,1)+8\times(P/F,15\%,2)+8\times(P/F,15\%,3)\\
&\quad +13\times(P/A,15\%,16)(P/F,15\%,3)+33(P/F,15\%,20)\\
&= -40-10\times0.8696+8\times0.7561+8\times0.6575\\
&\quad +13\times5.954\times0.6575+33\times0.061\\
&= 15.52(万元)>0
\end{aligned}
$$

由于 NPV>0，故此项目在经济效果上是可以接受的。

3）净现值与折现率的关系。从计算公式可以看出，对于具有常规现金流量（即在计算期内，方案的净现金流量序列的符号只改变一次的现金流量）的投资方案，其净现值的大小与折现率的高低有直接的关系。例如，如果已知某投资方案各年的净现金流量，则该方案的净现值就完全取决于所选用的折现率，折现率越大，净现值就越小，折现率越小，净现值就越大，随着折现率的逐步增大，净现值将由大变小，由正变负，净现值与折现率之间的关系一般如图 6.6 所示。

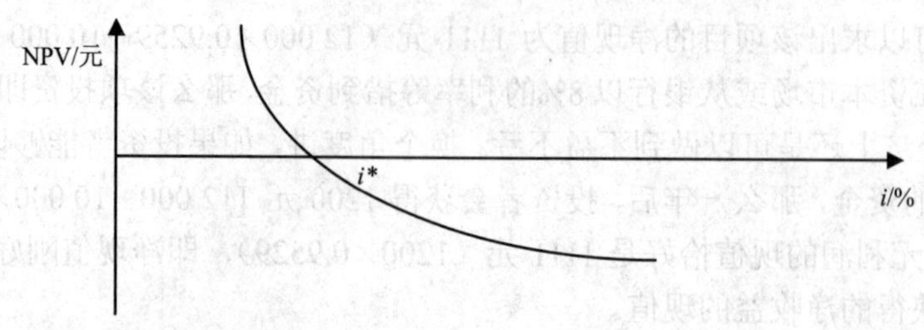

图 6.6　净现值与折现率的关系

从图 6.6 中可以发现，NPV 随 i 的增大而减小，在 i^* 处，曲线与横轴相交，说明如果选定 i^* 为折现率，则 NPV 恰好等于零。在 i^* 的左边，即 $i<i^*$ 时，NPV>0；在 i^* 的右边，即 $i>i^*$ 时，NPV<0。由于 NPV=0 是净现值判别准则的一个分水岭，因此可以说 i^* 是折现率的一个临界值，我们将其称为内部收益率。关于内部收益率将在稍后部分详细介绍。

在 NPV 的表达式中，还有一个重要的概念，就是标准折现率 i_c。

标准折现率又称基准收益率，它代表了项目投资应获得的最低财务盈利水平，也即是衡量投资方案是否可行的标准，是一个重要的经济参数，其数值确定的合理与否，对投资方案的评价结果有直接的影响，算得过高或过低都会导致投资决策的失误。因为如果标准折现率定得过高，由于存在资金的时间价值，会导致现值之和变小，从而使一些经济效益不错的方案被拒绝，而如果定得过低，又会使现值之和变大，致使经济效益不好的一些投资方案也可能会被接受，从而造成不应该有的损失。

标准折现率的确定一般以行业的平均收益率为基础，同时综合考虑资本成本、投资风险、通货膨胀及资金限制等影响因素。

4）净现值指标的优缺点比较如表 6.7 所示。

表 6.7　净现值法的优缺点比较

优　点	缺　点
直接使用项目所获得的现金流量，从而减少人为因素的影响	计算较为麻烦，难以掌握
考虑全部净现金流量，体现流动性与收益性的统一	净现金流量的测量与折现率的确定较为困难
考虑项目投资风险，风险大采用高折现率，风险小采用小折现率	无法从动态角度直接反映投资项目的实际收益水平
对现金流量进行合理折现，考虑资金时间价值，以增强项目的经济性评价	项目投资额不等时，难以准确判断方案的优劣性

（2）现值指数

1）现值指数的含义及计算。

现值指数（profitability index，PI）也称获利指数，是指未来报酬总现值与投资额现值的比率。现值指数可看作净现值的转换形式，即将绝对量表示的价值转换为相对数表示的比值指标。

其计算公式为

$$\mathrm{PI}=\sum\frac{\mathrm{CI}_t}{(1+i)^t}\div\sum\frac{\mathrm{CO}_t}{(1+i)^t}$$

2）现值指数的判别准则。根据公式计算出 PI 后，其结果不外乎有以下 3 种情况：PI>1，PI=1，PI<1。在用于投资方案的经济评价时其判别准则如下：若 PI≥1 方案可行；PI<1，则方案不可行；各方案均 PI>1，则最大的方案为最优方案。

【例 6.6】 根据例 6.5，可计算出方案的现值指数：

$$\begin{aligned}PI &= [8\times(P/F,\ 15\%,\ 2)+8\times(P/F,\ 15\%,\ 3)+13\times(P/A,\ 15\%,\ 16)\\ &\quad \times(P/F,\ 15\%,\ 3)+33(P/F,\ 15\%,\ 20)]\div[40+10(P/F,\ 15\%,\ 1)]\\ &=(8\times0.7561+8\times0.6575+13\times5.954\times0.6575+33\times0.0611)\\ &\quad \div(40+10\times0.8696)\\ &=1.1387>1\end{aligned}$$

由于 PI>1，故此项目在经济效果上是可以接受的。

3）现值指数指标的优缺点。现值指数的优缺点与净现值法基本相同，但一个重要区别是现值指数法可以从动态的角度反映项目投资的资金投入与总产出之间的关系，可以弥补净现值法在投资额不同方案之间不能比较的缺陷，使投资方案之间可直接用现值指数法进行对比。

（3）内部收益率

1）内部收益率（internal rate of return，IRR）的概念及判别准则。内部收益率是指项目在整个计算期内各年净现金流量的现值之和等于零时的折现率，也就是项目的净现值等于零时的折现率，其计算公式为

$$\sum_{t=0}^{n}(\mathrm{CI}-\mathrm{CO})_t(1+\mathrm{IRR})^{-1}=0$$

根据净现值与折现率的关系，以及净现值指标在方案评价时判别准则，可以很容易地导出用内部收益率指标评价方案的判别准则：若 IRR>i_c，则 NPV>0，方案可以考虑接受；若 IRR=i_c，则 NPV=0，方案可以考虑接受；若 IRR<i_c，则 NPV<0，方案不可行。

2）内部收益率的计算。由计算公式可以看出，内部收益率的计算是求解一个一元多次方程的过程，要想精确地求出方程的解，也即内部收益率，是一件非常困难的事情，因此在实际应用中，一般是采用一种称为线性插值试算法的近似方法来求得内部收益率的近似解。它的基本步骤如下。

首先根据经验，选定一个适当的折现率 i_0。根据投资方案的现金流量情况，利用选定的折现率 i_0，求出方案的净现值 NPV。若 NPV>0，则适当使 i_0 继续增大；若 NPV<0，则适当使 i_0 继续减小。

重复上述步骤，直到找到这样的两个折现率 i_1 和 i_2，其所对应求出的净现值 $\mathrm{NPV}_1>0$，$\mathrm{NPV}_2<0$，其中 i_2-i_1 一般不超过 5%。

然后采用线性插值公式求出内部收益率的近似解，其公式为

$$\mathrm{IRR}=i_1+\frac{\mathrm{NPV}_1}{\mathrm{NPV}_1+|\mathrm{NPV}_2|}(i_2-i_1)$$

【例 6.7】 某项目现金流量如表 6.8 所示。当基准收益率 i_c=12%时，试用内部收益率指标判断该项目的经济性。

表 6.8　某项目现金流量表　　单位：万元

年　序	0	1	2	3	4	5
净现金流量	−100	20	30	20	40	40

此项目净现值的计算公式为

$$NPV=-100+20(P/F, i, 1)+30(P/F, i, 2)+20(P/F, i, 3)+40(P/F, i, 4)+40(P/F, i, 5)$$

现分别设 $i_1=12\%$，$i_2=15\%$，计算相应的 NPV_1 和 NPV_2。

$$\begin{aligned}NPV_1(i_1)&=-100+20(P/F, 12\%, 1)+30(P/F, 12\%, 2)\\&\quad+20(P/F, 12\%, 3)+40(P/F, 12\%, 4)+40(P/F, 12\%, 5)\\&=-100+20\times0.8929+30\times0.792+20\times0.7118\\&\quad+40\times0.635+40\times0.5674\\&=4.126\text{（万元）}\end{aligned}$$

$$\begin{aligned}NPV_2(i_2)&=-100+20(P/F, 15\%, 1)+30(P/F, 15\%, 2)\\&\quad+20(P/F, 15\%, 3)+40(P/F, 15\%, 4)+40(P/F, 15\%, 5)\\&=-100+20\times0.8686+30\times0.7651+20\times0.6575\\&\quad+40\times0.571+40\times0.4972\\&=4.015\text{（万元）}\end{aligned}$$

用线性插值计算公式可算出 IRR 的近似解：

$$\begin{aligned}IRR&=i_1+\frac{NPV_1}{NPV_1+|NPV_2|}(i_2-i_1)\\&=12\%+\frac{4.126}{4.126+|-4.015|}\times(15\%-12\%)\\&=13.5\%\end{aligned}$$

因为 $IRR=13.5\%>i_c=12\%$，故该项目在经济效果上是可以接受的。

3）关于内部收益率的计算，还要补充两点。

第一点：采用线性插值计算法计算内部收益率，只适用于具有常规现金流量的投资方案，对于具有非常规现金流量的方案，由于其内部收益率的存在可能不是唯一的，因此这种方案不太适用。

第二点：在计算中所得到的内部收益率的精度与（i_2-i_1）的大小有关。i_2 与 i_1 之间的差距越小，则计算结果就越精确，反之，结果误差就越大。

4）内部收益率指标的优缺点比较如表 6.9 所示。

表 6.9　内部收益率法的优缺点比较

优　点	缺　点
1）考虑了资金的时间价值； 2）能从动态角度直接反映投资项目的实际收益水平； 3）不受行业基准收益率高低的影响，比较客观	计算较为复杂，当投资支出和投资收益交叉发生，在项目计算期内各年的净现金流量在开始年份出现负值，以后各年有时为正值，有时为负值，正负号的改变超过一次以上的项目，会存在多个内含报酬率时，难以给出正确的结论

考虑了资金的时间价值以及项目在整个寿命期内的经济状况；能够直接衡量项目的真正的投资收益率；不需要事先确定一个基准收益率，而只需要知道基准收益率的大致范围即可。该指标的不足之处在于：需要大量的与投资项目有关的数据，计算比较麻烦；对于具有非常规现金流量的项目来讲，其内部收益率往往不是唯一的，在某些情况下甚至不存在。

第三节　固定资产投资管理

一、固定资产的折旧管理

固定资产是指同时具有下列特征的有形资产：为生产商品、提供劳务、出租或经营管理而持有的；使用寿命超过一个会计年度。

固定资产在生产过程中会发生有形和无形损耗，这种损耗的货币表现形式就是折旧，它通过转移，计入产品或劳务成本和费用中，并通过产品出售或劳务的提供，以货币资金的形式收回和积累，以达到对固定资产损耗的补偿和更新的目的。可见，固定资产折旧对企业产品或劳务成本、利润及现金的流转等都有重大影响。因此，如何合理地制定折旧政策是企业财务管理的重要内容。所谓固定资产折旧政策，是指企业根据自身财务状况及其变动趋势，就固定资产折旧方法和折旧年限所做出的选择。折旧政策的中心内容就是确定折旧方法和折旧年限。

（一）折旧方法

常用的折旧方法有以下几种。

1. 使用年限法

使用年限法也称直线法，是将固定资产原值减去预计净残值后的应计折旧总额，按固定资产预计使用年限平均分摊的折旧方法。计算公式为

$$预计净残值率=\frac{预计固定资产残值收入-预计清理费用}{固定资产原值}$$

$$年折旧率=\frac{1-预计净残值率}{预计使用年限}$$

$$年折旧额=固定资产原值\times年折旧率$$

这种方法是一种最基本的折旧方法，主要适用于正常使用的、各年损耗情况相同的固定资产。

2. 工作量法

工作量法是根据实际工作量计算每期应提折旧额的方法。计算公式为

$$单位产量(或工作时数)折旧额=\frac{固定资产原值(1-预计净残值率)}{预计总产量(或总工作时数)}$$

某期应提折旧额=该期实际产量(或工作时数)×单位产量(或工作时数)折旧额

这种方法主要适用于损耗程度与产量或工作时数密切相关的固定资产。

3. 双倍余额递减法

双倍余额递减法是指在不考虑固定资产残值的情况下，根据每期期初固定资产原价减去累计折旧后的金额（即固定资产净值）和双倍的直线折旧率计算固定资产折旧的一种方法。计算公式为

$$年折旧率=\frac{2}{预计使用年限}\times 100\%$$

$$年折旧额=期初固定资产账面净值\times 年折旧率$$

按这种方法计提的折旧额，在固定资产使用前期折旧额大，而使用后期折旧额小，是一种加速折旧方法，主要适用于技术进步快、更新周期短的固定资产。使用这种方法时，要在某期折旧额低于使用年限法计提的折旧额时，改用使用年限法；也可在折旧年限终止前两年内，将固定资产账面净值减去预计净残值后的余额平均摊销。

4. 年数总和法

年数总和法是将固定资产应计折旧总额乘以固定资产尚可使用年限数（包括当年）与预计使用年数总和之比来计提折旧的方法。计算公式为

$$年折旧率=\frac{尚可使用年限}{预计使用年数总和}\times 100\%$$

$$=\frac{预计使用年限-已使用年限}{预计使用年限\times(预计使用年限+1)\div 2}\times 100\%$$

$$年折旧率=(固定资产原值-预计净残值)\times 年折旧率$$

这种折旧方法也是一种加速折旧方法，它的适用性与双倍余额递减法基本相同。

【例 6.8】 企业拥有一台原值为 100 000 元，预计使用年限为 5 年，预计净残值为 4000 元的设备，预计使用年限内总产量为 8000 件，预计工作总时数为 12 000 小时。在不同折旧方法下的年折旧额如表 6.10 所示。

表 6.10 不同折旧方法下的年折旧额

年数＼折旧额＼方法	使用年限法/元	产量法		工作小时法		双倍余额递减法/元	年数总和法/元
		产量/件	年折旧额/元	工作小时/小时	年折旧额/元		
第一年	19 200	1500	18 000	2250	18 000	40 000	32 000
第二年	19 200	1800	21 600	2500	20 000	24 000	25 600
第三年	19 200	2000	24 000	3000	24 000	14 400	19 200
第四年	19 200	2000	24 000	3100	24 800	8800	12 800
第五年	19 200	700	8400	1150	9200	8800	6400
合计	96 000	8000	96 000	12 000	96 000	96 000	96 000

通过表 6.10 比较可以看出，虽然固定资产在其使用年限内的折旧总额在各种折旧方法

下是相同的，但不同折旧方法计算出的年折旧额却有很大差异，这不但会影响企业各期的成本费用，进而影响企业的收益及其分配，而且还会对企业筹资、投资等产生重大影响。

（二）折旧政策对企业财务的影响

企业折旧政策的选择，决定了折旧年限的长短和一定时期内折旧数额的多少，它对企业财务会产生重大影响，主要表现在以下几个方面。

1. 对收益分配的影响

折旧政策的选择，直接决定了计入成本费用中的折旧额的多少。在其他因素不变的情况下，如果折旧政策选择的结果是提高折旧额，则企业可供分配的利润减少；反之，企业可供分配的利润增加。

2. 对投资与筹资的影响

如前所述，固定资产的价值补偿与实物更新的资金流转在时间上是分离的，因而企业可将折旧形成的固定资产更新准备金在固定资产实物更新前，投入到生产经营活动之中。企业折旧政策的选择，决定了某一会计期间固定资产更新准备金的多少，也就决定了企业在这一时期可用于投资资金的多少。企业可用资金越多，向外筹资越少，相应也会带来筹资成本的差别。此外，企业折旧政策的选择，还会影响固定资产更新投资速度，如果折旧年限短，并采用加速折旧，固定资产的更新投资速度就会加快；反之亦然。

3. 对固定资产风险与收益关系的影响

固定资产风险是指其投资难以收回的风险，它与固定资产的使用时间相联系。固定资产的使用时间越长，未来市场的不确定性越大，从而固定资产使用后所形成的产品和劳务的市场实现越不确定，因此，固定资产投资收回面临的风险越大；反之亦然。固定资产收益是指其使用后提供的净收益，它与固定资产的折旧年限和折旧方法相联系。固定资产折旧年限短，加速折旧，年折旧额就高，当期的净收益随之减少；相反，折旧年限长，使用年限折旧，年折旧额就低，当期的净收益随之增加。固定资产风险与收益之间有密切的联系，固定资产风险大，其收益就高；反之，固定资产风险小，其收益就低，并且固定资产折旧政策的改变，会自动调节固定资产的风险与收益对等关系。

（三）折旧政策的影响因素

折旧政策是企业的一项重要的财务政策，选择折旧政策主要考虑的影响因素有以下几项。

1. 固定资产的损耗

固定资产折旧反映了固定资产价值的损耗，包括有形损耗和无形损耗，它们从根本上决定了固定资产的折旧年限和折旧方法的选择。企业在制定其折旧政策时，对无形损耗快的固定资产，应采取加速折旧的方法，在较短的时间里进行折旧。在科学技术不断进步的今天，固定资产的损耗主要体现在无形损耗加快上，因此，加速折旧、缩短折旧年限以加快回收固定资产的价值已成为一种发展趋势。企业在选择折旧政策时，充分考虑科学技术进步是十分重要的。

2. 企业一定时期现金流量状况

折旧作为一种非付现成本会影响企业的现金流转，折旧越多，处于更新准备状态的现金越多，企业可用现金越多。因此，从理论上分析，当企业现金盈余时，可以选择使用年限折旧、折旧年限较长的折旧政策；当企业现金短缺时可以选择加速折旧、折旧年限较短的折旧政策。

3. 纳税考虑

虽然无论企业选择何种折旧政策，在固定资产的整个使用年限内，其折旧总额总是相等的，但是，如果企业选择折旧年限短、加速折旧的折旧政策，则可以延期纳税，从中获得资金时间价值带来的好处。

4. 企业市场价值的高低

一定时期企业市场价值的高低与企业的利润分配水平密切相关。当企业的盈利水平高，从而每股收益或股息较高时其他条件不变，该企业的股票市价必然上升，相应企业市场价值提高；反之亦然。从企业需要树立良好的市场形象特别是财务形象而言，一般要求企业市场价值相对稳定并逐步提高。但是，受市场波动的影响，企业盈利水平也可能发生波动，从而造成企业市场价值不稳定。为了熨平市场波动对企业盈利的影响，通过选择合适的折旧政策，调节企业的盈利水平，使其相对稳定，以增强投资者的投资信心不失为一种有效的方法。

在上述折旧政策的影响因素中，各种因素对折旧政策的影响方向是不完全相同的，甚至会出现完全相反的影响，这就要求企业将折旧政策与企业的财务目标和企业市场联系起来，对折旧政策做出合理的选择。

二、固定资产投资的决策分析

固定资产投资是企业投资的重要内容，它是指将资金投入固定资产建设。一般包括两种投资行为：一是新建项目投资；二是对原有固定资产的改建、扩建和更新改造。固定资产的投资关系到企业的经营规模和生产能力的维护和发展，正确进行固定资产投资有助于企业生产经营长远规划的实现；反之则会影响整个企业的财务状况和现金流转，给企业造成很大损失。因此，企业应切实做好固定资产投资的可行性研究与决策分析。

（一）固定资产更新决策

技术进步带来设备更新的加快，因此，固定资产更新决策便成为企业长期投资决策的一项重要内容。

【例 6.9】 某公司考虑用一台新的、效率更好的设备来代替旧设备，以减少成本，增加收益。旧设备原购置成本为 40 000 元，已使用 5 年，估计还可使用 5 年，已提折旧 20 000 元，假定使用期满后无残值，如果在现在销售可得价款 10 000 元，使用该设备每年可获收入 50 000 元，每年的现付成本为 30 000 元，该公司现准备用一台新设备来代替原有的旧设备，新设备的购置成本为 60 000 元，估计可使用 5 年，期满有残值 10 000 元，使用新设备后，每年收入可达 80 000 元，每年现付成本为 40 000 元，假定该公司的资金成本为 10%，所得税税率为 40%，试做出该公司是继续使用旧设备，还是对其进行更新的决策。

在本例中，一个方案是继续使用旧设备，另一个方案是出售旧设备而购置新设备。为此，可采用差量分析法来计算一个方案比另一个方案增减的现金流量，所有增减额均用希腊字母“Δ”表示。

第一步：计算初始投资与折旧的现金流量。

Δ初始投资＝60 000－10 000＝50 000（元）

Δ年折旧额＝10 000－4000＝6000（元）

第二步：利用表 6.11 来计算各自的营业现金流量的差量。

表 6.11 计算各自的营业现金流量的差量

单位：元

项　　目	1～5 年
Δ销售收入①	30 000
Δ付现成本②	10 000
Δ折旧额③	6000
Δ税前利润④=①－②－③	14 000
Δ所得税⑤=④×40%	5600
Δ税后净利⑥=④－⑤	8400
Δ营业净现金流量⑦=⑥+③=①－②－⑤	14 400

第三步：利用表 6.12 来计算两个方案的现金流量的差量。

表 6.12 计算两个方案的现金流量的差量

单位：元

项　目	0 年	1 年	2 年	3 年	4 年	5 年
Δ初始投资	－50 000					
Δ营业净现金流量		14 400	14 400	14 400	14 400	14 400
Δ终结现金流量						10 000
Δ现金流量	－50 000	14 400	14 400	14 400	14 400	24 400

第四步：计算净现值的差量。

$$\begin{aligned}\mathrm{NPV} &= -50\,000 + 14\,400(P/A,\ 10\%,\ 4) + 24\,400(P/F,\ 10\%,\ 5)\\ &= -50\,000 + 14\,400\times 3.1699 + 24\,400\times 0.6209\\ &= 10\,797(\text{元})\end{aligned}$$

投资项目更新后，有净现值 10 797 元，故应进行更新。当然，也可通过分别计算两个项目的净现值来进行对比，其结果是一样的。

（二）资本限量决策

资本限量是由于没有足够的资金，公司不能投资于所有可接受的项目，也就是说，有更多的获利项目可供投资，但无法筹集到足够的资金。这种情况在许多公司都存在，特别是那些以内部融资受到限制的企业。为了使企业获得最大的利益，应投资于一组使净现值最大的项目，这样的一组项目必须用适当的方法进行选择，有两种方法可供采用，即现值指数法和净现值法。

1. 资本限量情况下使用净现值法的决策步骤

1）计算所有项目的净现值，列出项目初始投资。

2）接受 NPV≥0 的投资项目，如果所有可接受的项目都有足够的资金，则说明资金没有限量，这一过程即可完成。

3）如果资金不能满足所有的 NPV≥0 的投资项目，那么就要对第二步进行修正。这一修正的过程是，对所有的项目都在资本限量内进行各种可能组合，然后计算出各种组合的净现值总额。

4）接受净现值的合计数最大组合。

2. 资本限量情况下使用现值指数法的决策步骤

1）计算所有项目的获利指数，不能略掉任何项目，并要列出每一个项目的初始投资。

2）接受 PI≥1 的项目，如果所有可接受的项目都有足够的资金，则说明资金没有限量，这一过程即可完成。

3）如果资金不能满足所有 PI≥1 的项目，那么就要对第二步进行修正。这一修正的过程是，对所有项目在资金限量内进行各种可能的组合，然后计算出各种组合的加权平均获利指数。

4）接受加权平均现值指数的最大的一组项目。

【例 6.10】　假设派克公司有 5 个可供选择的项目 A1、B1、B2、C1、C2，其中 B1 和 B2，C1 和 C2 是互斥选择项目，派克公司资本的最大限量是 400 000 元，详细情况如表 6.13 所示。

表 6.13　5 个项目的情况

投资项目	初始投资/元	现值指数	净现值/元
A1	120 000	1.56	67 000
B1	150 000	1.53	79 500
B2	300 000	1.37	111 000
C1	125 000	1.17	21 000
C2	100 000	1.18	18 000

如果派克公司想选取获利指数最大的项目，那么它将选用 A1 项目（现值指数为 1.56）、B1 项目（现值指数为 1.53）和 C2（现值指数为 1.18）项目。如果派克公司按每一项目的净现值的大小来选取，那么它将首先选用 B2 项目，另外，可选择的只有 C2 项目。然而，以上两种选择方法都是错误的，因为它们选取的都不是使企业净现值最大的项目组合。

以上 5 个项目的所有投资组合共有 31 种，其中满足 B1 和 B2、C1 和 C2 为互斥项目且投资限额为400 000元条件的有13种，将这13种组合列于表6.14中，并分别计算它们的加权平均现值指数和净现值合计数。

表6.14　派克公司的13种投资组合

项目组合	初始投资/元	加权平均现值指数	净现值合计/元	优先级排序
A1B1C1	395 000	1.42	167 500	1
A1B1C2	370 000	1.41	164 500	2
A1B1	270 000	1.37	146 500	3
B2C2	400 000	1.32	129 000	4
B2	300 000	1.28	111 000	5
B1C1	275 000	1.25	100 500	6
B1C2	250 000	1.24	97 500	7
A1C1	245 000	1.22	88 000	8
A1C2	220 000	1.21	85 000	9
B1	150 000	1.20	79 500	10
A1	120 000	1.17	67 000	11
C1	125 000	1.05	21 000	12
C2	100 000	1.05	18 000	13

在表6.14中A1B1C1的项目结合中，有5000元资金没有用完，假设这5000元投资于有价证券，其现值指数为1（以下其他组合也如此），加权平均现值指数的计算方法为

$$\begin{aligned}加权平均现值指数 &= \frac{120\,000}{400\,000}\times1.56+\frac{150\,000}{400\,000}\times1.53+\frac{125\,000}{400\,000}\times1.17+\frac{5000}{400\,000}\times1.00\\ &=1.420\end{aligned}$$

从表6.14中可以看出，派克公司应选用A1、B1和C1三个项目组成的投资组合，其初始投资为395 000元，现值指数为1.420，净现值为167 500元。

第四节　对外投资管理

一、对外投资的决策程序

为了保证对外投资决策的正确无误，必须遵循科学的投资程序。

（一）分析企业生产经营情况，明确投资目的

对外投资的目的多种多样。投资目的不同，寻找投资对象和判断投资效果的具体标准也不同。因此企业对外投资时，首先应分析自身的经营现状，明确投资目的。

（二）认真进行可行性分析，科学选择投资对象

认真进行可行性分析，科学选择投资对象就是要分析投资项目经济上的合理有效性和技术上的先进可行性，确定项目的发展前景和盈利能力，同时要通盘考虑各种投资项目在投资期限上的组合情况及在投资风险上的抵消能力，以实现资源配置的整体优化。

（三）根据被投资企业的特点，正确选择出资方式

被投资企业各有各的特点，如有的技术力量较强，但缺乏足够的资金和先进的设备；而有的资金较充裕，却缺乏市场知名度。企业对外投资，既可采取货币形式，也可采取实物或无形资产形式。选择出资方式的基本原则是，既要符合被投资企业的需要，又不能影响本企业正常的生产经营。

（四）根据国家有关规定，合理确定投资资产的价值

确定投资资产的价值是明确产权关系的需要。以货币资产对外投资的，按实际支付的金额计价；以实物资产、无形资产对外投资的，按评估确认价或合同、协议约定价计价。

（五）加强对被投资企业的监控，不断提高投资效益

对于对外直接投资，企业应积极参与被投资企业的重大生产经营决策，帮助提高生产经营能力和企业管理水平。而对于间接投资，则需成立专门的机构，或邀请证券投资专家，进行专业化的研究与管理。

（六）认真评价投资业绩，及时反馈各种信息

企业应综合考虑盈利能力、风险状况、变现能力和发展前景等因素，评价投资业绩。通过评价分析，找出利弊得失，及时反馈各种信息，适时修订投资计划，从而更好地实现对外投资目标。

二、证券投资管理

（一）证券的种类

证券的种类很多，按不同的标准可以进行不同的分类。

1．按证券的发行主体分类

按证券的发行主体分类，证券可分为政府证券、金融证券和公司证券。政府证券是中央政府或地方政府为筹集资金而发行的证券，包括公债、国库券等。金融证券是指银行或其他金融机构为筹措中长期贷款资金而发行的证券。公司证券又称企业证券，是指工商企业为筹集资金而发行的证券。

2. 按证券的期限长短分类

按证券的期限长短分类，证券可分为短期证券和长期证券。短期证券是指期限短于一年的证券，如短期融资券、银行承兑汇票等。长期证券是指期限长于一年的证券，如国库券、公司债券等。

3. 按证券的收益状况分类

按证券的收益状况分类，证券可分为固定收益证券和变动收益证券。固定收益证券是指在证券的票面上规定固定收益率的证券，如债券和优先股股票。变动收益证券是指证券的票面不标固定的收益率，其收益情况随企业经营状况变动而变动的证券，如普通股票。一般来说，固定收益证券风险较小，但收益不高，而变动收益证券风险较大，但收益较高。

4. 按证券体现的权益关系分类

按证券体现的权益关系分类，证券可分为所有权证券和债权证券。所有权证券又称权益证券，是体现证券持有人和证券发行单位所有权关系的证券，这种证券的持有人一般对发行单位都有一定的管理和控制权，最典型的是股票。债权证券是体现证券持有人和发行单位债权债务关系的证券。这种证券的持有人一般无权对发行单位进行管理和控制。所有权证券的风险大于债权证券的风险。

（二）证券投资的风险与收益

企业进行证券投资，必然要承担一定的风险。承担风险的目的是取得更高的收益。企业在进行证券投资时，必须对证券投资的风险与收益进行分析。

1. 证券投资风险

证券投资风险是指投资者在证券投资过程中遭受损失或达不到预期收益的可能性。证券投资风险的主要表现如表 6.15 所示。

表 6.15　证券投资风险

种类	含　义
价格风险	是由于市场利率上升，而使证券资产价格普遍下跌的可能性
再投资风险	是由于市场利率下降，而造成的无法通过再投资而实现预期收益的可能性
购买力风险	是由于通货膨胀而使货币购买力下降的可能性
违约风险	指证券资产发行者无法按时兑付证券资产利息和偿还本金的可能性
变现风险	是证券资产持有者无法在市场上以正常的价格平仓出货的可能性
破产风险	是在证券资产发行者破产清算时投资者无法收回应得权益的可能性

2. 证券投资收益

企业进行证券投资是为了获得尽可能多的收益。证券投资的收益可用绝对数和相对数两种方式表示，实际工作中通常用相对数即收益率表示。证券投资收益率的计算公式为

$$R=\frac{S_1-S_0+P}{S_0}\times 100\%$$

式中，S_0—— 证券购买价格；

S_1—— 证券出售价格；

P—— 证券投资所取得的股利或利息；

R—— 证券投资收益率。

这是进行证券投资的基本公式，各种证券的报酬都可根据这一基本公式计算，具体可因证券种类和期限长短不同、资金时间价值考虑与否等而有所不同。

（三）债券投资的管理

债券是由公司、金融机构或政府发行的，表明发行人（即债务人）对其承担还本付息义务的一种有价证券。债券投资是一种常见的投资方式。企业应根据自身的情况选择合适的债券进行投资。

1. 债券投资的特点

1）本金安全性高。与股票相比，债券投资风险较小。政府发行的债券有国家财力作后盾，其本金的安全性非常高，通常视为无风险证券。企业债券的持有者拥有优先偿还权，即当企业破产时，优先于股东分得企业资产，因此，其本金损失的可能性较小。

2）收入稳定性强。债券票面一般都标有固定利息率，债券的发行人有按时支付利息的法定义务。因此，在正常情况下，投资于债券都能获得比较稳定的收入。

3）市场流动性好。许多债券特别是政府及大企业发行的债券都可在金融市场上迅速出售，流动性好。

4）购买力风险较大。债券的面值和利息率在发行时就已确定，如果投资期间的通货膨胀率比较高，则本金和利息的购买力将不同程度地受到侵蚀，在通货膨胀率非常高时，投资者虽然名义上有收益，但实际上却发生损失。

5）没有经营管理权。投资于债券只是获得收益的一种手段，而无权对债券发行单位施加影响和控制。

2. 债券的估价

进行债券投资时，首先要弄清的问题是，所选择债券的市价为多少？是否值得投资？这需要对债券价值进行估价，即对债券的内在价值进行评估。

债券的内在价值是指按投资者要求的期望收益率对未来获得的利息和收回的本金折现的现值。债券的预期价格是不断变化的，如果债券的预期价格小于或等于债券的内在价值，对债券进行投资就可行。一般来说，债券价格的高低主要取决于两方面的因素：债券的预期货币收入和投资者的期望收益率。债券的预期货币收入即为债券的利息和到期按面值收回的本金，投资者的期望收益率即为同类风险债券的加权平均期望收益率。

（1）一般情况下的债券估价模型

一般情况下的债券估价模型是指每年按票面金额计算并支付利息，到期归还本金的债

券价格的估价公式。其计算公式为

$$P=\frac{F}{(1+K)^n}+\sum_{t=1}^{\infty}\frac{I}{(1+K)^t}$$

$$=\frac{F}{(1+K)^n}+\sum_{t=1}^{\infty}\frac{i\cdot F}{(1+K)^t}$$

$$=F\cdot(P/F,\ K,\ n)+I\cdot(P/A,\ K,\ n)$$

式中，P —— 债券价格；

i —— 债券票面利息率；

F —— 债券面值，

I —— 每年利息；

K —— 市场利率或投资者的期望收益率；

n —— 付息期数。

【例 6.11】 某债券面值为 1000 元，票面利率为 10%，期限为 5 年，按年计息，到期还本。某企业想投资于这种债券，投资者的期望收益率为 12%。问债券价格为多少时才能进行投资？

根据上述公式得：

$$P=1000\times(P/F,\ 12\%,\ 5)+1000\times10\%\times(P/A,\ 12\%,\ 5)$$

$$=1000\times0.567+100\times3.605=927.5\text{（元）}$$

即这种债券的价格低于 927.5 元时，该投资者才能购买。

（2）一次还本付息且不计复利的债券估价模型

我国很多债券属于一次还本付息且不计复利的债券，其估价计算公式为

$$P=\frac{F+F\cdot i\cdot n}{(1+K)^n}=(F+F\cdot i\cdot n)\cdot(P/F,\ K,\ n)$$

【例 6.12】 某企业拟购买一利随本清的企业债券，债券面值为 1000 元，期限为 5 年，票面利率为 10%，不计复利，投资者的期望收益率为 8%。该债券发行价格为多少时，企业才能购买？

由上述公式可知：

$$P=\frac{1000+1000\times10\%\times5}{(1+8\%)^5}=1020\text{（元）}$$

即债券价格低于 1020 元时，企业才能购买。

（3）折现发行债券的估价模型

有些债券以折现方式发行，没有票面利率，到期按面值偿还。这些债券的估价模型为

$$P=\frac{F}{(1+K)^n}=F\cdot(P/F,\ K,\ n)$$

公式中的符号含义同前式。

【例 6.13】 某债券面值为 1000 元，期限为 5 年，以折现方式发行，期内不计利息，到期按面值偿还，投资者的期望收益率为 8%。其价格为多少时，企业才能购买？

由上述公式得：

$$P=1000\times(P/F,\ 8\%,\ 5)=1000\times 0.681=681\text{（元）}$$

该债券的价格低于 681 元时，企业才能购买。

3. 债券投资收益率

企业进行债券投资的主要目的是获得投资收益。债券投资收益包括按期收取的债券利息收入和债券出售价格与购入价格的价差。收益率的高低是影响债券投资的主要因素。在只有一种债券可供选择时，如果债券收益率高于债券投资人要求的报酬率，则可以购买该债券；若有多种债券可以选择，则应投资于收益率最高的一种债券。

（1）短期债券投资收益率

短期债券投资由于期限短，因此一般不用考虑投资时间价值因素。短期债券收益率的计算相对比较简单，可用基本计算公式进行计算：

$$R=\frac{S_1-S_0+P}{S_0}\times 100\%$$

【例 6.14】 某企业于 2012 年 10 月 8 日投资 900 元购进一张面值为 1000 元，票面利率为 5.5%，每年付息一次的债券，并于 2013 年 10 月 8 日以 980 元的市价出售，则该债券的投资收益率为

$$R=\frac{(980-900)+1000\times 5.5\%}{900}\times 100\%=15\%$$

（2）长期债券投资收益率

长期债券因期限较长，所以要考虑投资时间价值因素，并按复利计息，此时债券投资收益率是指能使未来现金流入现值等于债券买入价的贴现率。未来现金流入包括每期获得的利息、债券到期时收回的本金或在中途出售而收回的资金。长期债券投资收益率可按下列公式计算：

$$V=\frac{I}{(1+i)^1}+\frac{I}{(1+i)^2}+\cdots+\frac{I}{(1+i)^n}+\frac{F}{(1+i)^n}$$
$$=I\cdot(P/A,\ \mathrm{i},\ n)+F\cdot(P/F,\ i,\ n)$$

式中，V——债券的购买价格；

I——每年获得的固定利息；

F——债券到期收回的本金或中途出售收回的资金；

i——债券投资的收益率；

n——投资期限。

【例 6.15】 红峰公司 2009 年 2 月 1 日用平价购买一张面额为 1000 元的债券，其票面利率为 8%，每年 2 月 1 日计算并支付一次利息，并于 5 年后的 1 月 31 日到期。该公司持有该债券至到期日。计算债券到期收益率。

$$1000=1000\times 8\%\times(P/A,\ i,\ 5)+1000\times(P/F,\ i,\ 5)$$

解该方程要用“试误法”。

设 $i=8\%$，则

$$80\times(P/A,\ 8\%,\ 5)+1000\times(P/F,\ 8\%,\ 5)$$
$$=80\times 3.993+1000\times 0.681$$

$$=319.44+681$$
$$=1000.44\ （元）$$

可见，平价发行的每年付息一次的债券，其到期收益率基本等于票面利率，也就不必计算了。

如果债券的价格高于面值，则情况将发生变化。例如，买价是 1105 元，则：

$$1105=80\times(P/A，i，5)+1000\times(P/F，i，5)$$

通过前面试算已知，$i=8\%$时等式左方为 1000，小于 1105，可判断收益率低于 8%，降低贴现率进一步试算。

设 $i=6\%$，则：

$$80\times(P/A，6\%，5)+1000\times(P/F，6\%，5)$$
$$=80\times4.212+1000\times0.747$$
$$=336.96+747$$
$$=1083.96(元)$$

由于贴现结果大于 1000，但仍小于 1105，还应进一步降低贴现率，再用 $i=4\%$试算：

$$80\times(P/A，4\%，5)+1000\times(P/F，4\%，5)$$
$$=80\times4.452+1000\times0.822$$
$$=356.16+822$$
$$=1178.16(元)$$

由于贴现结果高于 1105，故可以断定收益率高于 4%，且为 4%～6%。用插值法计算近似值：

$$V=4\%+\frac{1178.16-1105}{1178.16-1083.96}+(6\%-4\%)=5.55\%$$

从此例可以看出，如果买价和面值不等，则收益率和票面利率不同。

须指出的是，若债券不是定期付息，而是到期时一次还本付息或用其他方式付息，那么即使平价发行，到期收益率也可能与票面利率不同。

【例 6.16】 太平洋公司 2009 年 3 月 15 日平价购买一张面额为 1000 元的债券，票面利率为 8%，按单利计息，5 年后的 3 月 14 日到期，一次还本付息。该公司持有债券至到期日，计算其到期收益率。

$$1000=1000\times(1+5\times8\%)\times(P/F，i，5)$$
$$(P/F，i，5)=1000/1400=0.714$$

查复利现值系数表，5 年期的现值系数等于 0.714 时，i 为 7%。

债券到期收益率是企业进行债券投资决策的基本标准，它可以反映债券投资按复利计算的真实收益率。如果高于投资人要求的报酬率，则应买进该债券；否则就不应购买。

（四）股票投资的管理

1. 股票投资的特点

投资者在进行证券投资时，首先遇到的问题是选择债券投资还是选择股票投资。与债券投资相比，股票投资具有以下特点：①股票投资是权益性投资；②股票投资的风险大；③股票投资收益不稳定；④股票价格的波动性大。

2．股票的估价

股票估价就是对股票的投资价值进行评估，决定是否买入。

这里主要介绍基本模型——折现现金流量模型。

股票预期的未来现金流入包括两部分：①每期的预期股利；②出售股票时的变价收益。折现现金流量模型就是要计算出股票预期的未来现金流入量的现值。不同情况下，折现现金流量模型的运用是有所区别的。

1）短期持有、未来准备出售的股票估价模型。这种情况下的股票估价模型为

$$V=\sum_{t=1}^{n}\frac{d_t}{(1+K)^t}+\frac{V_n}{(1+K)^n}$$

式中，V——股票的价值；

V_n——未来出售时预计的股票价格；

K——投资人要求的必要投资收益率；

d_t——第 t 期的预期股利；

n——预计持有股票的期数。

2）长期持有、股利稳定不变的股票估价模型。这种情况是在上述模型的基础上计算的，当$n\to\infty$时，上式中的$\frac{V_n}{(1+K)^n}\to 0$，而$\sum_{t=1}^{n}\frac{d_t}{(1+K)^t}$则可近似地看作永续年金。此时，股票估价模型可简化为

$$V=\frac{d}{K}$$

式中，d——每年固定股利。

3）长期持有、股利固定增长的股票估价模型。如果一个公司的股利不断增长，投资人的投资期限又非常长，则股票的估价就更困难了，只能计算近似数。设上年股利为 d_0，每年股利比上年增长率为 g，则

$$V=\sum_{t=1}^{\infty}\frac{d_0\times(1+g)^t}{(1+K)^t}$$

代入等比数列前 n 项和公式，当$n\to\infty$时，普通股的价值为

$$V=\frac{d_0\times(1+g)}{(K-g)}=\frac{d_1}{(K-g)}$$

式中，d_1——第 1 年的股利。

【例 6.17】 M 公司拟投资购买 N 公司的股票，该股票上年每股股利为 3.2 元，以后每年以 4%的增长率增长。M 公司要求获得 15%的报酬率，问该股票的价格为多少时，M 公司才能购买？

$$V=\frac{3.2\times(1+4\%)}{15\%-4\%}\approx 30.25(\text{元})$$

由计算可知，只有当证券市场上N公司的股票在30.25元以下时，M公司才能投资购买，否则就无法获得15%的报酬率。

3. 股票投资收益率

企业进行股票投资的具体目的虽然不同，但主要是获得投资收益，股票投资收益包括平时的红利收入和转让时的买卖价差。投资收益率是进行股票投资决策的重要指标。

（1）短期股票投资收益率

短期股票投资期限短，可以不考虑资金时间价值，因此其收益率同样可用基本公式计算：

$$K=\frac{S_1-S_0+P}{S_0}\times 100\%$$

【例6.18】 2012年2月9日，甲公司购买乙公司每股市价为30元的股票，2003年1月，甲公司持有的上述股票每股获现金股利2.5元，2013年2月9日，甲公司将该股票以每股35元的价格出售。则投资收益率为

$$K=\frac{35-30+2.5}{30}\times 100\%=25\%$$

（2）长期股票投资收益率

长期股票投资时间较长，故应考虑资金时间价值。企业进行长期股票投资，每年获得的股利是变动的，当企业出售股票时，也可收回一定资金。股票投资收益率可按下式计算：

$$V=\sum_{j=1}^{n}\frac{D_j}{(1+i)^j}+\frac{F}{(1+i)^n}$$

式中，V——股票的购买价格；

F——股票的出售价格；

D_j——股票投资报酬（各年获得的股利）；

n——投资期限；

i——股票投资收益率。

【例6.19】 时代公司在2010年4月1日投资510万元购买某种股票100万股，在2011年、2012年和2013年的3月31日每股各分得现金股利0.5元、0.6元和0.8元，并于2013年3月31日以每股6元的价格将股票全部出售，试计算该项投资的投资收益率。

现采用逐次测试逼近法和内插法来进行计算，逐次测试的结果如表6.16所示。

表6.16　逐次测试的结果

时间	股利及出售股票的现金流量/万元	测试20%		测试18%		测试16%	
		系数	现值/万元	系数	现值/万元	系数	现值/万元
2011年	50	0.8333	41.67	0.8475	42.38	0.8621	43.11
2012年	60	0.6944	41.66	0.7182	43.09	0.7432	44.59
2013年	680	0.5787	393.52	0.6086	413.85	0.6407	435.68
合计	—	—	476.85	—	499.32	—	523.38

在表 6.16 中，先按 20%的收益率进行测算，得到现值为 476.85 万元，比原来的投资额 510 万元小，说明实际收益率低于 20%；于是把收益率调到 18%，进行第二次测算，得到的现值为 499.32 万元，还比 510 万元小，说明实际收益率比 18%还要低；于是再把收益率调到 16%进行第三次测算，得到的现值为 523.38 万元，比 510 万元大，说明实际收益率要比 16%高，即要求的收益率在 16%和 18%之间，采用内插法计算如下：

$$\text{该项投资的收益率}=16\%+\frac{523.38-510}{523.38-499.32}\times(18\%-16\%)=17.11\%$$

小　结

1．投资是指将财力投放到一定的对象，以期望在未来获取更大收益的行为。投资的目的与企业财务管理的总体目标一致，即企业价值最大化，具体体现为以较低投资风险与投资总额获得较多的投资收益。

2．本章以固定资产投资为重点，对各项长期投资决策指标进行了分析。长期投资决策指标有静态评价指标与动态评价指标，每种指标都有各自的特点，在决策过程中，应根据实际做出合理选择。

3．证券投资是指企业、个人或其他社会组织买卖有价证券的经济行为。只有有价证券的内在价值大于其市场价格才值得投资。本章主要讨论了证券估价的基本方法，并具体介绍了股票、债券投资的风险、收益的衡量方法。

4．关键概念：投资；长期投资；证券投资；对外投资；直接投资；现金流量；初始现金流量；营业现金流量；终结现金流量；净现金流量；净现值；净现值率；内部收益率；证券投资风险；证券投资收益；债券价值。

基础知识与技能训练

一、单项选择题

1．任何投资都离不开资本的成本及其获得的难易程度，资本成本实际上就是（　　）。

A．企业的债权成本　　B．企业的股权成本

C．无风险市场利率　　D．项目可接受最低收益率

2．属于动态评价指标的是（　　）。

A．净现值　　B．平均报酬率　　C．内含报酬率　　D．利润指数

3．按证券的收益状况，可分为（　　）。

A．所有权证券和债权证券　　B．政府证券和金融证券

C．固定收益证券和变动收益证券　　D．短期证券和长期证券

4．当贴现率与内含报酬率相等时，则净现值（　　）。

A．大于 0　　B．等于 0　　C．小于 0　　D．不确定

5. 投资方案贴现率为16%时，净现值为6.12，贴现率为18%时，净现值为-3.17，则该方案的内含报酬率为（ ）。

A. 17.32%　　B. 14.68%　　C. 18.32%　　D. 16.68%

6. 下列说法正确的是（ ）。

A. 债券的违约风险比股票小　　B. 债券的违约风险比股票大

C. 债券的违约风险与股票相同　　D. 债券没有违约风险

7. 当某方案的净现值大于0时，其内部收益率（ ）。

A. 可能小于0　　B. 一定等于0

C. 一定大于设定折现率　　D. 可能等于设定折现率

8. 投资者甘愿冒着风险进行投资，是因为（ ）。

A. 进行风险投资可使企业获得报酬

B. 进风险投资可使企业获得超过资金时间价值以上的报酬

C. 进行风险投资可使企业获得利润

D. 进行风险投资可使企业获得等同于资金时间价值的报酬

9. 在投资决策中，现金流量是指投资某项目所引起的企业（ ）。

A. 现金支出和现金流入量　　B. 货币资金支出和货币资金收入量

C. 现金支出和现金收入增加的数量　　D. 流动资金增加和减少量

10. 下列表述不正确的是（ ）。

A. 净现值是未来期报酬的总现值与初始投资额现值之差

B. 当净现值为0时，说明此时的贴现率等于内含报酬率

C. 当净现值大于0时，现值指数小于1

D. 当净现值大于0时，说明该方案可行

二、多项选择题

1. 企业投资的目的具体包括（ ）。

A. 取得投资收益　　B. 降低投资风险

C. 承担社会义务　　D. 降低投资成本

2. 确定一个投资方案可行的必要条件是（ ）。

A. 内含报酬率大于1　　B. 净现值大于0

C. 现值指数大于1　　D. 内含报酬率不低于贴现率

3. 下列指标中，考虑资金时间价值的是（ ）。

A. 内含报酬率法　　B. 投资回收期法

C. 净现值法　　D. 平均报酬率

4. 对于同一投资方案，下列论述正确的是（ ）。

A. 资本成本越高，净现值越高

B. 资本成本越低，净现值越高

C. 资本成本相当内含报酬率时，净现值为0

D. 资本成本高于内含报酬率时，净现值小于0

5．有两个投资方案，投资的时间和数额相同，甲方案从现在开始每年现金流入 400 元，连续 6 年；乙方案从现在开始每年现金流入 600 元，连续 4 年，假设它们的净现值相等且小于 0，则（　　）。

A．甲方案优于乙方案　　B．乙方案优于甲方案
C．甲、乙均不是可行方案　　D．甲、乙在经济上是等效的

三、判断题

1. 某贴现率可以使某投资方案的净现值等于零，则该贴现率可以称为该方案的内含报酬率。（　　）

2．净现值大于 0，则现值指数大于 1。（　　）

3．现值指数大于 1，说明投资方案的报酬率高于资金成本率。（　　）

4．某个方案，其内含报酬率大于资金成本率，则其净现值必大于 0。（　　）

5．净现值与现值指数之间存在一定的对应关系，当净现值大于 0 时，现值指数大于 0 但小于 1。（　　）

6．当票面利率大于市场利率时，债券发行时的价格大于债券的面值。（　　）

7．债券的价格会随着市场利率的变化而变化。当市场利率上升时，债券价格下降；当市场利率下降时，债券价格会上升。（　　）

8．股票投资的市场风险是无法避免的，不能用多角化投资来回避，而只能靠更高的报酬率来补偿。（　　）

9．市场风险源于公司之外，表现为整个股市平均报酬率的变动；公司特有风险源于公司本身的商业活动和财务活动，表现为个股报酬率变动脱离整个股市平均报酬率的变动。（　　）

10．零息债券的收益主要来源于债券发行后价值逐渐升高而带来的增值。（　　）

四、实训题

1. 大兴公司 2000 年年初对某设备投资 100 000 元，该项目 2002 年年初完工投产；2002、2003、2004、2005 年年末现金流入量(净利）各为 60 000 元、40 000 元、40 000 元、30 000 元；银行借款复利利率为 12%。

要求按复利计算：

（1）2002 年年初投资额的终值。

（2）各年现金流入量 2002 年年初的现值。

2．有 3 项互斥投资方案，各年的净现金流量如表 6.17 所示。

表 6.17　各年的净现金流量　　单位：元

方案	第 0 年	第 1 年年末	第 2 年年末
A	−5000		9000
B	−5000	4000	4000
C	−5000	7000	

要求：报酬率为10%时的投资净现值是多少？做出投资决策。

3．A 企业于 2005 年 1 月 5 日以每张 1020 元的价格购买 B 企业发行的利随本清的企业债券。该债券的面值为 1000 元，期限为 3 年，票面年利率为 10%，不计复利，购买时市场年利率为 8%。不考虑所得税。

要求：

（1）利用债券估价模型评价 A 企业购买此债券是否合算。

（2）如果 A 企业于 2006 年 1 月 5 日将该债券以 1130 元的市价出售，计算该债券的投资收益率。

五、案例分析

案例 1：项目投资决策

胜利公司是一个经济实力较强的生产加工企业，产品造销对路，并占据了主要销售市场，经济效益连年上涨。基于市场的需求，公司计划扩大经营规模，决定再上生产项目。经多方调研、汇总、筛选，公司只能投资于短期项目 A 和长期项目 B 中的一个项目。其投资额为 250 万元，资本成本为 10%，两个项目的期望未来现金流量如表 6.18 所示。

表 6.18　两个项目的期望未来现金流量　　单位：万元

年　份	0	1	2	3	4	5	6
项目 A	−250	100	100	75	75	50	25
项目 B	−250	50	50	75	100	100	125

思考与分析：

（1）根据胜利公司的案情资料，分别计算两个项目的内含报酬率，进行项目投资的初步决策。

（2）根据胜利公司的案情资料，分别计算两个项目的净现值，进行项目投资的初步决策。

（3）综合上述，进行项目投资的最终选择。

案例 2：债券投资决策

东力公司目前有一部分闲置资金，拟购买某公司债券作为长期投资（打算持有至到期日），要求的必要收益率为6%。现有3家公司同时发行5年期，面值均为1000元的债券。其中：甲公司债券的票面利率为8%，每年付息一次，到期还本，债券发行价格为1041元；乙公司债券的票面利率为8%，单利计息，到期一次还本付息，债券发行价格为1050元；丙公司债券的票面利率为0，债券发行价格为750元，到期按面值还本。

思考与分析：

3 种公司债券是否具有投资价值？为 A 公司做出购买何种债券的决策。

本章学习笔记

第七章　成本控制

知识点 ☞ 通过本章相关知识的学习，学生应了解和掌握以下知识点：成本和费用的概念；成本控制的方法；成本预测的内容、种类、方法及计划的构成、编制要求、步骤；成本控制的原则和目标，成本控制的内容，成本控制的工作程序；标准成本系统的构成，标准成本的制定，成本差异的计算和分析方法。

技能点 ☞ 能进行成本差异的计算和分析；会运用标准成本法进行成本控制；能进行成本费用的预测；会编制成本费用计划。

引导案例

某国有企业 2003 年营业收入在本省同行业中排名第二，但当年发生巨额亏损。经调查，主要是企业的成本、费用没有得到合理的控制。其相关的成本控制制度如下：①为鼓励销售人员打开销路，实行销售人员实报实销制度；②供应部为确保生产消耗的需要，在根据经验估计正常持有量的基础上增加一倍原材料库存量，由于该类存货市场价格持续下降，大量库存给企业造成较大负担；③生产工人实行计时工资制度，工人认为多干少干一个样，生产积极性不高。为强化成本费用管理，总经理决定试行下列措施：一是取消销售费用实报实销制度，实行“基本工资+奖金”制度，奖金由总经理根据员工情况以“红包”形式不公开发放；二是由车间主任根据生产消耗情况提出原材料请购申请，经总经理批准后交采购部门进行采购；三是改计时工资为计件工资。上述措施试行半年后，销售部员工埋怨销售情况时好时坏，产品质量下降，产成品库存很大。

该企业原有控制制度和试行的控制制度都存在各自的问题，而企业整体上的问题在于缺少对成本、费用进行有效的预算控制。企业应该根据经营目标和经营计划确定销售目标，对销售部门进行严格的目标管理和预算控制，明确责、权、利和奖惩措施，不管采用何种工资制度，均应建立人工成本控制制度，使人工成本和产品数量、质量挂钩，严格按照标准成本系统的要求控制成本项目，以实现企业的经营目标。

（资料来源：田钊平．2007．财务管理．北京：中国人民大学出版社．）

第一节　成本控制概述

一、成本控制的概念

成本是指企业为生产产品、提供劳务而发生的各种耗费。它是按照一定的受益对象归集的支出，形成产品成本和资本成本两类。成本控制是以降低成本为目的，以成本控制标准为目标，在成本形成过程中，对影响成本的各个因素加强管理，通过对实际成本与成本控制标准的差异对比分析，及时采取措施纠正偏差，使实际成本控制在标准成本范围内的管理活动。

成本控制有广义和狭义之分。广义的成本控制包括前馈（事前）控制，过程（事中）控制和后馈（事后）控制 3 个部分。成本的前馈控制一般是指目标成本的制定。在制定目标成本的过程中，排除各种缺陷，选择最优方案，其本身就是一个控制行为。目标成本的确定，树立了一个衡量成本高低的尺度，成为成本控制的依据。成本的过程控制是指对成本的形成和偏离成本预算的差异及其原因进行日常的披露，对采取措施加以改进，保证成本预算的实现。成本的后馈控制是指在产品成本形成之后，对日常发生的差异及其原因进行分析研究，找出成本升降的规律性，进一步挖掘降低成本的潜力。

狭义成本控制只是对成本的过程控制，不包括前馈控制和后馈控制。

二、成本控制的意义

成本控制是现代成本管理的核心环节，它始终以不断降低成本为目标。在企业经营管理中发挥着积极作用。成本是一项综合性很强的经济指标，要保证成本目标的实现，需要依靠全体职工共同努力。在成本控制过程中不能消极地加以限制和约束，重要的是要实事求是地进行引导监督，使各责任单位对实现整个企业的全面预算和本身的责任预算具有强烈的责任感，确立经营目标一致性，并充分调动一切积极因素，不断降低成本，提高经济效益。只有这样才能真正发挥成本控制的积极作用。

三、成本控制的原则

（一）节约性原则

节约性原则就是在成本控制中不断运用现代科学技术成果和现代管理方法来提高劳动生产率，精打细算，消除浪费。

（二）全面性原则

成本控制的范围应贯穿成本形成的全过程，绝不能只局限于生产过程中制造成本的控制。也就是说，成本控制必须扩大到产品寿命周期成本的全部内容。成本控制绝不能片面地为了降低成本而忽视产品品种和质量，应兼顾产品的不断创新，增加品种花色，保证产品质量，最大限度地满足消费者的物质生活和文化生活的需要。

（三）责权利相结合原则

成本控制必须严格按照经济责任制的要求，贯彻责权利相结合的原则，才能使成本控制真正发挥效益。应该说成本控制是每个部门和全体职工应尽的职责，同时也是一种权利，因为没有权利就谈不上成本控制。

（四）目标管理原则

现代企业经营管理都非常重视目标管理。目标管理是企业管理当局把既定的目标和任务具体化，把企业各方面的工作合理组织起来，通过企业目标体系形成相互协作有组织的群体活动。成本控制是目标管理的一项重要内容，必须以目标成本为依据，对企业的各项成本开支进行严格的限制、监督和指导，力求做到以最少的成本开支，获得最佳的经济效益。作为目标成本，必须是经过企业全体职工努力才能实现的，应该建立在先进定额基础上。同时目标成本是一个综合的奋斗指标，应该把目标成本进行层层分解，并由各成本中心进行日常的成本控制，从而在企业内部形成一套完整的目标成本控制系统。

（五）例外管理原则

成本控制要对企业生产经营过程的全过程进行控制，但又要有重点地进行。成本管理人员要把注意力集中在那些不正常、不符合常规的关键性差异上，追本溯源、查明原因，并及时反馈给有关部门。

四、成本控制步骤及系统

（一）成本控制步骤

成本控制分前提、施行和反馈 3 个基本步骤，如图 7.1 所示。

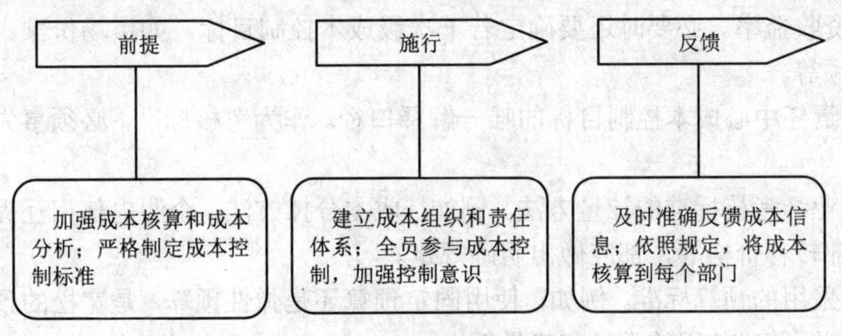

图 7.1　成本控制步骤

（二）成本控制系统

一个企业的成本控制系统包括组织系统、信息系统、考核制度和奖励机制等内容。

1. 组织系统

企业是由若干个部门（分厂）、车间、科室等组织构成的，成本控制系统必须与企业组织结构相适应。换言之，成本控制活动，如记录实际数据、提出控制报告、成本预算的分析和考核，都是由各个成本控制单位实现的。企业可以将其组织机构的一个分部、车间、科室等作为成本控制单位，并按其所负责任和控制范围不同，分为成本中心、利润中心和投资中心。成本中心是以达到最低成本为经营目标的一个组织单位；利润中心是以获得最大净利为经营目标的一个组织单位；投资中心是以获得最大的投资收益率为经营目标的一个组织单位。按企业的组织结构合理划分责任中心，是进行成本控制的必要前提。

2. 信息系统

信息系统又称责任会计系统，其功能是计量、传递和报告成本控制所需要的信息。它主要包括编制责任预算、核算预算的执行情况、分析评价和报告业绩 3 个部分。

通常企业分别编制销售、生产、成本、现金和利润等预算，并主要按生产经营的领域来落实。为了进行控制，必须分别考查各个执行人的业绩，这就要求对企业的总体预算按责任中心来分解落实，形成责任预算，以便各责任中心的管理人员明确自己应负的责任和应控制的事项。

在实际业务开始之前，责任预算和其他控制标准要下达给有关人员，以便他们控制自己的活动。对实际发生的现金流量、成本，以及取得的收入和利润等，要按责任中心来汇总和分类。相应地，在预算期末要编制业绩报告，比较预算和实际的差异，分析差异的产生原因和责任的归属。此外，要实行例外报告制度，对预算中没有规定的事项和超过预算限额的事项，要及时向适当级别的管理层报告，以便及时做出决策。

3. 考核制度

考核制度是成本控制系统发挥作用的重要保障。其主要内容有以下几项。

1）规定责任中心的成本控制目标。因责任中心的类别不同，可能是销售额、可控成本、净利润和投资收益率。必要时还要确定若干次级成本控制目标，如市场份额、次品率、占用资金的限额等。

2）规定责任中心成本控制目标的唯一解释口径。作为考核标准，必须事先规定正式的解释。

3）规定业绩考核标准的计量方法。例如，成本分摊方法、企业内部相互提供产品和劳务使用的内部转移价格等，都应做出明确规定。

4）规定采用的预算标准。例如，使用固定预算还是弹性预算，是宽松的预算还是严格的预算，编制预算时使用的常量和变量等。

5）规定业绩报告的内容、时间和详细程度。

4. 奖励机制

奖励机制是调动职工努力工作、以求实现企业特定目标的有力手段，它成为维持控制系统长期有效运行的重要因素。规定明确的奖励办法，让职工明确业绩与奖励之间的关系，恰当的奖励制度可以引导职工去约束自己的行为，尽可能争取好的业绩。

需要注意的是，成本控制不等于成本降低，企业不能一味地追求压低成本，而牺牲了产品质量，或者影响正常的经营活动。

第二节　标准成本管理

一、标准成本的概念和种类

（一）标准成本的概念

标准成本是指在一定的生产技术组织条件下，进行有效的经营管理活动应该实现的成本，它是作为控制成本开支，考核评价实际成本，衡量工作效率和尺度的一种目标成本。作为标准它是一种规范，但不能将标准仅仅理解为实物量度。虽然通过实物量度检查可以对经济活动进行某些控制和考核，但是如果能将预计成本和实际成本比较，更能说明问题，所以从实物量的衡量到价值量的衡量是十分必要的。这样为了表示标准成本，必须同时具有数量标准和价格标准两个因素。

（二）标准成本的种类

企业标准成本一般有理想标准成本、基本标准成本和正常标准成本 3 种。

1. 理想标准成本

理想标准成本是指根据最佳生产水平，最优的经营状态所能达到的标准来制定的成本。它是现有条件下最理想的成本水平。管理上一般用这种标准来鼓励职工的积极性。但是，这种标准成本往往难于实现，所以实际工作中很少采用。

2. 基本标准成本

基本标准成本是指根据较长期使用不变更的标准所制定的标准成本。这种标准成本一经制定，以后若干年内不再变动。基本标准成本可以使各个阶段的成本在同一基础上进行比较，但不能反映出目前应该达到的标准，不能发挥其在成本管理中的作用，所以在实际工作中也很少采用。

3. 正常标准成本

正常标准成本是根据在现有的生产技术水平、正常的经营状况下预期能达到的标准来制定的标准成本。它允许有正常的材料损耗、工人一定的间歇时间、机器故障等因素，但要求经过努力达到尽可能高的效率。正常标准成本是经过努力可以达到的，在成本管理中能够调动人们降低产品成本的积极性。因此，在实际工作中常采用这种标准成本。

二、标准成本的制定

产品的标准成本是由产品直接材料、直接人工和制造费用组成的。这三部分均以数量标准乘以价格标准而求得。其中价格标准由会计部门会同有关责任部门研究决定，数量标准主要由工程技术部门研究确定。

（一）直接材料标准成本的制定

直接材料的标准成本是由直接材料的价格标准乘以数量标准构成的。因此，在制定直接材料的标准成本时，首先应确定构成产品直接材料项目，然后按材料项目逐一确认它们在单位产品中的比例，运用数量标准和价格标准准确确定每项直接材料的标准成本，最后汇总计算某一产品的直接材料标准成本。

直接材料数量标准是指在现有生产技术条件下生产单位产品需要的材料数量。制定数量标准时应按产品所需耗用的各种直接材料分别计算。

直接材料的价格标准是指采购部门按照供应单位价格目标预先确定的各种材料的单价，包括买价、运输费、装卸费等。

产品直接材料标准成本的计算公式为

$$\text{某种产品直接材料标准成本}=\sum\text{某种材料价格标准}\times\text{某种材料数量标准}$$

（二）直接人工标准成本的制定

直接人工标准成本是指在一定生产技术组织条件下，进行合理的管理和操作，为制造某种产品而直接耗用的人工费用。它是由单位产品耗用的标准工时乘以小时工资分配率组成的。因此，要制定直接人工标准成本，必须先确定单位产品的标准工时和每小时的工资费用分配率。

直接人工数量标准是指在现有正常生产技术条件下，生产单位产品所需的标准工作时间，包括对产品直接加工所用工时、必要的间歇和停工时间，以及在不可避免的废品损失上所用的工时。标准工时应先按零部件经过的车间、工序分别计算，然后再按产品加以汇总。

直接人工价格标准即工资率标准。采用计件工资制时，工资率标准就是单位产品应支付的直接人工工资。在计时工资形式下，就是每一工作时间标准应分配的工资。计时工资率的计算公式为

$$\text{计时工资率}=\frac{\text{预计支付的直接人工工资总额}}{\text{标准总工时}}$$

产品直接人工标准成本的计算公式为

$$\text{某种产品直接人工标准成本}=\sum\text{某种人工标准工时}\times\text{工资率标准}$$

（三）制造费用标准成本的制定

制造费用标准成本是在现有的生产技术组织条件下，通过有效的管理在生产某种产品过程中所耗用的，除直接材料、直接人工以外的一切费用。由于制造费用包括变动制造费

用和固定制造费用两部分，因此制造费用标准成本也需区分为两部分，分别进行制定。

制造费用用量标准是指在现有条件下生产某单位产品所需用的时间。

制造费用分配率标准是指每标准工时应负担的固定制造费用和变动制造费用。制造费用标准分配率的计算公式为

$$固定性制造费用标准分配率=\frac{固定性制造费用预算总额}{标准总工时}$$

$$变动性制造费用标准分配率=\frac{变动性制造费用预算总额}{标准总工时}$$

某种产品制造费用标准成本是由某单位产品所需用各项作业的标准工作时间和标准分配率计算求得的。计算公式为

固定性制造费用标准成本＝固定性制造费用标准分配率×标准工时

变动性制造费用标准成本＝变动性制造费用标准分配率×标准工时

（四）单位产品标准成本的制定

当某种产品的直接材料标准成本、直接人工标准成本和制造费用标准成本确定后，即可通过汇总计算确定其单位产品标准成本。

单位产品标准成本计算公式为

单位产品标准成本＝直接材料标准成本＋直接人工标准成本＋变动制造费用标准成本＋固定制造费用标准成本

【例 7.1】 通达公司计划期预计产量为 2000 台，生产需要 A、B 两种材料，经过金工车间和装配车间，直接人工预算分别为 16 000 元和 24 000 元，变动制造费用预算分别为 42 000 元和 56 000 元。

单位产品标准成本一般汇总为标准成本单，如表 7.1 所示。

表 7.1　标准成本单

产品：甲产品　　2013 年 1 月 1 日制定

项　目	标准数量	标准价格	标准/元
直接材料			
A 材料	4 千克	，	34
B 材料	2.5 千克		15
合计	—	—	49
直接人工			
金工车间	2.5 小时	4.4 元/时	11
装配车间	4 小时	4.75 元/时	19
合计	—	—	30
制造费用			
金工车间			
固定制造费用	2.5 小时	3.2 元/时	8
变动制造费用	2.5 小时	8.4 元/时	21

续表

项　　目	标准数量	标准价格	标准/元
合计	—	—	29
装配车间			
固定制造费用	4 小时	3	12
变动制造费用	4 小时	7	28
合计	—	—	40
制造费用合计	—	—	69
单位标准成本总计	—	—	148

三、标准成本控制的内容和程序

标准成本控制就是指企业内部对成本负有经管责任的各级单位，在成本形成过程中，根据事前制定的成本目标，按照一定原则，对企业各个责任单位日常发生的各项成本和费用的实际数，进行严格的计量和监督，以保证原定目标得以实现的管理活动。但是在日常经济活动中，由于种种原因，实际数和标准数往往会发生偏差，这种偏差在标准成本制度中称为成本差异。

标准成本控制的主要内容和程序可以概括为以下 5 个方面。

1）事前制定产品的标准成本，并为每个对成本负有经管责任的单位编制责任预算，作为日常成本控制的依据。

2）日常由各个对成本负有经管责任的单位按照成本控制原则，对成本实际发生的情况进行计量、限制、指导和监督。

3）各成本责任单位根据实际需要定期编制实绩报告，将各自责任成本的实际发生数与预算数进行对比，并计算出成本差异。

4）各个成本责任单位结合具体情况，针对实绩报告中产生的成本差异，进行原因分析，并提出相应的改进措施，来指导、限制、调节当前的生产经营活动，并据以修订原来的标准成本责任预算。

5）企业管理当局根据各责任单位实绩报告计算出来的成本差异，实事求是地对他们的业绩进行考核与评价，以保证责权利相结合的经济责任制的贯彻执行。

四、成本差异的计算分析

制定标准成本后，将标准成本与同期内所发生的可比较实际成本相比，其差额即为成本差异，其计算公式为

$$成本差异=实际成本-标准成本$$

进行成本差异分析时，不仅要说明原因，还应注意差异方向。差异方向是以对利润的影响情况来衡量的。通常分为有利差异和不利差异，或顺差和逆差。前者是指该项差异导致企业最后利润的实际额高于计划额，后者恰巧相反。差异的形成有内因和外因，如果是企业管理部门有权加以处理的差异，称为可控差异，如废品率增加，材料超定额消耗。有

些差异是由外因引起的，如价格变动、工人工资水平提高等，是企业管理部门无权处理的，通常称为不可控差异。

（一）变动成本差异分析

变动成本差异一般按成本构成因素分类，每类又可按价格和数量进行分析，表现为数量差异和价格差异两部分，如图 7.2 所示。各类成本差异分析能清晰正确地反映实际成本脱离标准成本所发生差异的主要原因，成本差异的计算和分析是企业内部控制的重要手段，也是标准成本制度的重要内容。

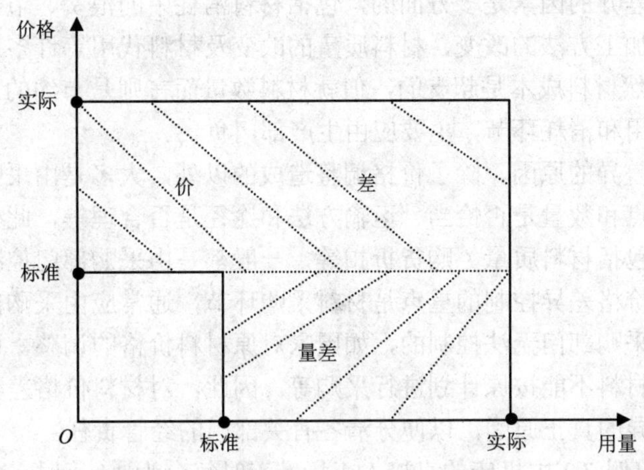

图 7.2 变动成本差异分析示意图

1. 变动成本差异计算的通用公式

变动成本差异计算的通用公式为

价差=（实际价格−标准价格）×实际用量

量差=标准价格×（实际用量−标准用量）

各项变动成本构成因素的数量差异和价格差异计算分析如表 7.2 所示。

表 7.2 变动成本差异分析计算表

项 目	价 差	量 差	说 明
直接材料成本差异	直接材料价格差异=（实际价格−标准价格）×实际用量	直接材料用量差异=（实际用量−实际产量下标准用量）×标准价格	计算结果为正数是不利差异，计算结果为负数是有利差异
直接人工成本差异	直接人工工资率差异=（实际工资率−标准工资率）×实际人工工时	直接人工效率差异=（实际人工工时−实际产量下标准人工工时）×标准工资率	
变动制造费用差异	变动制造费用耗费差异=（变动制造费用实际分配率−变动制造费用标准分配率）×实际工时	变动制造费用效率差异=（实际工时−实际产量下标准工时）×变动制造费用标准分配率	

【例 7.2】 元通公司生产的甲机床，单位材料耗用定额为 16 千克，每千克标准价格为 5 元，2007 年 6 月投入生产 500 台，实际耗用材料 7800 千克，材料实际成本为 41 340 元，计算材料成本差异。

材料成本差异=41 340−500×16×5=1340 元（不利）

材料数量差异=（7800−500×16）×5=−1000 元（节约）

材料价格差异=（5.3−5）×7800=2340（元）（超支）

1340（元）=−1000（元）+2340（元）

其中：材料实际单价=41 340/7800=5.3（元）

影响材料数量差异的因素是多方面的，包括材料消耗中的浪费、节约，以及由于产品结构的变化、材料加工方法的改变、材料质量的改变及材料代用等许多原因造成的超支或节约。例 7.2 中虽然材料成本是超支的，但就材料数量而言则是节约的。材料数量差异控制的重点是材料领用和消耗环节，主要应由生产部门负责。

影响材料价格差异的原因，除了价格调整造成的以外，大多是由采购工作的质量所造成的，如采购的地点和数量是否恰当、运输方法和途径是否合理等，此外，影响材料采购价格的其他因素还包括材料质量、购货折扣等，一般都是由采购部门控制，并受其决策的影响。因此，材料价格差异控制的重点是材料采购环节，通常应由采购部门负责。当然，也可能有些因素是采购部门无法控制的，如国家对原材料价格的调整，以及生产情况临时发生变化，使得原材料不能按原计划进行采购等。因此，对材料价格差异，一定要做深入调查研究，查明差异的真正原因，以便分清各有关部门的经管责任。

【例 7.3】 假定例 7.2 中机床的直接人工标准工时每台为 14 小时，每小时标准工资率为 4.5 元，实际共耗用人工 6700 小时，发生的人工总成本为 30 820 元。计算直接人工成本差异。

直接人工差异=30 820−500×14×4.5=−680（元）（有利）

人工效率差异=（6700−500×14）×4.5=−1350（元）（节约）

工资率差异=（4.6−4.5）×6700=670（元）（超支）

−680（元）=−1350（元）+670（元）

其中：实际工资率=30 820/6700=4.6（元）

人工效率差异是考核每个工时生产能力的重要指标，因为降低单位产品成本的主要关键就在于不断提高工时的生产能力。所以企业管理当局必须根据生产部门实绩报告进行认真的分析，以便查明原因、实施有效的控制。影响人工效率差异的原因是多方面的，可能是工人个人的方面，也可能是管理部门计划不周造成的。例如，生产工人的技术熟练程度，工厂流水线的安排，生产设备或控制标准的变动，原材料质量、规格是否符合规定等。若系生产部门安排不当引起的，应由生产部门负责。如果是由于采购部门采购不合理的材料造成人工效率出现不利差异则应由采购部门负责。

影响工资率差异的原因主要有生产人员的人数变动和非生产工时损失，如开会、停工待料时间等。工资率差异原则上是由企业安排劳工的主管部门人员负责。

【例 7.4】 假定例 7.2 中的机床每台的标准工时为 14 小时，变动制造费用标准分配率为 1.8 元/小时。实际耗用 6700 小时，发生的变动制造费用为 13 400 元，计算变动制造费用成本差异。

变动制造费用成本差异＝13 400－500×14×1.8＝800（元）（不利）

变动制造费用效率差异＝（6700－500×14）×1.8＝－540（元）（节约）

变动制造费用耗用差异＝（2－1.8）×6700＝1340（元）（超支）

800（元）＝－540（元）＋1340（元）

其中：变动制造费用实际分配率＝13 400/6700＝2（元/小时）

变动制造费用是由许多明细项目所组成的，并同一定生产水平相联系。对变动制造费用成本差异的分析，应结合构成变动制造费用的具体明细项目做进一步深入的分析。在实际工作中，变动制造费用需编制弹性预算，将弹性预算中的各明细项目的实际发生额进行比较，进一步查明这些明细项目产生差异的原因。

2. 变动成本差异责任归属的分析

变动成本差异责任归属分析如表 7.3 所示。

表 7.3　变动成本差异责任归属分析表

项　　目	价格差异			用量差异		
	直接材料价格差异	直接人工工资率差异	变动制造费用耗费差异	直接材料用量差异	直接人工效率差异	变动制造费用效率差异
主要责任部门	采购部门	劳动人事部门	—	生产部门		
注意	通常不是生产部门的责任，但也不是绝对的，如采购材料质量差导致材料数量差异是采购部门的责任					

（二）固定制造费用成本差异计算和分析

固定制造费用成本差异是指实施标准成本制度的企业在一定产品产量下，实际固定制造费用和标准固定制造费用之间的差额。

固定制造费用差异由三部分组成，即固定制造费用耗费差异、固定制造费用效率差异和固定制造费用生产能力利用差异。

固定制造费用耗费差异也称固定制造费用开支差异，是指固定制造费用实际支付数和固定制造费用预算数之间的差异额。其计算公式为

固定制造费耗费差异＝固定制造费用实际支付数－固定制造费用预算数

固定制造费用效率差异是指由于生产效率高低所引起的固定制造费用的差异数。其计算公式为

固定制造费用效率差异＝固定制造费用标准分配率×实际工时
－固定制造费用标准分配率×实际产量标准工时
＝固定制造费用标准分配率×（实际工时－标准工时）

固定制造费用能力利用差异是指由于生产能力利用程度不同而形成的固定制造费用的差异数。其计算公式为

固定制造费用能力利用差异＝固定制造费用标准分配率×预算总工时
－固定制造费用标准分配率×实际总工时

=固定制造费用标准分配率×（预算总工时－实际总工时）

上述固定制造费用成本差异计算关系如图 7.3 所示。

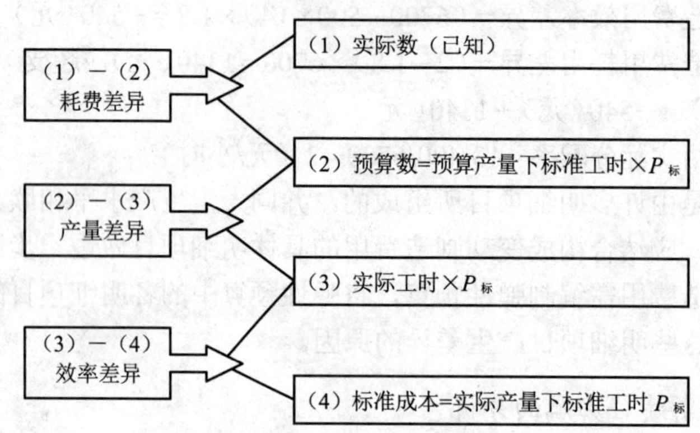

图 7.3 固定制造费用成本差异计算关系图

【例 7.5】 假定例 7.2 中，该机床的计划产量为 450 台，每台标准工时为 14 小时，固定制造费用预算额为 25 200 元，实际产量为 500 台，实际生产工时为 6700 小时，发生的固定制造费用为 27 470 元，计算固定制造费用差异。

固定制造费用标准分配率=25 200/（450×14）=4（元/小时）

固定制造费用实际分配率=27 470/6700=4.1（元/小时）

固定制造费用差异=27 470－500×14×4=－530（元）（有利）

固定制造费用耗费差异=27 470－25 200

=2270（元）（超支）

固定制造费用效率差异=（6700－500×14）×4

=－1200 元（节约）

固定制造费用能力利用差异=（450×14－6700）×4=－1600（元）（节约）

－530（元）=2270（元）+（－1200）（元）+（－1600）（元）

固定制造费用效率差异和固定制造费用能力利用差异组成了固定制造费用的能量差异，其计算公式为

固定制造费用能量差异

=（产能标准总工时－实际标准工时）×固定制造费用标准分配率

=（450×14－500×14）×4

=－2800（元）（节约）

固定制造费用耗费差异的主要原因包括固定资产购置未按计划进行、管理人员工资等费用偏离计划等。闲置能量差异是由于产量未能达到计划水平造成的，其具体原因主要有市场供求关系变化、产品定价过高、材料或劳动力不足、替代品的出现等。产生固定制造费用效率差异的原因与直接人工效率差异相似。

固定制造费用是由许多明细项目组成的，要对固定制造费用差异进行分析，一般是通过固定制造费用明细项目的静态预算的实际发生额进行比较，进一步分析各明细项目产生差异的原因，采取恰当的措施加以控制引导，总结经验、巩固成绩。

第三节 成本费用日常管理

一、成本费用日常管理的原则

成本费用管理是一项细致而复杂，并且带有较强政策性的工作。它不仅关系到企业生产经营管理、经济核算和企业的经济效益，而且关系到国家财政收支和维护财经纪律等重要问题。因此，在成本费用的管理中要遵循一定的原则。

（一）按照制度管理的原则

成本费用开支涉及企业与国家、企业与企业、企业与职工之间的关系，是关系到能否正确处理国家、企业和个人三者之间利益的项目。国家对成本费用开支范围、开支标准及程序、方法等都做了明确规定，政策性很强。主要包括企业实行成本费用归口、分级管理制度，成本费用的预算控制制度和必要的费用开支范围、标准和报销审批制度。因此，企业一切成本费用都应以国家规定的开支范围和标准等制度作为成本费用管理的准则。严格划分收益性支出和资本性支出的界限；生产经营性支出和营业外支出的界限；生产经营性支出和收益分配性支出的界限。严禁乱列乱支成本费用等违反财经纪律现象。维护成本费用开支的合理性、合法性、严肃性。

（二）节约成本费用与提高经济效益相结合的原则

通过合理的生产经营，提高企业的经济效益，是企业成本费用管理的出发点和落脚点。任何企业在强化成本费用管理过程中，必须坚持不懈地执行这一原则。在具体的工作中要正确处理好以下两方面的关系。

1. 降低成本费用与改善企业的生产经营各环节，提高经济效益的关系

既要做到在增加生产、扩大购销的同时，降低成本和费用，又要做到降低成本和费用必须以增加生产和扩大购销为前提，要做到两者兼顾，不能顾此失彼。

2. 降低成本费用与提高产品质量和服务质量的关系

不能因为企业成本和费用的降低，从而影响产品质量和服务质量，也不能因为提高产品质量和服务质量而不计成本和费用。要在保证产品质量和提高服务质量前提下，严格防止不合理开支，杜绝铺张浪费。

（三）内部控制和外部监督相结合的原则

成本费用开支是由生产经营活动引起的，是由相关部门和职工经手耗费的。节约成本费用不能单纯依靠财会部门和财会人员，必须充分发挥各有关部门的主动性和全体职工节约成本费用的积极性。除了明确领导的责任外，还应该按照成本费用开支的部门和人员明

确职责，提出节约成本开支的要求，按照责任到人的原则，建立各项成本费用管理责任制，同时，建立相应的监督机制。置领导审批业务管理于职工群众的监督之下，坚决抵制违纪事件的产生。

（四）全面管理和突出重点相结合原则

成本费用管理主要通过对各种成本费用差异进行分析、研究，从中发现问题，从而采取措施进行调节。这项工作是十分烦琐的，为了提高企业成本费用管理的工作效率，必须坚持全面管理与突出重点相结合。把那些数额大、影响企业长期获利能力的成本费用项目，或偏离计划差异较大，或长期偏离计划的成本费用项目列为重点，加强管理。使成本费用管理工作起到事半功倍的效果。

二、成本费用预测

（一）成本费用预测的内容与作用

成本费用预测是结合企业生产经营的近期目标和远期前景，依据成本费用的构成及特性，利用各种资料和数据，对未来一定时期某些产品、某个项目或方案的成本费用水平进行预计和测算的一种管理方法。成本费用预测的主要内容包括新建和扩建企业成本预测、技术措施方案成本预测、新产品成本预测、新条件下的原有产品成本预测和一定时期的期间费用预测等。在企业进行财务管理的过程中，成本费用预测有着十分重要的作用。成本费用预测是成本费用决策的基础和依据。具有及时准确的成本费用预测资料，结合企业利润目标对降低成本费用的要求，就能够研究出进一步降低成本费用的方法措施，合理确定目标成本和目标费用，拟定成本费用管理的有效办法措施。

（二）成本费用预测的类型

研究成本费用预测，首先需要对预测的种类加以认识。成本费用预测按不同的标准，可以划分为不同的类型。

1. 按预测时间长短分类

成本费用预测按照预测时间长短，可以分为短期成本费用预测和长期成本费用预测。短期成本费用预测是指对企业一年以内的成本和费用耗费水平进行测算，其特点是影响因素基本能够确定，时间短，偏差也比较小，是企业经常进行的一种成本费用预测方法。长期成本费用预测又称远期成本费用预测，一般是指对企业一年以上的成本和费用变动趋势的测算，其特点是某些影响因素难以确定，时间较长，偏差较大。在企业实际的经营管理过程中，两者往往是同时存在的，即在一个长期的成本费用预测中，由几个短期成本费用预测方案组成，从而可以使得企业的成本费用预测更加准确。

2. 按产品的可比性分类

成本费用预测按照产品的可比性，可以划分为可比产品成本预测和不可比产品成本预测。可比产品成本预测是指对企业在过去会计期间正常生产过，而在本会计期间和以后会计期间继续生产的产品成本耗费的测算，其特点是过去有基础资料，非确定性因素较少，数据偏差小。不可比产品成本预测是指对企业过去会计期间未曾正常生产过，而在以后某个会计期才组织生产的产品成本耗费的测算，其特点是企业没有这种产品的历史资料，其预测值偏差较大。

3. 按其内容分类

成本费用预测按照其内容，可以划分为制造成本预测和期间费用预测。制造成本预测就是对企业今后某个时期内的直接材料、直接人工和制造费用消耗水平的测算，其特点是发生环节多，数据收集较困难，影响的因素有些具有确定性，有些则具有不确定性。期间费用预测是指对企业今后某个时期内的管理费用、销售费用和财务费用等耗费的测算，其特点是费用发生分散，对市场预测和过去的基础数据要求比较高。

此外，成本费用预测按照企业经济活动的阶段还可以分为生产经营成本费用预测、筹资成本预测、设计成本预测、售后服务成本费用预测等。

（三）成本费用预测的方法

成本费用预测可以按照企业经济效益目标的要求和影响成本费用各因素的变化趋势，选择合适的方法，对企业目标成本和目标费用进行预测。

目标成本是指为实现企业目标利润而应控制的成本水平，它一般以单位产品目标成本来表示，有时为了成本控制的需要，也可表现为总目标成本。目标费用是指为实现利润总额目标而应控制的期间费用额，它分别以目标销售费用、目标管理费用和目标财务费用来表示。有时也可以表现为总目标费用额。

目标成本和目标费用预测的方法一般有以下几种。

1. 比例法

比例法是根据成本费用与某个相关指标的比例来测算未来该项相关指标达到一定程度时的成本费用水平。企业生产经营规模的大小直接影响着成本费用的高低。反映企业生产经营规模大小的指标主要是总产值和销售收入，因此，成本费用与企业产值和销售收入有着同向变动的趋势，可以根据企业过去产值（或销售收入）成本（或费用）率的水平，结合预测期对成本（或费用）降低的要求来测算未来的成本（或费用）水平。其预测的公式为

产值成本率预测值＝近期实际产值成本率×（1－预计成本降低率）

目标成本＝计划期预计产值×产值成本预测值

【例 7.6】 某企业在基期的实际销售收入期间费用率为 12%，预计年度实现的销售收入为 100 000 元，费用降低率为 10%，则

计划销售收入期间费用率＝12%×(1－10%)＝10.8%

计划期的期间费用预测值＝100 000×10.8%＝10 800（元）

2. 技术测定法

技术测定法是在技术人员的配合下，根据企业产品设计和生产工艺方法，对构成产品实体的材料进行分项预测，并结合人工及动力消耗、折旧转移及其他消耗进行预算，从而确定产品成本的一种方法。其特点是工作量大，物资消耗定额、人工消耗定额的制定比较复杂，适用于对新产品或部分老产品的成本预测，对制造费用、期间费用等的预测作用不大。

3. 余额测定法

余额测定法是以价格理论为基础，根据使用流转税率、期望目标利润及市场预测的产品销售价格，来确定单位产品成本与目标制造成本总额的方法。在企业中，目标成本实际上是在价格、利润既定的情况下反过来计算出来的。数学模型可以表示为

产品单位目标制造成本=产品单位销售价格－产品单位销售税金

－产品单位目标销售利润－产品单位目标销售费用

$$制造成本总额=\sum(某种产品单位制造成本\times该种产品计划产量)$$

这种方法是预测目标成本的主要方法，它直接体现了目标成本管理的目的是实现目标利润的要求。如果所确定的目标成本水平和目标费用水平在实际工作中通过有效的控制而得以实现，则企业可以获得预期的目标利润。同时，这一方法还可用于预测产品开发时的产品设计成本，因为只有产品设计成本达到目标利润的要求，这种产品才有研究开发价值。

4. 因素分析法

因素分析法是根据影响成本费用升降的主要因素和增产节约措施计划，以及各项费用占成本的比例，预测目标成本费用的方法。因素分析法适用于可比产品成本降低率、降低额和目标成本费用的测算。

除上面几种预测法外，成本费用预测的方法还有很多，如何正确地选择，成为成本费用预测中的重要问题。总的来说，在选择方法时，应根据资料准备情况、增产节约措施计划制订的情况和成本费用的特性，结合成本费用预测目标的要求，有针对性地选用。在实际的预测工作中，通常是几种方法并用或交替使用，才能达到预测的目的。尽管如此，在真正使用过程中要注意方法和企业目标相衔接，使预测更加有意义。

（四）成本费用预测的程序

1）根据企业总体目标提出初步成本目标。

2）初步预测在目前情况下成本可能达到的水平，找出达到成本目标的差距。其中初步预测就是不考虑任何特殊的降低成本措施，按目前主客观条件的变化情况，预计未来时期成本可能达到的水平。

3）考虑各种降低成本方案，预计实施各种方案后成本可能达到的水平。

4）选取最优成本方案，预计实施后的成本水平，正式确定成本目标。

以上成本预测程序表示的只是单个成本预测过程，而要达到最终确定的正式成本目标，

这种过程必须反复多次。也就是说，只有经过多次的预测、比较以及对初步成本目标的不断修改、完善，才能最终确定正式成本目标，并依据本目标组织实施成本管理。

三、成本费用的计划

（一）成本费用计划的意义

成本费用计划是根据成本费用决策方案，以货币量度预先对企业计划期内的生产耗费水平和成本降低任务的规划。尽管企业通过成本费用预测与决策，确定了目标成本费用与增产节约措施方案，但成本费用预测与决策是着重从成本费用影响因素结合历史资料测算的，并没有完全落实到企业的各种产品与各生产经营环节上，这不利于目标成本费用的具体控制，同时，成本费用预测与决策的各项指标还缺乏系统性，难以明确表现成本费用计划指标与其他财务指标的衔接关系。因此，企业需要编制成本费用计划。成本费用计划是以货币形式预先规定企业计划期内产品生产耗费和各种产品的成本水平，它是企业生产经营计划的重要组成部分，具有重要意义。

1. 成本费用计划是企业实现目标成本费用的基础计划

企业在一定的条件下，确定目标成本费用要求。在一定程度上为了保证目标成本费用的具体落实与实现，企业必须根据目标成本费用的要求，结合计划期的生产技术水平，编制成本与费用计划，将企业的目标成本费用进行分解，做出相应的目标规划。

2. 成本费用计划是企业进行成本费用控制的依据

编制企业成本费用计划，有利于建立和健全企业的内部控制制度，实行分级管理，正确确定各部门、各生产环节、各加工工序的成本费用水平，有利于全面进行成本费用控制，并为成本费用的分析与考核提供依据。

3. 成本费用计划是编制企业其他生产经营计划的重要依据

企业生产经营计划是企业生产计划、技术计划、财务计划等的总括性的计划，企业成本费用计划的编制必须以生产经营计划为依据，同时又从降低成本费用的角度对其他生产经营计划提出调整的要求，通过各计划间的综合平衡，促进生产经营计划总体水平的提高。

（二）成本费用计划的作用

1）成本费用计划是达到目标成本的一种程序，使职工明确成本方面的奋斗目标。

2）成本费用计划是推动企业实现责任成本制度和加强成本控制的有力手段。

3）成本费用计划是评价考核企业及部门成本业绩的标准尺度。

（三）成本费用计划的编制原则与要求及步骤

成本费用计划的编制是成本费用管理的一个重要环节，它将成本费用预测和决策紧密联系在一起，形成了完整的成本计划体系。

1. 成本费用计划的编制原则与要求

成本费用计划在编制时，要遵循以下原则和要求。

1）以先进的技术经济定额作为成本费用计划编制的数据基础。先进的技术经济定额包括各种材料物资的消耗定额、工时定额和费用开支标准等。先进的定额有利于对计划期的成本费用实行定额控制，使计划的编制和实行都具有可行性和先进性。

2）成本费用计划指标与其他计划指标紧密衔接。成本费用计划是企业生产经营计划的一个重要组成部分，在编制成本与费用计划时一般涉及产量指标、销量指标、单位制造成本、制造成本总额、期间费用总额等指标。这些指标在企业其他计划中都具有十分重要的作用，因此，在制订计划过程中，应与其他计划指标实行衔接，以便提高企业生产经营计划的总体有效性。

3）成本费用计划的编制要有利于对成本费用实行归口分级管理。这要求在成本费用计划编制的时候，既要注重成本费用结构的内容，又要注重成本费用发生的环节与地点，有利于成本费用归口管理和分级管理，从而实现全面的成本费用控制。在实际的计划编制时要注意和企业现状结合的方法。

2. 成本费用计划的编制步骤

编制成本费用计划的基本步骤如下。

1）收集和整理资料，整理各种指标，如生产计划、费用开支标准等指标。

2）预计和分析上期成本费用计划的执行情况，分解目标成本并下达给各个生产环节。

3）进行成本费用降低指标的测算。

4）企业财务部门正式编制企业成本费用计划。

小　结

1．成本控制是指运用一定的方法对企业生产经营的各个方面、各个环节的一切耗费，进行科学严格的计算、限制和监督，将各项实际耗费限制在预先制定的预算、计划和标准的范围内，并通过分析造成脱离计划和标准的原因，积极采取对策，以实现全面降低成本目标的管理行为。成本控制最直接的结果就是可以降低成本，因而在经营管理中具有重要地位。

2．成本控制的基本原则包括节约性原则、全面性原则、责权利相结合的原则、目标管理原则和例外管理原则。

3．一个企业的成本控制系统包括组织系统、信息系统、考核制度和奖励机制等内容。成本控制的内容非常广泛，从成本控制的过程分前馈（事前）控制，过程（事中）控制和后馈（事后）控制 3 个部分。成本控制的程序主要包括制定标准成本、日常成本控制和及时纠正偏差 3 个部分。

4. 标准成本是指在一定的生产技术组织条件下，进行有效地经营管理活动应该实现的成本，它是作为控制成本开支，考核评价实际成本，衡量工作效率和尺度的一种目标成本。标准成本有 3 种类型：基本的标准成本、理想的标准成本、正常的标准成本。

5. 直接材料标准成本是由直接材料价格和直接材料用量两项标准决定的。直接人工标准成本是由直接人工效率和直接人工工资率两项标准决定的。制造费用标准分为变动性制造费用标准和固定性制造费用标准两部分。由于产品的标准成本是一种目标成本，生产过程发生的实际成本可能因各种原因与标准成本不相符合，二者的差额就是标准成本差异。直接材料、直接人工和制造费用的标准成本差异又可根据其各自的特点进行系统的分析，借以查明差异形成的原因和责任者，以便为及时采取有效措施，发展有利差异、消除不利差异提供重要信息。

6. 成本、费用日常管理的原则包括按照制度管理的原则、节约成本费用与提高经济效益相结合的原则、内部控制和外部监督相结合的原则、全面管理和突出重点相结合的原则。

7. 成本费用预测按预测时间长短，可以分为短期成本费用预测和长期成本费用预测；按产品的可比性，可以划分为可比产品成本预测和不可比产品成本预测；按其内容，可以划分为制造成本预测和期间费用预测。成本费用预测的方法有比例法、技术测定法、余额测定法和因素分析法。

8. 关键概念：成本；费用；成本控制；标准成本控制；成本预算控制；质量成本控制；标准成本管理；成本定额管理；全面成本管理；成本差异；价格差异；数量差异；成本费用预测；成本费用计划。

基础知识与技能训练

一、单项选择题

1. 在标准成本控制下的成本差异是指（　　）。
   A. 实际成本与标准成本的差异　　B. 实际成本与计划成本的差异
   C. 预算成本与标准成本的差异　　D. 实际成本与预算成本的差异
2. 下列选项中，属于标准成本控制系统前提和关键的是（　　）。
   A. 标准成本的制定　　B. 成本差异的分析
   C. 成本差异的计算　　D. 成本差异的账务处理
3. 固定性制造费用的实际金额与预算金额之间的差额称为（　　）。
   A. 预算差异　　B. 能量差异　　C. 效率差异　　D. 能力利用差异
4. 实际工作中运用最广泛的一种标准成本是（　　）。
   A. 理想的标准成本　　B. 宽松的标准成本
   C. 现实的标准成本　　D. 正常的标准成本
5. 在标准成本制度下，分析计算各成本项目价格差异的用量基础是（　　）。

A．标准产量下的标准用量　　B．实际产量下的标准用量
C．标准产量下的实际用量　　D．实际产量下的实际用量

6. 本月生产 A 产品 8000 件，实际耗用甲材料 32 000 千克，其实际价格为每千克 40 元。该产品甲材料的用量标准为 3 千克，价格标准为 45 元，其直接材料用量差异为（　）元。

A．360 000　B．320 000　C．200 000　D．-160 000

7．制造成本的主要内容是（　）。

A．直接材料　B．销售费　C．劳务费　D．差旅费

8．下列属于产品成本预测方法的有（　）。

A．倒扣计算法　B．因素分析法　C．高低点法　D．回归分析法

9．成本预测属于（　）。

A．社会预测　　B．科学预测
C．宏观经济预测　　D．微观经济预测

10．成本费用按其可控性可分为（　）。

A．直接费用和间接费用　　B．可控费用和不可控费用
C．变动费用和固定费用　　D．产品成本和期间成本

二、多项选择题

1．标准成本控制系统的内容包括（　）。

A．标准成本的制定　　B．成本差异的计算分析
C．成本差异的账务处理　　D．成本差异的分配

2．影响直接材料耗用量差异的因素有（　）。

A．工人的技术熟练程度　　B．设备的完好程度
C．用料的责任心　　D．废品率的高低
E．材料质量

3．成本费用预测的主要作用是（　）。

A．据以确定目标成本
B．为成本决策提供备选方案
C．为编制成本计划提供数据资料
D．为考核和控制生产成本提供依据
E．寻找降低产品成本提高经济效益的途径

4．影响单位产品原材料消耗数量变动的因素有（　）。

A．产品或产品零部件结构的变化
B．材料质量的变化
C．材料价格的变化
D．生产中产生废料数量和废料回收利用情况的变化

三、判断题

1．标准成本制度不仅可以用于制造类企业，也可以用于服务类企业。（　）

2. 直接人工效率差异、变动性制造费用效率差异和固定性制造费用效率差异三者形成的原因是相同的，只是程度不同。 （ ）

3. 直接人工效率差异和变动性制造费用分配率差异属价格差异。 （ ）

4. 单位产品中的固定成本与业务量的增减变动成正比例关系。 （ ）

5. 成本和费用是一回事。 （ ）

6. 只要是企业为生产经营活动发生的支出就是成本。 （ ）

7. 成本预测就是目标成本预测。 （ ）

8. 成本预测实际上是一种计划。 （ ）

9. 差异分析是成本控制的关键。 （ ）

10. 期间费用一般不属于成本管理的范畴。 （ ）

四、实训题

1. 某企业生产甲产品，单位产品耗用的直接材料标准成本资料如表 7.4 所示。

表 7.4 甲产品单位产品耗用的直接材料标准成本

成本项目	价格标准/（元/千克）	用量标准/（千克/件）	标准成本/（元/件）
直接材料	0.5	6	3

直接材料实际购进量为 4000 千克，单价为 0.55 元/千克；本月生产产品 400 件，耗用材料 2500 千克。

要求：（1）计算该甲产品所耗用直接材料的实际成本与标准成本的差异。

（2）将差异总额进行分解。

2. 某公司本月生产产品 500 件，使用材料 2800 千克，材料单价为 0.8 元/千克，直接材料的单位产品标准成本为 4.2 元，即每件产品耗用 6 千克直接材料，每千克的标准价格为 0.7 元。

要求：计算该公司直接材料标准成本差异，并分析其产生的原因。

3. 某公司本月生产产品 500 件，实际使用工时 900 小时，支付工资 4800 元；直接人工的标准成本是 9 元/件，即每件产品标准工时为 2 小时，标准工资率为 4.5 元/小时。

要求：计算该公司直接人工标准成本差异，并分析其产生的原因。

五、案例分析

案例：标准成本制度的实施①

宏远机床附件厂有职工 800 人，主要产品为液压头，月生产能力为 800 只。该厂生产设备落后，成本管理较差。企业年初采用标准成本制度进行成本控制，为缩短与先进水平之间的差距，该厂以同行业的先进水平作为制定成本标准的依据修改原有的定额指标，并以此考核职工的业绩。

① 资料来源：单祖明. 2007. 管理会计学习指导与训练. 北京：高等教育出版社.

1）制定产品各成本项目的标准如表 7.5～表 7.7 所示。

表 7.5　材料

项　　目	标准用量/千克	标准价格/元	标准成本/元
铸铁	20	0.50	10
合金钢	5	2.60	13

表 7.6　人工工资

项　　目	标准工时/小时	标准工资率/（元/小时）	标准成本/元
工资级别	180	0.50	90

表 7.7　制造费用

变动性制造费用			固定性制造费用		
标准分配率/（元/小时）	标准工时/小时	标准成本/元	标准产量/件	预算费用/元	标准成本/元
0.10	180	18	800	32 000	40

企业对变动成本实行弹性控制，对固定成本实行总额控制。

2)该企业 7 月计划产量为 800 件，预算标准变动成本为 104 800 元，固定成本为 32 000 元，预计总成本为 136 800 元。标准单位成本为 171.00 元。

实际执行的结果超过了预计的范围：实际成本高达 148 757 元，与标准总成本（实际产量×单位标准成本）比较成本差异达 15 377 元。为此，厂长派你深入各部门了解情况，分析成本差异，提出意见。

3）从财务科了解到，自实行标准成本制度以来，今年 1～6 月的成本情况如表 7.8 所示。

表 7.8　有关标准成本和实际成本资料表

月份	标准成本			实际成本		
	变动成本/元	固定成本/元	合计/元	实际产量/件	实际总成本/元	单位成本/元
1	104 800	32 000	136 800	800	141 600	177
2	103 490	32 000	135 490	790	142 200	180
3	102 180	32 000	134 180	780	139 620	179
4	104 800	32 000	136 800	800	144 800	181
5	100 870	32 000	132 870	770	141 680	184
6	102 180	32 000	134 180	780	145 080	186

7 月的产量和成本资料如下。

实际产量 780 件。

材料耗用：铸铁 18 000 千克，实际成本 9000 元；合金钢 4400 千克，实际成本 12 320 元。

工资支出：实际工时 144 300 小时，实际工资 74 593 元，变动性制造费用 15 444 元，固定性制造费用 37 400 元。

从劳动工资科了解到：7月按国家规定给职工增加了工资，平均每人增加4元，共3 200元，其中生产工人2400元，管理人员800元。

从生产计划科了解到，有近60%的职工未能完成生产定额，厂里经常组织工人加班，并发给加班工资。

从供应科了解到，供应单位提高了合金钢的价格，每千克提高0.20元。

从设备部门了解到，上月新增两台设备，每台100 000元，月折旧费4‰，替代4台不适用的旧设备，每台原值30 000元，月折旧费4‰，新设备使用后，旧设备未及时处理。

另外，本月支出的各种捐款、资助费、社会事业费等共计3000元，比上月增加一倍。其他情况同上月相差不多。

在深入各部门的过程中，还听到了一些人对标准成本的议论：有人认为标准制定不合理；也有人认为标准是合理的，主要是执行的原因；也有人认为标准反映基本情况，有些情况是难以估计的，所以偏离标准是正常的。

思考与分析：

（1）了解上述情况后，请你计算分析差异的原因。

（2）对现行的标准提出评价。

（3）如要修改标准，你认为在何种水平较好？

本章学习笔记

第八章 利润分配

知识点 ☞ 通过本章相关知识的学习，学生应掌握以下知识点：利润分配应考虑的因素；各种利润分配政策的基本原理、优缺点和适用范围；我国股份有限公司利润分配的一般顺序和股利支付过程。

技能点 ☞ 能制订利润分配政策；会编制利润分配方案。

引导案例

从前，有位猎人养了几条猎狗，他一直在想办法让它们抓更多的兔子。开始猎人规定，只要能够在打猎中捉到几只兔子，就可以得到几根骨头，捉不到的就没有。这一招果然有用，猎狗纷纷努力追兔子，因为谁都不愿意看着别的猎狗有骨头吃，自己没得吃。

可是不久后，猎人又发现，由于猎狗获得骨头是以捕获兔子的数量而定，和兔子的大小无关，而大兔子显然比小兔子要难捉得多，所以猎狗捉来的兔子数量没变，但却越来越小了。于是，猎人改变做法，规定猎狗获得的骨头奖赏和兔子的重量挂钩，于是猎狗捕获兔子的重量和数量都得到了保证。

但是过了一段时间，猎人发现猎狗捉兔子的数量又少了，而且越有经验的猎狗捉兔子的数量下降得越厉害。于是，猎人去问猎狗，猎狗说：我们把最好的时间都奉献给了您，主人，但是我们随着时间的推移会老，当我们捉不动兔子的时候，您还会给我们骨头吃吗？猎人恍然大悟，于是规定，今后不管是否能够捉到兔子，猎狗都能得到基本的骨头，同时根据捕获兔子的多少进行提成，随着贡献增大，提成的比例还可以上升。这个决定重新调动了猎狗捕猎的热情。

如果将猎狗比作企业的投资者，而捕获的兔子作为企业的利润，上述这个故事实际上反映了企业利润分配的基本原理。

第一节 利润分配概述

一、利润分配的基本原则

利润分配是财务管理的重要内容，有广义的利润分配和狭义的利润分配两种。广义的利润分配是指对企业收入和利润进行分配的过程；狭义的利润分配则指对企业净利润的分配。本书所讨论的利润分配是指对净利润的分配，即狭义的利润分配概念。企业在进行利润分配时应遵循以下原则。

（一）依法分配原则

企业的利润分配必须依法进行，这是正确处理各方面利益关系的关键。为规范企业的利润分配行为，国家制定和颁布了若干法规。这些法规规定了企业利润分配的基本要求、一般程序和重大比例，企业应认真执行，不得违反。

（二）兼顾各方利益原则

利润分配是利用价值形式对社会产品的分配，直接关系到有关各方的切身利益。因此利润分配要坚持全局观念，兼顾各方利益。除去纳税以外，投资者作为资本投入者、企业所有者，依法享有利润分配权。企业的净利润归投资者所有，是企业所有者投资于企业的根本动力所在。但企业的利润离不开全体职工的辛勤工作，职工作为利润的直接创造者，除工资及奖金等劳动报酬外，还应当以适当方式参与净利润提取公益金，用于职工集体福利设施的购建开支。可见，利润分配时，应统筹兼顾，合理安排，维护投资者、企业的合法权益。

（三）分配与积累并重原则

企业进行利润分配，应正确处理长远利益和近期利益的辩证关系，二者有机结合起来，坚持分配与积累并重的原则。考虑需要，企业除按规定提取法定盈余公积金以外，可适当分配利润作为积累。这部分留存收益虽暂时未予以分配，但仍归企业所有者所有。而且这部分积累不仅为企业扩大再生产筹措了资金，同时也增强了企业抵抗风险的能力，提高了企业经营的安全系数和稳定性，有利于增强所有者的回报。通过正确处理利润和积累的关系，留存一部分利润以供未来分配之需，还可以起到平抑利润分配数额波动，稳定投资报酬率的效果。实践证明，投资者更为青睐能够提供稳定回报的企业，而利润分配时高时低的企业因暗含不稳定信息，对投资者的吸引力难免大打折扣，因而企业在进行利润分配时应当正确处理分配与积累的关系。

（四）投资与收益对等原则

企业分配收益应当体现谁投资谁受益、受益大小与投资比例相适应，即投资与受益对等原则，这是正确处理投资者利益的关键。投资者因其投资行为而享有收益权，并且其投资收益同其投资比例对等。这就要求企业在向投资者分配利益时，应本着平等一致的原则，按照各方投入资本的多少来进行，决不允许发生任何一方随意多分多占的现象。这样才能从根本上保护投资者的利益，鼓励投资者投资的积极性。

二、利润分配的制约因素

利润分配的确定受到各方面因素的影响，具体影响因素如表 8.1 所示。

表 8.1　利润分配的制约因素

制约因素	具体因素及说明
法律因素	1）资本保全约束。企业发放的股利或投资分红不能来源于原始投资（或股本），以维护债权人利益。 2）资本积累约束。分配收益时须按一定比例和基数提取各种公积金，在分配政策上，贯彻无利不分的原则。 3）偿债能力约束。支付现金股利后会影响公司偿还债务和正常经营时，公司发放现金股利的数额就要受到限制
公司因素	1）举债能力。举债能力强，能够及时地从资金市场筹措到所需的资金，则有可能采取较为宽松的利润分配政策。 2）投资机会。企业预期未来有较好的投资机会，且预期投资收益率大于投资者期望收益率时，企业经营者会首先考虑将实现的收益用于再投资，减少用于分配的收益金额。 3）盈余稳定状况。盈余稳定的企业有可能比盈余不稳定的企业支付更高的股利。 4）资产流动状况。企业的资产流动性差，即使收益可观，也不宜分配过多的现金股利。 5）筹资成本。税后收益用于再投资，有利于降低筹资的外在成本。 6）债务需要。具有较高债务偿还需要的公司，可以直接用经营积累偿还债务，将会减少股利的支付
股东因素	1）控制权。股东往往主张限制股利的支付，以防止因保留盈余而发行新股稀释公司的控制权。 2）稳定的收入。股东往往靠定期的股利维持生活，他们要求公司支付稳定的股利，反对公司留存较多的利润。 3）避税。一些高收入的股东出于避税考虑，往往要求限制股利的支付，而较多地保留盈余
其他因素	1）债务合同。特别是长期债务合同，往往有限制企业现金支付程度的条款，以保护债权人的利益。 2）通货膨胀。在通货膨胀时期，企业往往不得不考虑留用一定的利润，一般采取偏紧的利润分配政策

第二节　股利政策及选择

一、常见的股利政策

股利政策是指在法律允许的范围内，可供企业管理当局选择的，有关净利润分配事项的方针及对策。

企业在确定股利分配政策时，应综合考虑各种影响因素，结合自身实际情况，权衡利弊得失，从优选择。企业经常采用的股利政策主要有剩余股利政策、固定股利政策、固定股利支付率政策和低正常股利加额外股利政策等，具体内容如表 8.2～表 8.5 所示。

表 8.2　剩余股利政策

内　　容	是指公司在有良好的投资机会时，根据目标资本结构，测算出投资所需的权益资本额，先从盈余中留用，然后将剩余的盈余作为股利来分配，即净利润首先满足公司的资金需求，如果还有剩余，就派发股利；如果没有，则不派发股利
理论依据	股利无关理论
优　　点	留存收入优先保证再投资的需要，有助于降低再投资的资金成本，保持最佳的资本结构，实现企业价值的长期最大化
缺　　点	股利发放额每年随投资机会和盈利水平的波动而浮动，不利于投资者安排收入与支出，也不利于公司树立良好的形象
适用范围	一般适用于公司初创阶段

表 8.3　固定股利政策

内　　容	指公司将每年派发的股利额固定在某一特定水平上，然后在一段时间内不论公司的盈利情况和财务状况如何，派发的股利额均保持不变。公司只有在确信未来盈余不会发生逆转时才会宣布实施固定股利政策
理论依据	股利相关理论
优　　点	1）有利于树立公司良好形象，增强投资者对公司的信心，稳定公司股票价格； 2）有利于投资者安排收入与支出，有利于吸引那些打算进行长期投资并对股利有很高依赖性的股东
缺　　点	1）股利支付与公司盈利相脱节，造成投资的风险与投资的收益不对称； 2）由于公司盈利较低时仍要支付较高的股利，容易引起公司资金短缺，导致财务状况恶化，甚至侵蚀公司留存收益和公司资本
适用范围	一般适用于经营比较稳定或正处于成长期、信誉一般的公司。该政策很难长期使用

表 8.4　固定股利支付率政策

内　　容	指公司将每年净利润的某一固定百分比作为股利分派给股东。这一百分比通常称为股利支付率
理论依据	股利相关理论
优　　点	1）使股利与企业盈余紧密结合，以体现多盈多分、少盈少分、不盈不分的原则； 2）由于公司的盈利能力在年度间是经常变动的，因此每年的股利也应随着公司收益的变动而变动，保持股利与利润间的一定比例关系，体现投资风险与收益的对等
缺　　点	1）由于股利波动容易使外界产生公司经营不稳定的印象，公司财务压力较大，不利于股票价格的稳定与上涨； 2）公司每年按固定比例从净利润中支付股利，缺乏财务弹性； 3）确定合理的固定股利支付率难度很大
适用范围	适用于稳定发展的公司和公司财务状况较稳定的阶段

表 8.5　低正常股利加额外股利政策

内　　容	指公司事先设定一个较低的经常性股利额，每年除了按正常股利额向股东发放股利外，还在公司盈余较多、资金较为充裕的年度向股东发放额外股利
理论依据	股利相关理论
优　　点	1）赋予公司较大的灵活性，使公司在股利发放上留有余地，并具有较大的财务弹性，公司可根据每年的具体情况，选择不同的股利发放水平，以稳定和提高股价，进而实现公司价值的最大化； 2）使那些依靠股利度日的股东每年至少可以得到虽然较低但比较稳定的股利收入，从而吸引住这部分股东
缺　　点	1）由于年份之间公司盈利的波动使得额外股利不断变化，造成分派的股利不同，容易给投资者收入不稳定的感觉； 2）当公司在较长时间持续发放额外股利后，可能会被股东误认为“正常股利”，一旦取消，传递出的信号可能会使股东认为这是公司财务状况恶化的表现，进而导致股价下跌
适用范围	对那些盈利随着经济周期而波动较大的公司或者盈利与现金流量很不稳定时，这也许是一种不错的选择

上面所介绍的几种股利政策中，固定股利政策和低正常股利加额外股利政策是被企业

普遍采用，并为广大的投资者所认可的两种基本股利政策。企业在进行利润分配时，应充分考虑各种政策的优缺点和企业的实际情况，选择适宜的利润分配政策。

二、股利政策的选择

通常，企业在选择股利政策时应考虑以下因素：企业所处的成长与发展阶段；企业支付能力的稳定情况；企业获利能力的稳定情况；目前的投资机会；投资者的态度；企业的信誉状况。

公司在不同成长与发展阶段所采用的股利政策一般可用表 8.6 来描述。

表 8.6 公司股利分配政策的选择

公司发展阶段	特 点	适应的股利政策
公司初创阶段	公司经营风险高，融资能力差	剩余股利政策
公司高速发展阶段	产品小量急剧上升，需要进行大规模的投资	低正常股利加额外股利政策
公司稳定增长阶段	销售收入稳定增长，公司的市场竞争力增强，行业地位已经巩固，公司扩张的投资需求减少，广告开支极度下降，净现金流入量稳步增长，每股净利呈上升态势	稳定增长型股利政策
公司成熟阶段	产品市场趋于饱和，销售收入难以增长，但盈利水平稳定，公司通常已积累了相当的盈余和资金	固定型股利政策
公司衰退阶段	产品销售收入锐减，利润严重下降，股利支付能力日趋下降	剩余股利政策

第三节 利润分配程序与方案

一、利润分配程序

根据我国《公司法》和《企业财务通则》的规定，公司进行利润分配（分派股利或分配利润）涉及的项目包括盈余公积和股利两部分。其分配的顺序如下。

（一）弥补以前年度亏损

按我国财务和税务制度规定，公司的年度亏损，可由下一年度的税前利润弥补，下一年度的税前利润尚不足以弥补时，可由以后年度的利润继续弥补，但用税前利润弥补以前年度亏损的连续期限不得超过 5 年。5 年内弥补不足的，用本年税后利润弥补。本年净利润加上年年初未分配利润为公司可供分配的利润，只有当其大于零时，公司才进行后续分配。

（二）提取法定盈余公积金

法定盈余公积金的提取比例为当年税后利润（弥补亏损后）的 10%。当法定盈余公积金已达到注册资本的 50%时可不再提取。法定盈余公积金可用于弥补亏损、扩大公司生产经营或转增资本，但公司用盈余公积金转增资本后，法定盈余公积金的余额不得低于转增前公司注册资本的25%。

（三）提取任意盈余公积金

公司从税后利润中提取法定公积金后，经股东会或者股东大会决议，还可以从税后利润再提取任意公积金。

（四）向股东（投资者）分配股利（利润）

根据《公司法》的规定，公司弥补亏损和提取公积金后所余税后利润，可以向股东（投资者）分配股利（利润），其中有限责任公司股东按照实缴的出资比例分取红利，全体股东约定不按照出资比例分取红利的除外；股份有限公司按照股东持有的股份比例分配，但股份有限公司章程规定不按持股比例分配的除外。

二、股利支付形式

股利支付的基本形式多样，常见的如表8.7所示。

表8.7　股利支付的形式

形式	说　明
现金股利	是以现金支付的股利，它是股利支付最常见的方式
财产股利	是以现金以外的其他资产支付的股利，主要是以公司所拥有的其他公司的有价证券，如债券、股票等，作为股利支付给股东
负债股利	是以负债方式支付的股利，通常以公司的应付票据支付给股东，有时也以发放公司债券的方式支付股利
股票股利	是公司以增发股票的方式所支付的股利

三、股利的发放

公司在选择了股利政策、确定了股利支付方式后，应当进行股利的发放。公司股利的发放必须遵循相关要求，按照日程安排来进行。一般情况下，股利的支付需要按照下列日程来进行，如表8.8所示。

表8.8　股利发放程序

程序	说　明
股利宣告日	股东大会决议通过并由董事会将股利支付情况予以公告的日期
股权登记日	即有权领取本期股利的股东资格登记截止日期。在这一天之后取得股票的股东则无权领取本次分派的股利
除息日	指领取股利的权利与股票相互分离的日期。在除息日前购买的股票才能领取本次股利，而在除息日当天或是以后购买的股票，则不能领取本次股利。由于失去了“付息”的权利，除息日的股票价格会下跌
股利支付日	公司按照公布的分红方案向股权登记日在册的股东实际支付股利的日期

小　结

1．利润分配的基本原则包括依法分配原则、兼顾各方面利益原则、分配与积累并重原则、投资与收益对等原则。

2．确定利润分配时应考虑法律因素、股东因素、公司因素及其他因素。

3．股利政策的种类。

剩余股利政策就是在公司有着良好的投资机会时，根据一定的目标资本结构，测算出投资所需的权益资本，先从盈余当中留用，然后将剩余作为股利予以分配。一般适用于公司初创阶段。

固定股利政策。公司在较长时期内都将支付固定的股利额，股利不随经营状况的变化而变化，除非当公司预期未来收益将会显著地、不可逆转地增长时，才提高年度的股利发放额。一般适用于经营比较稳定或正处于成长期、信誉一般的公司。

固定股利支付率政策。公司确定固定的股利支付率，并长期按此比率支付股利。

低正常股利加额外股利政策。公司一般情况下每年只支付一个固定的、数额较低的股利；在盈余较多的年份，再根据实际情况向股东发放额外股利。但额外股利并不固定，不意味着公司永久地提高了规定的股利率。在企业的净利润与现金流量不够稳定时，采用该政策对企业和股东都有利。

4．股份有限公司股利的主要形式有现金股利和股票股利。

5．股利分配方案的确定：选择股利政策；确定股利支付水平；确定股利支付形式；确定股利发放日期。

7．关键概念：利润分配；资本保全；剩余股利政策；固定股利政策；现金股利；股票股利；除息日。

基础知识与技能训练

一、单项选择题

1．一般而言，适用于采用固定股利政策的公司是（　　）。

A．负债率较高的公司　　B．盈利稳定或处于成长期的公司

C．盈利波动较大的公司　　D．盈利较高但投资机会较多的公司

2．在股份制企业当年无利润但用公积金弥补亏损后，股份制企业的法定盈余公积金不得低于注册资本的（　　）。

A．50%　　B．35%　　C．25%　　D．10%

3．最常见，也是最易被投资者接受的股利支付方式为（　　）。

A．现金股利　　B．股票股利　　C．财产股利　　D．负债股利

4．能够保持理想的资本结构，使综合资本成本最低的收益分配政策是（　　）。

A．固定股利政策　　B．固定股利比例政策

C．正常股利加额外股利政策　　D．剩余政策

5．下列各项股利分配政策中，能保持股利与利润间的一定比例关系，体现风险投资与风险收益的对等关系的是（　　）。

A．剩余政策　　B．固定股利政策

C．固定股利支付率政策　　D．低正常股利加额外股利政策

6．发放股票股利后（　　）。

A．每股利润不变，但每股市价变动　　B．股东持股比例不变，企业价值变动

C．股东权益各项目结构变动　　D．发生了资金的实质性运用

7．影响收益分配政策的下列因素中，（　　）不属于公司因素。

A．债务合同约束　　B．举债能力　　C．盈余稳定　　D．资产流动性

8．某公司现有发行在外的普通股 1 000 000 股，每股面额为 1 元，资本公积为 3 000 000 元，未分配利润为 8 000 000 元，股票市价为 20 元，若按 10%的比例发放股票股利并按市价折算，公司资本公积的报表列示将为（　　）元。

A．1 000 000　　B．2 900 000

C．4 900 000　　D．3 000 000

9．制定股利政策时，应考虑的投资者的因素是（　　）。

A．未来投资机会　　B．筹资成本

C．资产的流动性　　D．控制权的稀释

10．股利分配涉及的方面很多，其中最主要的是确定（　　）。

A．股利支付日期　　B．股利支付方式

C．股利支付比率　　D．股利政策确定

二、多项选择题

1．影响股利政策的法律约束因素包括（　　）。

A．资本保全约束　　B．资本积累约束

C．偿债能力约束　　D．超额累积利润约束

2．收益分配的基本原则是（　　）。

A．依法分配原则　　B．兼顾各方面利益原则

C．分配与积累并重原则　　D．投资与收益对等原则

3．在下列收益分配政策中，企业普遍采用、并为广大投资者所认可的基本政策有（　　）。

A．剩余股利政策　　B．固定股利政策

C．固定股利支付率政策　　D．低正常股利加额外股利政策

4．对企业年度发生亏损进行弥补的规定有（　　）。

A．当年发生亏损，以税前利润予以弥补

B．连续 5 年不足弥补的，用税后利润予以弥补

C．连续 5 年不足弥补的，也可用企业盈余公积、资本公积予以弥补

D．企业在以前年度亏损未弥补前，不得向投资者分配利润

5．影响收益分配政策的公司因素包括（　　）。

A．公司举债能力　　　　B．未来投资机会

C．资产流动状况　　　　D．筹资成本

三、判断题

1．根据无利不分的原则，当企业出现年度亏损时，一般不得分配利润。（　　）

2．在企业的净利润与现金流不够稳定时，采用剩余政策对企业和股东都是有利的。（　　）

3．不论企业的组织形式如何，法定公积金一律按净利润的 10%提取。（　　）

4．企业以前年度未分配的利润，不得并入本年度的利润内向投资者分配，以免企业过度分利。（　　）

5．我国目前的企业所得税税率统一为 33%。（　　）

6．正确处理投资者利益关系的关键是坚持投资与收益对等原则。（　　）

7．从理论上说，债权人不得干预企业的资金投向和股利分配方案。（　　）

8．所有者和债权人从企业取得的收益数额相同，对企业现金流量的影响相同。（　　）

9．留存收益是企业实现利润所形成的，所以留存收益没有资金成本。（　　）

10．采用固定股利支付率政策分配利润时，股利不受经营状况的影响，有利于公司股票的价格的稳定。（　　）

四、实训题

1．某公司某年提取了公积金、公益金后的税后净利润为 1000 万元，第二年的投资计划拟需资金 1200 万元。该公司的目标资本结构为自有资金占 60%，借入资金占 40%。另外，该公司流通在外的普通股总额为 2000 万股，没有优先股。

要求：计算该公司当年可发放的股利额及每股股利。

2．某企业 2007 年实现销售收入 2480 万元，全年固定成本为 570 万元，变动成本率为 55%，所得税税率为 25%。2004 年应用税后利润弥补上年度亏损 40 万元，按 10%提取盈余公积金，按 5%提取公益金，按提取公积金和公益金后利润 40%向投资者分配利润。

要求：计算 2007 年的税后利润、提取的盈余公积金、公益金和未分配利润。

3．某公司 2005 年的税后净利润为 1200 万元，分配的现金股利为 420 万元。2006 年的税后净利润为 900 万元。预计 2007 年该公司的投资计划需要资金 500 万元。该公司的目标资本结构为股权资本占 60%，债权资本占 40%。

要求：（1）如果采用固定股利政策，计算该公司 2006 年应分配的现金股利额。

（2）如果采用固定股利支付率政策，计算该公司 2006 年应分配的现金股利额。

（3）如果采用低正常股利加额外股利政策，该公司 2005 年的现金股利为正常股利额，计算该公司 2006 年应分配的现金股利额。

五、案例分析

案例：靠增发能否走出业绩不佳的困境[①]

2001 年 5 月 28 日东华实业公布董事会公告，拟增发 5000 万 A 股，计划筹资 43 000 万元，以投资益丰花园 B4、B5、B6 及商务楼项目。消息一出，引起了很多中小投资者的不满。

东华实业在上市之初就先天不足，资金缺口大多依靠银行借贷解决。根据公司 2001 年年报显示，其流动负债高达 3.6 亿元，其中银行贷款 2.7 亿元，较 2000 年同期增长 1.4 亿元，这不仅使得公司资产负债率居高不下，增加了财务风险，而且也造成公司财务费用较 2000 年增长了近 100%。事实上，公司对资金的需求相当迫切。

而与这种需求相反的是，公司在 2001 年的经营业绩却呈现滑坡之势。其中主营业务收入和净利润均下降了 10%。更为重要的是，由于会计政策的变动，公司调增了 2001 年的净利润共计 3472 万元，如果再加上营业外收支净额，公司 2001 年的非经常性损益高达 3813 万元，也就是说，公司真正的主营净利润只有 890 万元，占年度净利润额的 18.9%，这表明公司目前主业竞争力相当差。也正因为如此，公司 2001 年的现金流量也出现了异常变化：经营活动现金流量由 2000 年的 4086 万元变为—9708 万元，而筹资活动现金流量却由 2931 万元激增到 12 141 万元，这表明公司资金缺口正在加大，同时也使得其今后几年的财务包袱将会相当重。

所以公司此次的增发是为了缓解公司目前债务过重的现状，而非公司所言的“投资益丰花园 B4、B5、B6 及商务楼项目”。因为就其投资活动现金流量而言，一方面已经较 2000 年出现了 50%以上的回落，另一方面就算有新的投资项目，以其目前的投资现金流入量来判断，我们也很难期望这部分增发“圈来”的资金会在短期内产生多大的回报。实际上，最有可能承受损失的仍然是中小股民。

思考与分析：

（1）如何根据企业的实际情况确定股利支付水平？

（2）股利支付形式有哪些？

（3）你对东华实业的股利政策有何评价？

① 资料来源：http://www.docin.com/p-90424737.html.

本章学习笔记

第九章　财 务 分 析

知识点 ☞ 通过本章相关知识的学习，学生应了解和掌握以下知识点：财务报表的结构、内容；利用企业财务信息进行财务分析的主要方法；企业偿债能力、运营能力、获利能力以及综合财务情况的计算分析方法。

技能点 ☞ 能进行多种财务指标的计算；能对企业的综合财务情况进行评价。

引导案例

某公司自 2009 年上市以来，一直到 2011 年历年的每股收益分别为 0.35 元、0.29 元、0.36 元，净资产收益率保持在 10%以上，期间还进行了一次分红、一次资本公积金转增股份和一次配股。2011 年资产总额为 62 690 万元，负债总额为 15 760 万元，利息费用总额为 950 万元。但是，2012 年上半年该公司突然出现状况。中报显示，尽管 2011 年年末还有 4690 万元的净利润，但经过半年却变成了净亏损 20 792 万元。此时，公司资产为 51 200 万元，负债为 36 740 万元，利息费用总额为 1400 万元。据 2012 年中报披露，由于该公司的债务人丧失偿债能力，董事会一笔核销了其 134 710 065.20 元的巨额欠债，由此造成上半年出现巨额亏损。此时，该公司以往来账的形式所欠其股份公司的债务已达 21 660 万元。至 2012 年中期审计截止日，公司应收款项中发生诉讼案件涉及的金额已达 872 万元，假定公司所得税税率为 25%。

思考：

（1）该公司 2011 年、2012 年的长期偿债能力。

（2）结合 2012 年发生的事件，分析其对公司偿债能力的影响。

第一节　财务分析概述

一、财务分析的概念及意义

（一）财务分析的概念

财务分析是以企业财务报表等相关资料为基础，采用专门的方法，系统分析和评价企业财务状况、经营成果及未来发展趋势的过程，其目的是了解过去、评价现在和预测未来，帮助利益相关者改善决策。

企业对外发布的财务报告，是根据全体信息使用者的一般要求设计的，并不符合特定报表使用人的特定需求。财务分析最基本的功能是将大量的会计报表数据转换成对特定决策有用的信息，以减少决策的不确定性。

（二）财务分析的意义

1. 有利于经营管理者进行决策和改善经营管理

复杂的经营环境要求企业的经营管理者不仅要广泛、准确地了解信息，而且要全面、客观地掌握本企业的具体情况。这样，才能正确评价企业财务状况、经营成果及其变动趋势，揭示企业内部各项工作出现的问题及其产生的原因，从而改善企业的经营管理。

2. 有利于投资者做出投资决策和债权人制定信用政策

企业的财务状况和经营成果状况不仅是企业经营管理者需要掌握的，而且也是企业的投资者、债权人十分关心的，它直接关系到投资者和债权人的利益。为了提高投资收益，减少投资风险，投资者要正确进行投资决策；为了按时收回贷款或应收账款，减少呆账或坏账损失，债权人要制定正确的信用政策。因此，投资者和债权人对有关企业的盈利能力、偿债能力、营运能力及其发展趋势，必须要有深入的了解。这就要求对企业的财务报告进行深入的考察和分析，以便选择最佳投资目标或制定最佳信用政策。

3. 有利于国家有关部门加强税收征管和正确进行宏观调控

国家财税收入主要来自企业上缴的税收，为了保证国家的财政收入，国家财税机关必须改善和加强对税收的征收管理工作。一方面要促进企业改进生产经营管理，增加企业收益；另一方面要监督企业遵纪守法，保证税收及时、足额纳入国库。另外，为了保证社会主义市场经济的稳定发展，国家财税机关等政府部门必须制定宏观调控措施，规范企业的生产经营行为。无论是加强税收的征收管理，还是制定宏观调控措施，国家财税机关及有关政府部门，都有必要进行财务分析，全面、深入地掌握企业的财务状况、经营成果及其变动趋势。

二、财务分析的内容

一般而言，尽管不同的利益主体对企业财务分析有着不同的需要，但其核心仍然是分析企业的绩效。为了满足各方利益主体的需要，财务分析主要包括以下内容，如表 9.1 所示。

表 9.1　财务分析信息的需求者及各自的分析重点

分析主体	分析重点内容
所有者	关心其资本的保值和增值状况，因此较为重视企业获利能力指标，主要进行企业盈利能力分析
债权人	首先关注的是其投资的安全性，因此更重视企业偿债能力指标，既要进行企业偿债能力分析，同时也关注企业盈利能力分析

续表

分析主体	分析重点内容
经营决策者	关注企业经营理财的各个方面，包括运营能力、偿债能力、获利能力及发展能力，主要进行各方面综合分析，并关注企业财务风险和经营风险
政府	兼具多重身份，既是宏观经济管理者，又是国有企业的所有者和重要的市场参与者，因此政府对企业财务分析的关注点因所具身份不同而异

第二节 财务分析方法

对财务报表使用者来讲，如果只拥有财务报表，而不掌握一套财务报表分析的方法是很难做出正确决策的。各财务报表的内在联系及各报表内部各项目的构成如何，只能靠使用者凭借一定的专业技巧加以评判。随着分析对象、企业实际情况和分析者使用目的的不同，会采用不同的分析方法。财务分析的方法主要包括比较分析法、比率分析法和因素分析法，各种分析方法的含义、具体运用及应注意的问题如表 9.2 所示。

表 9.2 财务分析的方法

方法	含义	具体运用	应注意的问题
比较分析法	是指对两个或两个以上的可比数据进行对比，找出企业财务状况、经营成果中差异与问题。 根据比较对象的不同又分为趋势分析法、横向比较法和预算差异分析法	（1）重要财务指标的比较 定基动态比率$=\frac{分析期数额}{固定基期数额}\times 100\%$ 环比动态比率$=\frac{分析期数额}{前期数额}\times 100\%$ （2）会计报表的比较 会计报表项目构成的比较	1）用于对比的各个时期的指标其计算口径必须保持一致； 2）应剔除偶发性项目的影响，使分析所利用的数据能反映正常的生产经营状况； 3）应运用例外原则对某项有显著变动的指标作重点分析，研究其产生的原因，以便采取对策，趋利避害
比率分析法	是通过计算各种比率指标来确定财务活动变动程度的方法	（1）构成比率 构成比率$=\frac{某个组成部分数值}{总体数值}\times 100\%$ （2）效率比率 效率比率$=\frac{所得}{所费}\times 100\%$ （3）相关比率$=\frac{某一指标}{另一相关指标}\times 100\%$	1）对比项目的相关性； 2）对比口径的一致性； 3）衡量标准的科学性
因素分析法	是依据分析指标与影响因素的关系，从数量上确定各因素对分析指标影响方向和影响程度的一种方法	（1）连环替代法 设 $F=A\times B\times C$ 基数（计划、上年、同行业先进水平） 实际：$F_1=A_1\times B_1\times C_1$ 基数：$F_0=A_0\times B_0\times C_0$ ① 置换 A 因素：$A_1\times B_0\times C_0$ ② 置换 B 因素：$A_1\times B_1\times C_0$ ③ 置换 C 因素：$A_1\times B_1\times C_1$ ④ ②−①即为 A 因素变动对 F 指标的影响	1）因素分析的关联性； 2）因素替代的顺序性； 3）顺序替代的连环性（每一次替代均以上一次为基础）； 4）计算结果的假定性（各因素变动的影响数会因替代顺序不同而有差别，因而计算结果不免带有假定性）

续表

方法	含 义	具体运用	应注意的问题
因素分析法	是依据分析指标与影响因素的关系，从数量上确定各因素对分析指标影响方向和影响程度的一种方法	③－②即为B因素变动对F指标的影响 ④－③即为C因素变动对F指标的影响 （2）差额分析法 A因素变动对F指标的影响：$(A_1-A_0)\times B_0\times C_0$ B因素变动对F指标的影响：$(B_1-B_0)\times A_1\times C_0$ C因素变动对F指标的影响：$(C_1-C_0)\times A_1\times B_1$	

【例9.1】 某企业两个年度的利润表有关数据如表9.3所示，试对该企业利润变化进行分析说明。

表9.3 利润表　　单位：万元

项　目	上 年 度	本 年 度	差　异
营业收入	100 000	120 000	20 000
营业成本	60 000	80 000	20 000
期间费用	20 000	15 000	-5000
税前利润	20 000	25 000	5000

从表9.3可以看出，本年度利润比上年度增加了5000万元，分析原因，是因为在营业收入、营业成本同步上升20 000万元的前提下，期间费用下降了5000万元，从而使利润上升。因此，企业要保持利润上升，应努力降低其营业成本。同时，企业在成本管理上存在不足，应进一步查明成本增长幅度过大的原因。

【例 9.2】 生产过程中的原材料费用由产品产量、单位产品材料消耗量和材料单价 3 个因素的乘积构成的。因此，就可以把原材料费用这一总指标分解为3个因素，然后逐个分析它们对原材料费用总额的影响程度。现假定这3个因素的数值如表9.4所示。

表9.4 原材料的计划数与实际数　　单位：元

项　目	单　位	计 划 数	实 际 数
产品产量	件	1000	1100
单位产品材料耗用量	千克	8	7
材料单价	元	5	6
材料费用总额	元	40 000	46 200

根据材料可得出以下结论。

第一，计划指标＝1000×8×5＝40 000（元）　　①

实际指标＝1100×7×6＝46 200（元）

可看出实际材料费用总额比计划数增加 6 200 元。

第二，将计划指标表达式各因素依次替代如下：

1100×8×5=44 000（元）　　　　　　　　②

1100×7×5=38 500（元）　　　　　　　　③

1100×7×6=46 200（元）　　　　　　　　④

②−①=44 000−40 000=4000（元），这是产量增加使材料费用上升了 4000 元；

③−②=38 500−44 000=−5500（元），这是材料单位消耗量下降，使材料费用下降了 5500 元；

④−③=46 200−38 500=7700（元），这是材料单价的提高使材料费用上升了 7700 元。

第三，将上述差异加总：4000−5500+7700=6200（元），这是由于三因素的共同影响使得材料费用实际数较计划数增加了 6200 元。这一结果与第一步中的计划数和实际数的差异刚好相等，如果计算结果不相等，说明在替代的过程中出现了错误。

第四，由此可以看出，原材料费用的上升主要是因为市场上原材料单价的上升，其次是由于产品生产数量的增加，并不是由于原材料管理不好。但如果企业能够准确预测原材料价格的走势，就可以多储备一些原材料，从而可以避免由于原材料价格上升而使得原材料费用增加情况的出现。

第三节　财务指标分析

评价企业财务状况与经营成果的分析指标包括偿债能力指标、运营能力指标、获利能力指标、发展能力指标和社会贡献能力指标。

一、偿债能力指标

偿债能力是指企业偿还到期债务（包括本息）的能力。偿债能力指标包括短期偿债能力指标和长期偿债能力指标。

（一）短期偿债能力指标

短期偿债能力是指企业流动资产对流动负债及时足额偿还的保证程度，是衡量企业当前财务能力，特别是流动资产变现能力的重要标志。

企业短期偿债能力的衡量指标主要有流动比率、速动比率和现金流动负债比率 3 项。

1. 流动比率

流动比率是流动资产与流动负债的比率，它表明企业每一元流动负债有多少流动资产作为偿还保证，反映企业用可在短期内转变为现金的流动资产偿还到期流动负债的能力。其计算公式为

$$流动比率=流动资产/流动负债\times 100\%$$

一般情况下，流动比率越高，说明企业短期偿债能力越强，债权人的权益越有保证。

国际上通常认为，流动比率的下限为100%，而流动比率等于200%时较为适当，它表明企业财务状况稳定可靠，除了满足日常生产经营的流动资金需要外，还有足够的财力偿付到期短期债务。如果比例过低，则表示企业可能捉襟见肘，难以如期偿还债务。但是，流动比率也不可以过高，过高则表明企业流动资产占用较多，会影响资金的使用效率和企业的筹资成本，进而影响获利能力。究竟应保持多高水平的流动比率，主要视企业对待风险与收益的态度予以确定。

运用流动比率时，必须注意以下几个问题。

1）虽然流动比率越高，企业偿还短期债务的流动资产保证程度越强，但这并不等于说企业已有足够的现金或存款用来偿债。流动比率高也可能是存货积压、应收账款增多且收账期延长，以及待摊费用和待处理财产损失增加所致，而真正可用来偿债的现金和存款却严重短缺。所以，企业应在分析流动比率的基础上，进一步对现金流量加以考察。

2）从短期债权人的角度看，自然希望流动比率越高越好。但从企业经营角度看，过高的流动比率通常意味着企业闲置现金的持有量过多，必然造成企业机会成本的增加和获利能力的降低。因此，企业应尽可能将流动比率维持在不使货币资金闲置的水平。

3）流动比率是否合理，不同的企业及同一企业不同时期的评价标准是不同的，因此，不应用统一的标准来评价各企业流动比率合理与否。

4）在分析流动比率时应当剔除一些虚假因素的影响。

【例9.3】 光明公司2011年的资产负债表和利润表（均为简化形式）如表9.5和表9.6所示。

根据表9.5和表9.6中的资料，光明公司2011年的流动比率如下（计算结果保留小数点后两位，下同）：

$$年初流动比率=7100/3400\times100\%=208.82\%$$

$$年末流动比率=8050/4000\times100\%=201.25\%$$

光明公司2011年年初和年末的流动比率均超过一般公认标准，说明光明公司具有较强的短期偿债能力。

表9.5　资产负债表

编制单位：光明公司　　2011年12月31日　　单位：万元

资　　产	年末余额	年初余额	负债和所有者权益	年末余额	年初余额
流动资产：	900	800	流动负债：		
货币资金	500	1000	短期借款	2300	2000
交易性金融资产	1300	1200	应付账款	1200	1000
应收账款	70	40	预收账款	400	300
预付账款	5200	4000	其他应付款	100	100
存货	80	60	流动负债合计	4000	3400
其他流动资产	8050	7100	非流动负债：		
流动资产合计			长期借款	2500	2000

续表

资　产	年末余额	年初余额	负债和所有者权益	年末余额	年初余额
非流动资产：			非流动负债合计	2500	2000
持有至到期投资	400	400	负债合计	6500	5400
固定资产	14 000	12 000	所有者权益：		
无形资产	550	500	实收资本（或股本）	12 000	12 000
非流动资产合计	14 950	12 900	盈余公积	16 000	16 000
			未分配利润	2900	1000
			所有者权益合计	16 500	14 600
资产总计	23 000	20 000	负债和所有者权益合计	23 000	20 000

表 9.6　利润表

编制单位：光明公司　　　　2011 年度　　　　单位：万元

项　目	本期金额	上期金额
一、营业收入	21 200	18 800
减：营业成本	12 400	10 900
营业税金及附加	1200	1080
销售费用	1900	1620
管理费用	1000	800
财务费用	300	200
加：投资收益	300	300
二、营业利润	4700	4500
加：营业外收入	150	100
减：营业外支出	650	600
三、利润总额	4200	4000
减：所得税费用	1680	1600
四、净利润	2520	2400

2. 速动比率

速动比率是企业速动资产与流动负债的比值。速动资产是指流动资产减去变现能力较差且不稳定的存货、预付账款、一年内到期的非流动资产和其他流动资产等之后的余额。由于剔除了存货等变现能力较弱且不稳定的资产，因此，与流动比率相比，速度比率能够更加准确、可靠地评价企业资产的流动性及其偿还短期负债的能力。其计算公式为

$$速动比率=\frac{速动资产}{流动负债}\times100\%$$

其中：

速动资产＝货币资金＋交易性金融资产＋应收账款＋应收票据

=流动资产－存货－预付账款－一年内到期的非流动资产－其他流动资产

说明：报表中如有应收利息、应收股利和其他应收款项目，可视情况归入速动资产项目。

一般情况下，速动比率越高，表明企业偿还流动负债的能力越强。国际上通常认为，速动比率等于100%时较为适当。如果速动比率小于100%，必使企业面临很大的偿债风险；如果速动比率大于100%，尽管债务偿还的安全性很高，但却会因企业现金及应收账款资金占用过多而大大增加企业的机会成本。

【例9.4】 根据表9.5的资料，假设光明公司2011年度的其他流动资产均为待摊费用，光明公司2011年的速动比率如下：

年初速动比率=（800+1000+1200）/3400×100%=88.24%

年末速动比率=（900+500+1300）/4000×100%=67.5%

分析表明光明公司2011年年末的速动比率比年初有所降低，虽然光明公司流动比率超过一般公认标准，但由于流动资产中存货所占比例过大，导致公司速动比率未达到一般公认标准，公司的实际短期偿债能力并不理想，需采取措施加以扭转。

在分析时需注意的是，尽管速动比率较之流动比率更能反映出流动负债偿还的安全性和稳定性，但并不能认为速动比率较低的企业的流动负债到期绝对不能偿还。实际上，如果企业存货流转顺畅，变现能力较强，即使速动比率较低，只要流动比率高，企业仍然有望偿还到期的债务本息。

3. 现金流动负债比率

现金流动负债比率是企业一定时期的经营现金净流量同流动负债的比率，它可以从现金流量角度来反映企业当期偿付短期负债的能力。其计算公式为

现金流动负债比率=年经营现金净流量/年末流动负债×100%

其中，年经营现金净流量指一定时期内，企业经营活动所产生的现金及现金等价物流入量与流出量的差额。

现金流动负债比率从现金流入和流出的动态角度对企业的实际偿债能力进行考查。由于有利润的年份不一定有足够的现金（含现金等价物）来偿还债务，因此利用以收付实现制为基础计量的现金流动负债比率指标，能充分体现企业经营活动所产生的现金净流量可以在多大程度上保证当期流动负债的偿还，直观地反映出企业偿还流动负债的实际能力。用该指标评价企业偿债能力更加谨慎。该指标越大，表明企业经营活动产生的现金净流量越多，越能保障企业按期偿还到期债务，但也并不是越大越好，该指标过大则表明企业流动资金利用不充分，获利能力不强。

（二）长期偿债能力指标

长期偿债能力是指企业偿还长期负债的能力。企业长期偿债能力的衡量指标主要有资产负债率、产权比率、已获利息倍数等。

1. 资产负债率

资产负债率又称负债比率，指企业负债总额对资产总额的比率。它表明企业资产总额

中，债权人提供资金所占的比例，以及企业资产对债权人权益的保障程度。其计算公式为

资产负债率＝负债总额/资产总额×100%

一般情况下，资产负债率越小，表明企业长期偿债能力越强。但是，也并非说该指标对谁都是越小越好。从债权人的角度来说，该指标越小越好，这样企业偿债越有保证。从企业所有者的角度来说，如果该指标较大，说明利用较少的自有资本投资形成了较多的生产经营用资产，不仅扩大了生产经营规模，而且在经营状况良好的情况下，还可以利用财务杠杆的原理，得到较多的投资利润，如果该指标过小则表明企业对财务杠杆利用不够。但资产负债率过大，则表明企业的债务负担重，企业资金实力不强，不仅对债权人不利，而且企业有濒临倒闭的危险。此外，企业的长期偿债能力与获利能力密切相关，因此企业经营决策者应当将偿债能力指标（风险）与获利能力指标（收益）结合起来分析，予以平衡考虑。保守的观点认为资产负债率不应高于50%，而国际上通常认为资产负债等于60%时较为适当。

【例9.5】 根据表9.5的资料，光明公司2011年的资产负债率如下：

年初资产负债率＝5400/20 000×100%＝27%

年末资产负债率＝6500/23 000×100%＝28.26%

光明公司2011年年初和年末的资产负债率均不高,说明公司长期偿债能力较强，这样有助于增强债权人对公司出借资金的信心。

2. 产权比率

产权比率是指负债总额与所有者权益总额的比率，是企业财务结构稳健与否的重要标志，也称资本负债率。它反映企业所有者权益对债权人权益的保障程度。其计算公式为

产权比率＝负债总额/所有者权益总额×100%

一般情况下，产权比率越低，表明企业的长期偿债能力越强，债权人权益的保障程度越高，承担的风险越小，但企业不能充分地发挥负债的财务杠杆效应。所以，企业在评价产权比率适度与否时，应从提高获利能力与增强偿债能力两个方面综合进行，即在保障债务偿还安全的前提下，应尽可能提高产权比率。

【例9.6】 根据表9.5的资料，光明公司2011年的产权比率如下：

年初产权比率＝5400÷14 600×100%＝36.99%

年末产权比率＝6500÷16 500×100%＝39.39%

光明公司2011年年初和年末的产权比率均不高，同资产负债率的计算结果可相互印证，表明公司长期偿债能力较强，债权人的保障程度较高。

产权比率与资产负债率对评价偿债能力的作用基本相同，两者的主要区别是，资产负债率侧重于分析债务偿付安全性的物质保障程度，产权比率则侧重于揭示财务结构的稳健程度及自有资金对偿债风险的承受能力。

3. 已获利息倍数

已获利息倍数是指企业一定时期息税前利润与利息支出的比率，反映了获利能力对债务偿付的保证程度。其中，息税前利润总额指利润总额与利息支出的合计数，利息支出指

实际支出的借款利息、债券利息等。其计算公式为

已获利息倍数=息税前利润总额/利息支出

息税前利润总额=利润总额+利息支出

=净利润+所得税+利息支出

已获利息倍数不仅反映了企业获利能力的大小，而且反映了获利能力对偿还到期债务的保证程度，它既是企业举债经营的前提依据，也是衡量企业长期偿债能力大小的重要标志。一般情况下，已获利息倍数越高，表明企业长期偿债能力越强。国际上通常认为，该指标为 3 时较为适当。从长期来看，若要维持正常偿债能力，已获利息倍数至少应当大于 1，如果已获利息倍数过小，企业将面临亏损，以及偿债的安全性与稳定性下降的风险。究竟企业已获利息倍数应是多少，才算偿付能力强，这要根据往年经验结合行业特点来判断。

【例 9.7】 根据表 9.6 的资料，同时假定表中财务费用全部为利息支出，光明公司 2010 年度和 2011 年度的已获利息倍数分别为

2010 年度的已获利息倍数=（4000+200）/200=21

2011 年度的已获利息倍数=（4200+300）/300=15

从以上的计算结果来看，应当说光明公司 2010 年度和 2011 年度的已获利息倍数都较高，有较强的偿付负债利息的能力。进一步还需结合公司往年的情况和行业的特点进行判断。

二、运营能力指标

运营能力是指企业基于外部市场环境的约束，通过内部人力资源和生产资料的配置组合而对财务目标实现所产生作用的大小。运营能力指标包括人力资源运营能力指标和生产资料运营能力指标。

（一）人力资源运营能力指标

人作为生产力的主体和企业财富的原始创造者，其素质水平的高低对企业运营能力的形成状况具有决定性作用。而分析和评价人力资源运营能力的着眼点在于如何充分调动劳动者的积极性、能动性，从而提高其经营效率。人力资源运营能力通常采用劳动效率指标来分析。

劳动效率是指企业营业收入或净产值与平均职工人数（可以视不同情况具体确定）的比率。其计算公式为

劳动效率=营业收入或净产值/平均职工人数

对企业劳动效率进行考核评价主要是采用比较的方法。例如，将实际劳动效率与本企业计划水平、历史先进水平或同行业平均先进水平等指标进行对比，进而确定其差异程度，分析造成差异的原因，以择取适宜对策，进一步发掘提高人力资源劳动效率的潜能。

（二）生产资料运营能力指标

企业拥有或控制的生产资料表现为各项资产占用。因此，生产资料的运营能力实际上就是企业的总资产及其各个组成要素的运营能力。资产运营能力的强弱取决于资产的周转速度、资产运行状况、资产管理水平等多种因素。例如，说资产的周转速度，一般来说，

周转速度越快，资产的使用效率越高，则资产运营能力越强；反之，运营能力就越差。资产周转速度通常用周转率和周转期表示。所谓周转率，即企业在一定时期内资产的周转额与平均余额的比率，它反映企业资产在一定时期的周转次数。周转次数越多，表明周转速度越快，资产运营能力越强。这一指标的反指标是周转天数，它是周转次数的倒数与计算期天数的乘积，反映资产周转一次所需要的天数。周转天数越少，表明周转速度越快，资产运营能力越强。两者的计算公式分别为

周转率（周转次数）=周转额/资产平均余额

周转期（周转天数）=计算期天数/周转次数

=资产平均余额×计算期天数/周转额

具体地说，生产资料运营能力分析可以从以下几个方面进行：流动资产周转情况分析、固定资产周转情况分析及总资产周转情况分析等。

1. 流动资产周转情况

反映流动资产周转情况的指标主要有应收账款周转率、存货周转率和流动资产周转率。

（1）应收账款周转率

应收账款周转率是企业一定时期内营业收入（或销售收入，本章下同）与平均应收账款余额的比率，是反映应收账款周转速度的指标。其计算公式为

应收账款周转率（周转次数）=营业收入/平均应收账款余额

平均应收账款余额=（应收账款余额年初数+应收账款余额年末数）/2

应收账款周转期（周转天数）=平均应收账款余额×360/营业收入

应收账款周转率反映了企业应收账款变现速度的快慢及管理效率的高低，周转率高表明：①收账迅速，账龄较短；②资产流动性强，短期偿债能力强；③可以减少收账费用和坏账损失，从而相对增加企业流动资产的投资收益。同时借助收账款周转期与企业信用期限的比较，还可以评价购买单位的信用程度，以及企业原订的信用条件是否适当。

利用上述公式计算应收账款周转率时，需要注意以下几个问题：①公式中的应收账款包括会计核算中应收账款和应收票据等全部赊销账款在内；②如果应收账款余额的波动性较大，应尽可能使用更详尽的计算资料，如按每月的应收账款余额来计算其平均占用额；③分子、分母的数据应注意时间的对应性。

【例 9.8】 根据表 9.5 和表 9.6 的资料，同时假定光明公司 2009 年年末的应收账款余额为 1100 万元，光明公司 2010 年度和 2011 年度应收账款周转率的计算如表 9.7 所示。

表 9.7　应收账款周转率计算表

项　目	2009 年	2010 年	2011 年
营业收入/万元		18 800	21 200
应收账款年末余额/万元	1100	1200	1 300
平均应收账款余额/万元		1150	1 250
应收账款周转率/次		16.35	16.96
应收账款周转期/天		22.02	21.23

以上计算结果表明，光明公司 2011 年度的应收账款周转率比 2010 年度略有改善，周转次数由 16.35 次提高为 16.96 次，周转天数由 22.02 天缩短为 21.23 天。这不仅说明公司的运营能力有所增强，而且对流动资产的变现能力和周转速度也会起到促进作用。

（2）存货周转率

存货周转率是企业一定时期营业成本与平均存货余额的比率，是反映企业流动资产流动性的一个指标，也是衡量企业生产经营各环节中存货运营效率的一个综合性指标。其计算公式为

存货周转率（周转次数）=营业成本/平均存货余额

平均存货余额=（存货余额年初数+存货余额年末数）/2

存货周转期（周转天数）=平均存货余额×360/营业成本

存货周转速度的快慢，不仅反映出企业采购、储存、生产、销售各环节管理工作状况的好坏，而且对企业的偿债能力及获利能力产生决定性的影响。一般来讲，存货周转率越高越好，存货周转率越高，表明其变现的速度越快，周转额越大，资产占用水平越低。因此，通过存货周转分析，有利于找出存货管理存在的问题，尽可能降低资金占用水平。存货既不能储存过少，否则可能造成生产中断或销售紧张；又不能储存过多，而形成呆滞、积压。一定要保持结构合理、质量可靠。其次，存货是流动资产的重要组成部分，其质量和流动性对企业流动比率具有举足轻重的影响，并进而影响企业的短期偿债能力。故一定要加强存货的管理，来提高其投资的变现能力和获利能力。

在计算存货周转率时应注意以下几个问题：①存货计价方法对存货周转率具有较大的影响，因此，在分析企业不同时期或不同企业的存货周转率时，应注意存货计价方法的口径是否一致；②分子、分母的数据应注意时间上的对应性。

【例 9.9】 根据表 9.5 和表 9.6 的资料，同时假设光明公司 2009 年年末的存货余额为 3800 万元，光明公司 2010 年度和 2011 年度存货周转率的计算如表 9.8 所示。

以上计算结果表明，光明公司 2011 年度的存货周转率比 2010 年度有所延缓，存货周转次数由 2.79 次降为 2.70 次，周转天数由 128.81 天增为 133.55 天。这反映出光明公司 2011 年度的存货管理效率不如 2010 年度，其原因可能与 2011 年度存货较大幅度的增长有关。

表 9.8　存货周转率计算表

项　　目	2009 年	2010 年	2011 年
营业成本/万元		10 900	12 400
存货年末余额/万元	3800	4000	5200
平均存货余额/万元		3900	4600
存货周转率/次		2.79	2.70
存货周转期/天		128.81	133.55

（3）流动资产周转率

流动资产周转率是企业一定时期营业收入与流动资产平均总额的比率，是反映企业流动资产周转速度的指标。其计算公式为

$$流动资产周转率（周转次数）=\frac{营业收入}{流动资产平均总额}$$

$$流动资产平均总额=\frac{流动资产总额年初数+流动资产总额年末数}{2}$$

$$流动资产周转期（周转天数）=\frac{平均资产总额\times 360}{营业收入}$$

在一定时期内，流动资产周转次数越多，表明以相同的流动资产完成的周转额越多，流动资产利用效果就越好。从流动资产周转天数来看，周转一次所需要的天数越少，表明流动资产在经历生产和销售各阶段时所占用的时间越短。生产经营任何一个环节上工作的改善，都将反映到周转天数的缩短上来。

【例 9.10】 根据表 9.5 和表 9.6 的资料，同时假设光明公司 2009 年年末的流动资产总额为 6000 万元，光明公司 2010 年度和 2011 年度流动资产周转率的计算如表 9.9 所示。

表 9.9 流动资产周转率计算表

项 目	2009 年	2010 年	2011 年
营业收入/万元		18 800	21 200
流动资产年末总额/万元	6000	7100	8050
流动资产平均总额/万元		6550	7575
流动资产周转率/次		2.87	2.80
流动资产周转期/天		125.43	128.57

由此可见，光明公司 2011 年度的流动资产周转期比 2010 年度延缓了 3.14 天，流动资金占用增加，增加占用的数额可计算如下：

$$(128.57-125.43)\times 21\ 200/360=184.91（万元）$$

2. 固定资产周转情况

反映固定资产周转情况的主要指标是固定资产周转率，它是企业一定时期营业收入与固定资产平均净值的比率，是衡量固定资产利用效率的一项指标。其计算公式为

$$固定资产周转率（周转次数）=\frac{营业收入}{固定资产平均净值}$$

$$固定资产平均净值=\frac{固定资产净值年初数+固定资产净值年末数}{2}$$

$$固定资产周转期（周转天数）=\frac{固定资产平均净值}{营业收入}\times 360$$

需要说明的是，与固定资产有关的价值指标有固定资产原价、固定资产净值和固定资产净额等。其中，固定资产原价是指固定资产的历史成本。固定资产净值为固定资产原价扣除已计提的累计折旧后的金额（即：固定资产净值=固定资产原价－累计折旧）。固定资产净额则是固定资产原价扣除已计提的累计折旧，以及已计提的减值准备后的余额（即：固定资产净额=固定资产原价－累计折旧－已计提减值准备）。

一般情况下，固定资产周转率高，表明企业固定资产利用充分，同时也能表明企业固定资产投资得当、结构合理，能够充分发挥效率。反之，如果固定资产周转率不高，则表明固定资产使用效率不高，提供的生产成果不多，企业的运营能力不强。

计算固定资产周转率时，需要考虑因计提折旧使得固定资产净值不断地减少，以及因更新重置使得净值突然增加的情况。同时，折旧方法的不同，可能影响数据的可比性。因此，在具体分析时，一定要剔除掉这些不可比因素。

【例 9.11】 根据表 9.5 和表 9.6 中的资料，同时假设光明公司 2009 年年末的固定资产净值为 11 800 万元，表 9.5 中的固定资产金额均为固定资产净值（未计提固定资产减值准备）。光明公司 2010 年度和 2011 年度固定资产周转率的计算如表 9.10 所示。

表 9.10　固定资产周转率计算表

项　　目	2009 年	2010 年	2011 年
营业收入/万元		18 800	21 200
固定资产年末净值/万元	11 800	12 000	14 000
固定资产平均净值/万元		11 900	13 000
固定资产周转率/次		1.58	1.63
固定资产周转期/天		227.85	220.85

以上计算结果表明，公司 2011 年度的固定资产周转率比 2010 年更快，其主要原因是固定资产净值的增加幅度低于营业收入增长幅度。这表明公司的运营能力有所提升。

3. *总资产周转情况*

反映总资产周转情况的主要指标是总资产周转率，它是企业一定时期营业收入与平均资产总额的比值，可用来反映企业全部资产的利用效率。其计算公式为

$$\text{总资产周转率（周转次数）}=\frac{\text{营业收入}}{\text{平均资产总额}}$$

$$\text{平均资产总额}=\frac{\text{资产总额年初数}+\text{资产总额年末数}}{2}$$

$$\text{总资产周转期（周转天数）}=\frac{\text{平均资产总额}}{\text{营业收入}}\times 360$$

总资产周转率越高，说明企业全部资产的使用效率越高；反之，如果该指标较低，则说明企业利用全部资产进行经营的效率较差，最终影响企业的获利能力。企业应采取各项措施提高企业资产的利用程度，如提高销售收入或处理多余资产。

【例 9.12】 根据表 9.5 和表 9.6 中的资料，同时假设光明公司 2009 年年末的资产总额为 19 000 万元，光明公司 2010 年度和 2011 年度总资产周转率的计算如表 9.11 所示。

表 9.11　总资产周转率计算表

项　　目	2009 年	2010 年	2011 年
营业收入/万元		18 800	21 200
资产年末总额/万元	19 000	20 000	23 000

续表

项 目	2009年	2010年	2011年
平均资产总额/万元		19 500	21 500
总资产周转率/次		0.96	0.99
总资产周转期/天		375	363.64

以上计算表明，光明公司2011年度的总资产周转率比2010年度略有加快。这是因为光明公司固定资产平均净值的增长幅度（9.24%）虽低于营业收入的增长幅度（12.77%），但流动资产平均余额的增长幅度（15.65%）却略高于营业收入的增长幅度，所以总资产的利用效率难以大幅度提高。

需要说明的是，在上述指标的计算中均以年度作为计算期，在实际中，计算期应视分析的需要而定，但应保持分子与分母在时间口径上的一致。如果资金占用的波动性较大，企业应采用更详细的资料进行计算。如果各期占用额比较稳定，波动不大，季度、年度的平均资金占用额也可以直接用（期初数＋期末数）/2的公式来计算。

三、获利能力指标

对增值的不断追求是企业资金运动的动力源泉与直接目的。获利能力就是企业资金增值的能力，它通常体现为企业收益数额的大小与水平的高低。由于企业会计的六大要素有机统一于企业资金运动过程，并通过筹资、投资活动取得收入，补偿成本费用，从而实现利润目标。因此，可以按照会计基本要素设置营业利润率、成本费用利润率、总资产报酬率、净资产收益率等指标，藉以评价企业各要素的获利能力及资本保值增值情况。此外，上市公司经常使用的获利能力指标还有每股收益、每股股利、市盈率和每股净资产等。

（一）营业利润率

营业利润率是企业一定时期营业利润与营业收入的比率。其计算公式为

营业利润率＝营业利润/营业收入×100%

营业利润率越高，表明企业市场竞争力越强，发展潜力越大，从而获利能力越强。需要说明的是，从利润表来看，企业的利润包括营业利润、利润总额和净利润3种形式。而营业收入包括主营业务收入和其他业务收入，收入来源有商品销售收入、提供劳务收入和资产使用权让渡收入等。因此，在实务中也经常使用销售净利率、销售毛利率等指标（计算公式如下）来分析企业经营业务的获利水平。此外，通过考察营业利润占整个利润总额比例的升降，可以发现企业经营理财状况的稳定性、面临的危险或者可能出现的转机迹象。

销售净利率＝净利润/销售收入×100%

销售毛利率＝（销售收入－销售成本）/销售收入×100%

【例9.13】 根据表9.6的资料，光明公司2010年度和2011年度的营业利润率的计算如表9.12所示。

表 9.12　营业利润率计算表

项　　目	2010 年	2011 年
营业利润/万元	4500	4700
营业收入/万元	18 800	21 200
营业利润率/%	23.94	22.17

从以上分析可以看出：光明公司的营业利润率略有下降。通过分析可以看到，这种下降趋势主要是由于公司 2011 年的成本费用增加所致，由于下降幅度不大，可见，公司的经营方向和产品结构仍符合现有市场需要。

（二）成本费用利润率

成本费用利润率是指企业一定时期利润总额与成本费用总额的比率。其计算公式为

成本费用利润率＝利润总额/成本费用总额×100%

成本费用总额＝营业成本＋营业税金及附加＋管理费用＋销售费用＋财务费用

该指标越高，表明企业为取得利润而付出的代价越小，成本费用控制得越好，获利能力越强。

同利润一样，成本费用的计算口径也可以分为不同的层次，如主营业务成本、营业成本等。在评价成本费用开支效果时，应当注意成本费用与利润之间在计算层次和口径上的对应关系。

【例 9.14】 根据表 9.6 的资料，光明公司 2010 年度和 2011 年度的成本费用利润率的计算如表 9.13 所示。

表 9.13　成本费用利润率计算表

项　　目	2010 年	2011 年
营业成本/万元	10 900	12 400
营业税金及附加/万元	1080	1200
销售费用/万元	1620	1900
管理费用/万元	800	1000
财务费用/万元	200	300
成本费用总额/万元	14 600	16 800
利润总额/万元	4000	4200
成本费用利润率/%	27.4	25

从以上计算结果可以看到，光明公司 2011 年度的成本费用利润率比 2010 年度有所下降，公司应当深入检查导致成本费用上升的因素，改进有关工作，以便扭转效益指标下降的状况。

（三）总资产报酬率

总资产报酬率是企业一定时期内获得的报酬总额与平均资产总额的比率。它是反映企业资产综合利用效果的指标，也是衡量企业利用负债和所有者权益总额取得盈利的重要指

标。其计算公式为

总资产报酬率=息税前利润总额/平均资产总额×100%

息税前利润总额=利润总额+利息支出

=净利润+所得税+利息支出

总资产报酬率全面反映了企业全部资产的获利水平，企业所有者和债权人对该指标都非常关心。一般情况下，该指标越高，表明企业的资产利用效益越好，整个企业获利能力越强，经营管理水平越高。企业还可以将该指标与市场资本利率进行比较，如果前者较后者大，则说明企业可以充分利用财务杠杆，适当举债经营，以获得更多的收益。

【例 9.15】 根据表 9.5 和表 9.6 的资料，同时假设表中财务费用全部为利息支出，而且光明公司 2009 年度的年末资产总领为 19 000 万元。光明公司 2010 年度和 2011 年度总资产报酬率的计算如表 9.14 所示。

表 9.14 总资产报酬率计算表

项 目	2009 年	2010 年	2011 年
利润总额/万元		4000	4200
利息支出/万元		200	300
息税前利润总额/万元		4200	4500
资产年末总额/万元	19 000	20 000	23 000
平均资产总额/万元		19 500	21 500
总资产报酬率/%		21.54	20.93

计算结果表明，企业 2011 年度的资产综合利用效率略微不如 2010 年度，需要对公司资产的使用情况，增产节约工作等情况做进一步的分析考察，以便改进管理，提高效益。

（四）净资产收益率

净资产收益率是企业一定时期净利润与平均净资产的比率。它是反映自有资金投资收益水平的指标，是企业获利能力指标的核心。其计算公式为

净资产收益率=净利润/平均净资产×100%

平均净资产=（所有者权益年初数+所有者权益年末数）/2

净资产收益率是评价企业自有资本及其积累获取报酬水平的最具综合性与代表性的指标，反映企业资本运营的综合效益。该指标通用性强，适应范围广，不受行业局限，在国际上的企业综合评价中使用率非常高。通过对该指标的综合对比分析，可以看出企业获利能力在同行业中所处的地位，以及与同类企业的差异水平。一般认为，净资产收益率越高，企业自有资本获取收益的能力越强，运营效益越好，对企业投资人和债权人权益的保证程度越高。

【例 9.16】 根据表 9.5 和表 9.6 的资料，同时假定光明公司 2009 年度的年末净资产为 13 000 万元。光明公司 2010 年度和 2011 年度净资产收益率的计算如表 9.15 所示。

表 9.15　净资产收益率计算表

项　　目	2009 年	2010 年	2011 年
净利润/万元		2400	2 520
年末净资产额/万元	13 000	14 600	16 500
平均净资产/万元		13 800	15 550
净资产收益率/%		17.39	16.21

光明公司 2011 年度的净资产收益率比 2010 年度降低了 1 个多百分点，这是由于光明公司所有者权益的增长快于净利润的增长所引起的，根据前列资料可以求得，光明公司的所有者权益增长率为（15 550－13 800）/13 800×100%＝12.68%，而其净利润的增长率为（2520－2400）/2400×100%＝5%。

第四节　财务综合指标分析

一、综合指标分析的含义及特点

财务分析的最终目的在于全方位地了解企业经营理财的状况，并藉以对企业经济效益的优劣做出系统的、合理的评价。单独分析任何一项财务指标，都难以全面评价企业的财务状况和经营成果，要想对企业财务状况和经营成果有一个总的评价，就必须进行相互关联的分析，采用适当的标准进行综合性的评价。所谓综合指标分析，就是将运营能力、偿债能力、获利能力和发展能力指标等纳入一个有机的整体之中，全面地对企业经营状况、财务状况进行揭示与披露，从而对企业经济效益的优劣作出准确的评价与判断。

综合指标分析的特点，体现在其财务指标体系的要求上。一个健全有效的综合财务指标体系必须具备 3 个基本要素。

1. 指标要素齐全适当

指标要素齐全适当是指所设置的评价指标必须能够涵盖着企业运营能力、偿债能力和获利能力等诸方面总体考核的要求。

2. 主辅指标功能匹配

这里要强调两个方面：第一，在确立运营能力、支付能力和获利能力诸方面评价的主要指标与辅助指标的同时，进一步明晰总体结构中各项指标的主辅地位；第二，不同范畴的主要考核指标所反映的企业经营状况、财务状况的不同侧面与不同层次的信息有机统一，应当能够全面而详实地揭示出企业经营理财的实绩。

3. 满足多方信息需要

满足多方信息需要要求评价指标体系必须能够提供多层次、多角度的信息资料，既能满足企业内部管理当局实施决策对充分而具体的财务信息的需要，同时又能满足外部投资者和政府借此决策和实施宏观调控的要求。

二、综合指标分析方法

综合指标分析的方法很多，其中应用比较广泛的有杜邦财务分析体系和沃尔评分法。

（一）杜邦财务分析体系

杜邦财务分析体系（简称杜邦体系）是利用各财务指标间的内在关系，对企业综合经营理财及经济效益进行系统分析评价的方法。因其最初由美国杜邦公司创立并成功运用而得名。该体系以净资产收益率为核心，将其分解为若干财务指标，通过分析各分解指标的变动对净资产收益率的影响来揭示企业获利能力及其变动原因。

杜邦体系各主要指标之间的关系如下：

净资产收益率＝总资产净利率×权益乘数

＝营业净利率×总资产周转率×权益乘数

营业净利率＝净利润/营业收入

总资产周转率＝营业收入/平均资产总额

权益乘数＝资产总额/所有者权益总额＝1/（1－资产负债率）

在具体运用杜邦体系进行分析时，可以采用前文所述的因素分析法，首先确定营业净利率、总资产周转率和权益乘数的基准值，然后顺次代入这 3 个指标的实际值（图 9.1），分别计算分析这 3 个指标的变动对净资产收益率的影响方向和程度，还可以使用因素分析法进一步分解各个指标并分析其变动的深层次原因，找出解决的方法。

【例 9.17】 根据表 9.5 和表 9.6 的资料，可计算光明公司 2011 年度杜邦体系中的各项指标，如图 9.1 所示。

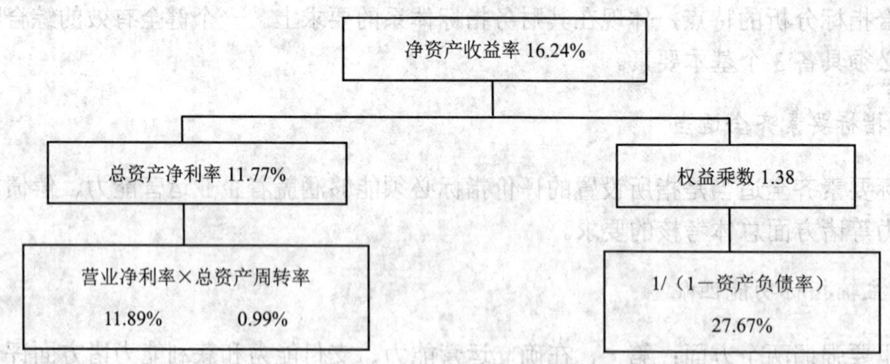

图 9.1　杜邦分析图

由于净资产收益率、总资产净利率、营业净利率和总资产周转率都是时期指标，而权益乘数和资产负债率是时点指标，因此，为了使这些指标具有可比性，图 9.1 中的权益乘数和资产负债率均采用的是 2011 年度年初和年末的平均值。

根据表 9.5 和表 9.6 的资料及前文中的假定，运用连环替代法对光明公司 2011 年度的净资产收益率进行分析。

净资产收益率=营业净利率×总资产周转率×权益乘数

2010 年度指标：12.77%×0.96×1.41=17.29%　①

第一次替代：　11.89%×0.96×1.41=16.09%　②

第二次替代：　11.89%×0.99×1.41=16.60%　③

第三次替代：　11.89%×0.99×1.38=16.24%　④

②−①=16.09%−17.29%=−1.20%（营业净利率下降的影响）

③−②=16.60%−16.09=0.51%（总资产周转率上升的影响）

④−③=16.24%−16.60%=−0.36%（权益乘数下降的影响）

上述指标之间的关系如下。

1）净资产收益率是一个综合性最强的财务比率，是杜邦体系的核心。其他各项指标都是围绕这一核心，通过研究彼此间的依存制约关系，而揭示企业的获利能力及其前因后果。财务管理的目标是使所有者财富最大化，净资产收益率反映所有者投入资金的获利能力，反映企业筹资、投资、资产运营等活动的效率，提高净资产收益率是实现财务管理目标的基本保证。该指标的高低取决于营业净利率、总资产周转率与权益乘数。

2）营业净利率反映了企业净利润与营业收入的关系。提高营业净利率是提高企业盈利的关键，主要有两个途径：一是扩大营业收入，二是降低成本费用。

3）总资产周转率揭示企业资产总额实现营业收入的综合能力。企业应当联系营业收入分析企业资产的使用是否合理，资产总额中流动资产和非流动资产的结构安排是否适当。此外，还必须对资产的内部结构及影响资产周转率的各具体因素进行分析。

4）权益乘数反映所有者权益与总资产的关系。权益乘数越大，说明企业负债程度较高，能给企业带来较大的财务杠杆利益，但同时也带来了较大的偿债风险。因此，企业既要合理使用全部资产，又要妥善安排资本结构。

通过杜邦体系自上而下地分析，不仅可以揭示出企业各项财务指标间的结构关系，查明各项主要指标变动的影响因素，而且为决策者优化经营理财状况，提高企业经营效益提供了思路。提高主权资本净利率的根本在于扩大销售、节约成本、合理投资配置、加速资金周转、优化资本结构、确立风险意识等。

杜邦分析方法的指标设计也具有一定的局限性，它更偏重于企业所有者的利益角度。从杜邦体系来看，在其他因素不变的情况下，资产负债率越高，净资产收益率就越高。这是因为利用较多负债，从而利用财务杠杆作用的结果，但是没有考虑财务风险的因素，负债越多，财务风险越大，偿债压力越大。因此，还要结合其他指标进行综合分析。

（二）沃尔评分法

在进行财务分析时，人们遇到的一个主要困难就是计算出财务比率之后，无法判断它是偏高还是偏低。与本企业的历史比较，也只能看出自身的变化，却难以评价其在市场竞争中的优劣地位。为了弥补这些缺陷，亚历山大·沃尔（Alexander Wole）在 20 世纪初出版的《信用晴雨表研究》和《财务报表比率分析》等著作中提出了信用能力指数概念，他把若干个财务比率用线性关系结合起来，以评价企业的信用水平，被称为沃尔评分法。他选择了 7 个财务比率，分别给定了其在总评价中所占的比例，然后确定标准比率，并与实际比率相比较，评出每项指标的得分，最后求出总评分。在最终评价时，如果综合得分大于 100，则说明企业的财务状况比较好；反之，则说明企业的财务状况较同行业平均水平或者本企业历史先进水平更差。

【例 9.18】 某企业 2012 年的财务状况评分结果如表 9.16 所示。

表 9.16 沃尔评分表

财务比率	比例/%	标准比率/%	实际比率/%	相对比率	综合指数
流动比率	25	2.00	1.66	0.83	20.75
净资产/负债	25	1.50	2.39	1.59	39.75
资产/固定资产	15	2.50	1.84	0.736	11.04
销售成本/存货	10	8	9.94	1.234	12.43
销售收入/应收账款	10	6	8.61	1.435	14.35
销售收入/固定资产	10	4	0.55	0.1375	1.38
销售收入/净资产	5	3	0.40	0.133	0.67
合计	100				100.37

注：相对比率＝实际比率/标准比率；综合指数＝比例/相对比率。

由表 9.16 可知，该企业的综合指数为 100.73，总体财务状况是不错的，综合评分达到了标准的要求。但由于该方法技术上的缺陷，夸大了达到标准的程度。

原始意义上的沃尔评分法存在两个缺陷：一是所选定的 7 项指标缺乏证明力；二是当某项指标严重异常时，会对总评分产生不合逻辑的重大影响。况且，现代社会与沃尔所处的时代相比，已经发生了很大的变化。沃尔最初提出的 7 项指标已难以完全适用当前企业评价的需要。

小 结

1．财务分析以企业财务报告及其他相关资料为主要依据，对企业的财务状况和经营成果进行评价和剖析，反映企业在运营过程中的利弊得失和发展趋势，从而为改进企业财务管理工作和优化经济决策提供重要的财务信息。

2．财务分析方法包括比较分析法、比率分析法和因素分析法。比较分析法也称对比分析，是普遍使用的重要的分析方法。该方法主要是通过对经济指标在数据上的比较，揭示经济指标间数量关系和差异的一种方法。比率分析法是通过计算各种比率指标来确定经济活动变动程度的分析方法。比率分析是指在同一会计报表的不同项目之间，或在不同会计报表的有关项目之间进行对比，以计算出的比率反映各个项目之间的相互关系，据此评价企业的财务状况和经营成果。因素分析法是在比较法的基础上，分析某项财务指标不同时期的差异，受哪些因素影响及其影响程度的一种方法。

3．评价企业财务状况与经营成果的分析指标包括偿债能力指标、运营能力指标、获利能力指标。偿债能力是指企业偿还到期债务（包括本息）的能力。偿债能力指标包括短期偿债能力指标和长期偿债能力指标；运营能力是指企业基于外部市场环境的约束，通过内部人力资源和生产资料的配置组合而对财务目标实现所产生作用的大小。运营能力指标包括人力资源运营能力指标和生产资料运营能力指标；获利能力是企业资金增值的能力，它通常体现为企业收益数额的大小与水平的高低。通常设置营业利润率、成本费用利润率、总资产报酬率、净资产收益率等指标，藉以评价企业各要素的获利能力及资本保值增值情况。

4．关键概念：财务分析；财务报表；比率分析；因素分析；变现能力；负债比率；运营能力；盈利能力；每股收益；市盈率；综合分析；杜邦财务分析体系；沃尔评分法。

基础知识与技能训练

一、单项选择题

1．在财务分析中，最关心企业资本保值增值状况和盈利能力的利益主体是（　　）。

A．企业所有者　　B．企业经营决策者

C．企业债权人　　D．政府经济管理机构

2．某企业的全部资产由流动资产和固定资产构成，流动资产周转率为3，固定资产周转率为2，则总资产周转率为（　　）。

A．5　　B．1　　C．2.5　　D．1.2

3．产权比率为3/4，则权益乘数为（　　）。

A．4/3　　B．7/4　　C．7/3　　D．3/4

4．某企业计划年度销售成本为1600万元，销售毛利率为20%，流动资产平均占用额为500万元，则该企业流动资金周转天数为（　　）天。

A．120　　B．90　　C．80　　D．65

5．如果企业的流动比率大于2，则下列说法正确的是（　　）。

A．流动资产大于流动负债　　B．短期偿债能力绝对有保障

C．速动比率大于1　　D．已达到合理水平

6．在公司财务报表中，销售净收入为20万元，应收账款年末数为10万元，年初数为6万元，应收账款周转次数是（　　）。

A．2　　B．3.33　　C．2. 5　　D．1.25

7．下列项目中，不属于速动资产项目的是（　　）。

A．现金　　B．应收账款　　C．短期投资　　D．存货

8．某公司的平均资产总额为1000万元，平均负债总额为530万元，其权益乘数为（　　）。

A．0.53　　B．2.13　　C．1.13　　D．0.47

9．以下等式不正确的是（　　）。

A．资产净利率=销售净利率×资产周转率

B．净资产收益率=销售净利率×权益乘数

C．速动比率=（流动资产−存货−待处理流动资产损失）/流动负债

D．权益乘数=1/（1−资产负债率）

10．某企业的流动资产由现金、应收账款和存货构成。如果流动比率等于 2，速动比率等于 1，应收账款占流动资产的 30%，则现金在流动资产中的比例为（　　）。

A．10%　　B．20%　　C．30%　　D．50%

二、多项选择题

1．由杜邦体系可知，提高净资产收益率的途径是（　　）。

A．提高总资产周转率　　B．提高销售利润率

C．降低资产负债率　　D．提高权益乘数

2．下列经济业务会影响到产权比率的是（　　）。

A．接受所有者投资　　B．建造固定资产

C．可转换债券转换为普通股　　D．偿还银行借款

3. 在其他条件不变的情况下，如果某企业流动比率为 1.05，下列业务会使该比率上升的是（　　）。

A．赊购原材料　　B．偿还应付账款

C．归还短期借款　　D．存货盘亏

4. 若流动比率大于 1，则下列结论不一定成立的是（　　）。

A．速动比率大于 1　　B．营运资金大于零

C．资产负债率大于 1　　D．短期偿债能力绝对有保障

5．某企业流动比率为 2.5，存货与流动负债之比为 1.2，待处理流动资产损失为 0，则下列说法正确的有（　　）。

A．存货占流动资产的 48%　　B．速动比率为 1.3

C．营运资金大于零　　D．企业的偿债能力很强

三、判断题

1．在用因素分析法进行财务分析时，只要各因素影响之和等于综合指标的总差额，就说明分析是正确的。（　　）

2．当企业息税前资金利润率高于借入资金利率时，增加借入资金，可以提高自有资金利润率。（　　）

3．如果产权比率等于 1，权益乘数必然等于 2（假定用时点数计算）。（　　）

4. 在计算应收账款周转率指标时，销售收入是指扣除折扣和折让后的销售净额，平均应收账款是扣除坏账准备后的应收账款金额。（　　）

5．净资产收益率是净利润与平均净资产的百分比，是财务报表分析中综合性最强、最具代表性的指标。（　　）

6．存货周转速度越快，存货的占用水平越低，流动性越强，存货转换为现金或应收账

款的速度也就越快。 (　　)

7．如果产权比率等于 1，则资产负债率必然等于 50%。 (　　)

8．权益乘数的高低取决于企业的资金结构，负债比率越高，权益乘数越低，财务风险越大。 (　　)

9．应收账款周转率反映企业应收账款的周转速度，应收账款周转率越大，对企业越有利。 (　　)

10．通常情况下，股票市盈率越高，表示投资者对公司的未来越看好。 (　　)

四、实训题

1．某商业企业 2006 年度赊销收入净额为 1800 万元，销售成本为 1500 万元；年初、年末应收账款余额分别为 200 万元和 400 万元；年初、年末存货余额分别为 200 万元和 600 万元；年末速动比率为 1.2，年末现金比率为 0.7。假定该企业流动资产由速动资产和存货组成，速动资产由应收账款和现金类资产组成，一年按 360 天计算。

要求：(1) 计算 2006 年应收账款周转天数。

(2) 计算 2006 年存货周转天数。

(3) 计算 2006 年年末流动负债余额和速动资产余额。

(4) 计算 2006 年年末流动比率。

2．某企业 2006 年有关财务资料如下：年末流动比率为 2.1，年末速动比率为 1.2，存货周转率为 5 次。年末资产总额为 160 万元（年初为 160 万元），年末流动负债为 14 万元，年末长期负债为 42 万元，年初存货成本为 15 万元。销售收入为 128 万元，管理费用为 9 万元，利息费用为 10 万元。所得税税率为 25%。

要求：(1) 计算该企业 2006 年年末流动资产总额、年末资产负债率、权益乘数和总资产周转率。

(2) 计算该企业 2006 年年末存货成本、销售成本、净利润、销售净利润率和净资产收益率。

3．已知某公司 2006 年会计报表的有关资料如表 9.17 所示。

表 9.17　某公司 2006 年会计报表资料　　单位：万元

资产负债表项目	年初数	年末数
资产	8000	10 000
负债	4500	6000
所有者权益	3500	4000
利润表项目	上年数	本年数
营业收入净额	（略）	20 000
净利润	（略）	600

要求：计算杜邦体系中的下列指标（凡计算指标涉及资产负债表项目数据的，均按平均数计算）。

(1) 净资产收益率。

(2) 总资产净利率。

（3）营业收入净利率。

（4）总资产周转率。

（5）权益乘数。

五、案例分析

案例1：公司财务报表及财务分析[①]

飞天公司2010年有关财务报表及有关行业平均水平的资料如表9.18～表9.20所示。

表9.18 资产负债表（简表）

（2010年12月31日） 单位：万元

项目	年初数	年末数	项目	年初数	年末数
货币资金	3000	2400	短期借款	18 000	19 200
短期投资	7000	194 800	应付账款	15 200	20 400
应收账款	16 240	17 720	…	…	…
存货	29 000	32 800	流动负债小计	38 600	50 000
…	…	…	长期借款	76 000	76 000
流动资产小计	65 400	72 400	负债合计	114 600	126 000
固定资产净值	59 600	67 600	…	…	…
…	…	…	股东权益合计	30 400	32 000
资产总计	145 000	158 000	负债和所有者权益合计	145 000	158 000

表9.19 利润表（简表）

（2010年度） 单位：万元

项目	上年数	本年累计数
主营业务收入	90 000	103 000
减：主营业务成本	63 500	71 200
主营业务税金及附加	5400	6000
主营业务利润	21 100	25 800
加：其他业务利润	1500	0
减：营业费用	8100	8800
管理费用	4000	4300
财务费用	3500	4000
营业利润	7000	8700
…		
利润总额	6000	6571
减：所得税	1800	1971
净利润	4200	4600

① 资料来源：http://www.docin.com/p-258392767.html.

表 9.20　与行业平均水平比较表

项　　目	2010 年 12 月 31 日	2010 年度	行业平均值
一、偿债能力			
1. 流动比率	A		2.00
2. 速动比率	B		1.00
3. 资产负债率	C		40%
4. 已获利息倍数	D		8.00
二、营运能力			
1. 应收账款周转率		E	6 次
应收账款周转天数		F	60 天
2. 存货周转率		G	6 次
存货周转天数		H	60 天
3. 流动资产周转率		J	2 次
4. 固定资产周转率		K	1.5 次
5. 总资产周转率		L	1 次
三、盈利能力			
1. 主营业务利润率		M	22%
2. 总资产报酬率		N	5%
3. 净资产收益率		O	8%
四、发展能力			
1. 销售增长率		P	10%
2. 总资产增长率		Q	8%
3. 资本积累率		R	7%
4. 利润增长率		S	7%

思考与分析：

（1）计算有关比率并填入表 9.20 中字母的位置。

（2）评价该公司的偿债能力、营运能力、盈利能力、发展能力，并对该公司的财务状况进行综合分析，指出在哪些方面需要改进。

案例 2：财务指标的运用及财务分析[①]

武商集团的前身是武汉商场，创建于 1959 年，是全国十大百货商场之一。1986 年 12 月改造为股份公司。1992 年 11 月 20 日公司股票在深交所上市。1999 年公司总股份为 507 248 590 股。公司是一家集商业零售、房地产、物业管理及餐饮服务的大型集团公司。表 9.21 是武商集团主要财务指标一览表。

① 资料来源：王遐昌，沈济业. 2004. 财务管理学：案例与训练. 上海. 立信会计出版社.

表 9.21 武商集团主要财务指标一览表

分析内容	指标	1999 年 12 月 31 日	2000 年 6 月 30 日
资产结构	流动资产率	0.2820	0.2926
	应收账款比率	0.468 81	0.4386
	在建工程率	0.2715	0.1986
	存货比率	0.3300	0.3370
	长期投资率		
负债结构	资产负债率	0.5344	0.5554
	流动负债率	0.4670	0.4649
	产权比率	0.3331	0.4495
	负债经营率	0.0737	0.0906
资金平衡状况	固定比率	1.4993	1.1978
	营运资金需求/亿元	4.6	5.1
	营运资本/亿元	−5.0	−5.2
偿债状况	现金支付能力/亿元	−9.6	−10.3
	流动比率	0.6121	0.6295
	速动比率	0.4064	0.4064
	资产负债率	0.5344	0.5554
	负债经营率	0.0737	0.0906
	利息保障倍数	3.838	5.353
盈利状况	主营业务利润率/%	1.89	16.7
	成本费用净利率/%	1.89	3.52
	内部投资收益率/%	2.79	2.56
	对外投资收益率/%	−12.1	−2.89
	净资产收益率/%	2.77	3.02
营运状况	存货周转天数/天	66	68
	平均收账期/天	79	77
	固定资产周转率	1.007	0.687
	总资产周转率	0.606	0.344

思考与分析：

（1）根据武商集团主要财务指标，从偿债能力、营运能力、获利能力、资金结构和资金平衡 5 个方面对 1999 年和 2000 年上半年的状况进行企业财务评价分析。

（2）对该集团做出总体评价，进一步指出该集团的长期发展能力。

（3）请指出武商集团财务评价指标有何不足之处，你认为还有更好的财务指标吗？举例说明。

（4）请查阅有关资料，试着手设计一套你认为比较完善的企业绩效评价体系。

本章学习笔记

附 录

附表一 复利终值系数表

期数	1%	2%	3%	4%	5%	6%	7%	8%	9%	10%	12%	14%	15%	16%	18%	20%	24%	28%	32%	36%
1	1.0100	1.0200	1.0300	1.0400	1.0500	1.0600	1.0700	1.0800	1.0900	1.1000	1.1200	1.1400	1.1500	1.1600	1.1800	1.2000	1.2400	1.2800	1.3200	1.3600
2	1.0201	1.0404	1.0609	1.0816	1.1025	1.1236	1.1449	1.1664	1.1881	1.2100	1.2544	1.2996	1.3225	1.3456	1.3924	1.4400	1.5376	1.6384	1.7424	1.8496
3	1.0303	1.0612	1.0927	1.1249	1.1576	1.1910	1.2250	1.2597	1.2950	1.3310	1.4049	1.4815	1.5209	1.5609	1.6430	1.7280	1.9066	2.0972	2.3000	2.5155
4	1.0406	1.0824	1.1255	1.1699	1.2155	1.2625	1.3108	1.3605	1.4116	1.4641	1.5735	1.6890	1.7490	1.8106	1.9388	2.0736	2.3642	2.6844	3.0360	3.4210
5	1.0510	1.1041	1.1593	1.2167	1.2763	1.3382	1.4026	1.4693	1.5386	1.6105	1.7623	1.9254	2.0114	2.1003	2.2878	2.4883	2.9316	3.4360	4.0075	4.6526
6	1.0615	1.1262	1.1941	1.2653	1.3401	1.4185	1.5007	1.5869	1.6771	1.7716	1.9738	2.1950	2.3131	2.4364	2.6996	2.9860	3.6352	4.3980	5.2899	6.3275
7	1.0721	1.1487	1.2299	1.3159	1.4071	1.5036	1.6058	1.7138	1.8280	1.9487	2.2107	2.5023	2.6600	2.8262	3.1855	3.5832	4.5077	5.6295	6.9826	8.6054
8	1.0829	1.1717	1.2668	1.3686	1.4775	1.5938	1.7182	1.8509	1.9926	2.1436	2.4760	2.8526	3.0590	3.2784	3.7589	4.2998	5.5895	7.2058	9.2170	11.703
9	1.0937	1.1951	1.3048	1.4233	1.5513	1.6895	1.8385	1.9990	2.1719	2.3579	2.7731	3.2519	3.5179	3.8030	4.4355	5.1598	6.9310	9.2234	12.167	15.917
10	1.1046	1.2190	1.3439	1.4802	1.6289	1.7908	1.9672	2.1589	2.3674	2.5937	3.1058	3.7072	4.0456	4.4114	5.2338	6.1917	8.5944	11.806	16.060	21.647
11	1.1157	1.2434	1.3842	1.5395	1.7103	1.8983	2.1049	2.3316	2.5804	2.8531	3.4785	4.2262	4.6524	5.1173	6.1759	7.4301	10.657	15.112	21.199	29.439
12	1.1268	1.2682	1.4258	1.6010	1.7959	2.0122	2.2522	2.5182	2.8127	3.1384	3.8960	4.8179	5.3503	5.9360	7.2876	8.9161	13.215	19.343	27.983	40.038
13	1.1381	1.2936	1.4685	1.6651	1.8856	2.1329	2.4098	2.7196	3.0658	3.4523	4.3635	5.4924	6.1528	6.8858	8.5994	10.699	16.386	24.759	36.937	54.451
14	1.1495	1.3195	1.5126	1.7317	1.9799	2.2609	2.5785	2.9372	3.3417	3.7975	4.8871	6.2613	7.0757	7.9875	10.147	12.839	20.319	31.691	48.757	74.053
15	1.1610	1.3459	1.5580	1.8009	2.0789	2.3966	2.7590	3.1722	3.6425	4.1772	5.4736	7.1379	8.1371	9.2655	11.974	15.407	25.196	40.565	64.359	100.71
16	1.1726	1.3728	1.6047	1.8730	2.1829	2.5404	2.9522	3.4259	3.9703	4.5950	6.1304	8.1372	9.3576	10.748	14.129	18.488	31.243	51.923	84.954	136.97
17	1.1843	1.4002	1.6528	1.9479	2.2920	2.6928	3.1588	3.7000	4.3276	5.0545	6.8660	9.2765	10.761	12.468	16.672	22.186	38.741	66.461	112.14	186.28
18	1.1961	1.4282	1.7024	2.0258	2.4066	2.8543	3.3799	3.9960	4.7171	5.5599	7.6900	10.575	12.376	14.463	19.673	26.623	48.039	85.071	148.02	253.34
19	1.2081	1.4568	1.7535	2.1068	2.5270	3.0256	3.6165	4.3157	5.1417	6.1159	8.6128	12.056	14.232	16.777	23.214	31.948	59.568	108.89	195.39	344.54
20	1.2202	1.4859	1.8061	2.1911	2.6533	3.2071	3.8697	4.6610	5.6044	6.7275	9.6463	13.744	16.367	19.461	27.393	38.338	73.864	139.38	257.92	468.57

续表

期数	1%	2%	3%	4%	5%	6%	7%	8%	9%	10%	12%	14%	15%	16%	18%	20%	24%	28%	32%	36%
21	1.2324	1.5157	1.8603	2.2788	2.7860	3.3996	4.1406	5.0338	6.1088	7.4002	10.804	15.668	18.822	22.575	32.324	46.005	91.592	178.41	340.45	637.26
22	1.2447	1.5460	1.9161	2.3699	2.9253	3.6035	4.4304	5.4365	6.6586	8.1403	12.100	17.861	21.645	26.186	38.142	55.206	113.57	228.36	449.39	866.67
23	1.2572	1.5769	1.9736	2.4647	3.0715	3.8197	4.7405	5.8715	7.2579	8.9543	13.552	20.362	24.892	30.376	45.008	66.247	140.83	292.30	593.20	1178.7
24	1.2697	1.6084	2.0328	2.5633	3.2251	4.0489	5.0724	6.3412	7.9111	9.8497	15.179	23.212	28.625	35.236	53.109	79.497	174.63	374.14	783.02	1603.0
25	1.2824	1.6406	2.0938	2.6658	3.3864	4.2919	5.4274	6.8485	8.6231	10.835	17.000	26.462	32.919	40.874	62.669	95.396	216.54	478.90	1033.6	2180.1
26	1.2953	1.6734	2.1566	2.7725	3.5557	4.5494	5.8074	7.3964	9.3992	11.918	19.040	30.167	37.857	47.414	73.949	114.48	268.51	613.00	1364.3	2964.9
27	1.3082	1.7069	2.2213	2.8834	3.7335	4.8223	6.2139	7.9881	10.245	13.110	21.325	34.390	43.535	55.000	87.260	137.37	332.96	784.64	1800.9	4032.3
28	1.3213	1.7410	2.2879	2.9987	3.9201	5.1117	6.6488	8.6271	11.167	14.421	23.884	39.205	50.066	63.800	102.97	164.84	412.86	1004.3	2377.2	5483.9
29	1.3345	1.7758	2.3566	3.1187	4.1161	5.4184	7.1143	9.3173	12.172	15.863	26.750	44.693	57.576	74.009	121.50	197.81	511.95	1285.6	3137.9	7458.1
30	1.3478	1.8114	2.4273	3.2434	4.3219	5.7435	7.6123	10.063	13.268	17.449	29.960	50.950	66.212	85.850	143.37	237.38	634.82	1645.5	4142.1	10143
40	1.4889	2.2080	3.2620	4.8010	7.0400	10.286	14.975	21.725	31.409	45.259	93.051	188.88	267.86	378.72	750.38	1469.8	5455.9	19427	66521	*
50	1.6446	2.6916	4.3839	7.1067	11.467	18.420	29.457	46.902	74.358	117.39	289.00	700.23	1083.7	1670.7	3927.4	9100.4	46890	*	*	*
60	1.8167	3.2810	5.8916	10.520	18.679	32.988	57.946	101.26	176.03	304.48	897.60	2595.9	4384.0	7370.2	20555	56348	*	*	*	*

注：*>99 999。

复利终值系数 $=(1+i)^n$，$S=P(1+i)^n$

式中，P——现值或初始值；

i——报酬率或利率；

n——计息期数；

S——终值或本利和。

附表二 复利现值系数表

期数	1%	2%	3%	4%	5%	6%	7%	8%	9%	10%	12%	14%	15%	16%	18%	20%	24%	28%	32%	36%
1	0.9901	0.9804	0.9709	0.9615	0.9524	0.9434	0.9346	0.9259	0.9174	0.9091	0.8929	0.8772	0.8696	0.8621	0.8475	0.8333	0.8065	0.7813	0.7576	0.7353
2	0.9803	0.9612	0.9426	0.9246	0.9070	0.8900	0.8734	0.8573	0.8417	0.8264	0.7972	0.7695	0.7561	0.7432	0.7182	0.6944	0.6504	0.6104	0.5739	0.5407
3	0.9706	0.9423	0.9151	0.8890	0.8638	0.8396	0.8163	0.7938	0.7722	0.7513	0.7118	0.6750	0.6575	0.6407	0.6086	0.5787	0.5245	0.4768	0.4348	0.3975
4	0.9610	0.9238	0.8885	0.8548	0.8227	0.7921	0.7629	0.7350	0.7084	0.6830	0.6355	0.5921	0.5718	0.5523	0.5158	0.4823	0.4230	0.3725	0.3294	0.2923
5	0.9515	0.9057	0.8626	0.8219	0.7835	0.7473	0.7130	0.6806	0.6499	0.6209	0.5674	0.5194	0.4972	0.4761	0.4371	0.4019	0.3411	0.2910	0.2495	0.2149
6	0.9420	0.8880	0.8375	0.7903	0.7462	0.7050	0.6663	0.6302	0.5963	0.5645	0.5066	0.4556	0.4323	0.4104	0.3704	0.3349	0.2751	0.2274	0.1890	0.1580
7	0.9327	0.8706	0.8131	0.7599	0.7107	0.6651	0.6227	0.5835	0.5470	0.5132	0.4523	0.3996	0.3759	0.3538	0.3139	0.2791	0.2218	0.1776	0.1432	0.1162
8	0.9235	0.8535	0.7894	0.7307	0.6768	0.6274	0.5820	0.5403	0.5019	0.4665	0.4039	0.3506	0.3269	0.3050	0.2660	0.2326	0.1789	0.1388	0.1085	0.0854
9	0.9143	0.8368	0.7664	0.7026	0.6446	0.5919	0.5439	0.5002	0.4604	0.4241	0.3606	0.3075	0.2843	0.2630	0.2255	0.1938	0.1443	0.1084	0.0822	0.0628
10	0.9053	0.8203	0.7441	0.6756	0.6139	0.5584	0.5083	0.4632	0.4224	0.3855	0.3220	0.2697	0.2472	0.2267	0.1911	0.1615	0.1164	0.0847	0.0623	0.0462
11	0.8963	0.8043	0.7224	0.6496	0.5847	0.5268	0.4751	0.4289	0.3875	0.3505	0.2875	0.2366	0.2149	0.1954	0.1619	0.1346	0.0938	0.0662	0.0472	0.0340
12	0.8874	0.7885	0.7014	0.6246	0.5568	0.4970	0.4440	0.3971	0.3555	0.3186	0.2567	0.2076	0.1869	0.1685	0.1372	0.1122	0.0757	0.0517	0.0357	0.0250
13	0.8787	0.7730	0.6810	0.6006	0.5303	0.4688	0.4150	0.3677	0.3262	0.2897	0.2292	0.1821	0.1625	0.1452	0.1163	0.0935	0.0610	0.0404	0.0271	0.0184
14	0.8700	0.7579	0.6611	0.5775	0.5051	0.4423	0.3878	0.3405	0.2992	0.2633	0.2046	0.1597	0.1413	0.1252	0.0985	0.0779	0.0492	0.0316	0.0205	0.0135
15	0.8613	0.7430	0.6419	0.5553	0.4810	0.4173	0.3624	0.3152	0.2745	0.2394	0.1827	0.1401	0.1229	0.1079	0.0835	0.0649	0.0397	0.0247	0.0155	0.0099
16	0.8528	0.7284	0.6232	0.5339	0.4581	0.3936	0.3387	0.2919	0.2519	0.2176	0.1631	0.1229	0.1069	0.0930	0.0708	0.0541	0.0320	0.0193	0.0118	0.0073
17	0.8444	0.7142	0.6050	0.5134	0.4363	0.3714	0.3166	0.2703	0.2311	0.1978	0.1456	0.1078	0.0929	0.0802	0.0600	0.0451	0.0258	0.0150	0.0089	0.0054
18	0.8360	0.7002	0.5874	0.4936	0.4155	0.3503	0.2959	0.2502	0.2120	0.1799	0.1300	0.0946	0.0808	0.0691	0.0508	0.0376	0.0208	0.0118	0.0068	0.0039
19	0.8277	0.6864	0.5703	0.4746	0.3957	0.3305	0.2765	0.2317	0.1945	0.1635	0.1161	0.0829	0.0703	0.0596	0.0431	0.0313	0.0168	0.0092	0.0051	0.0029
20	0.8195	0.6730	0.5537	0.4564	0.3769	0.3118	0.2584	0.2145	0.1784	0.1486	0.1037	0.0728	0.0611	0.0514	0.0365	0.0261	0.0135	0.0072	0.0039	0.0021
21	0.8114	0.6598	0.5375	0.4388	0.3589	0.2942	0.2415	0.1987	0.1637	0.1351	0.0926	0.0638	0.0531	0.0443	0.0309	0.0217	0.0109	0.0056	0.0029	0.0016
22	0.8034	0.6468	0.5219	0.4220	0.3418	0.2775	0.2257	0.1839	0.1502	0.1228	0.0826	0.0560	0.0462	0.0382	0.0262	0.0181	0.0088	0.0044	0.0022	0.0012

续表

期数	1%	2%	3%	4%	5%	6%	7%	8%	9%	10%	12%	14%	15%	16%	18%	20%	24%	28%	32%	36%
23	0.7954	0.6342	0.5067	0.4057	0.3256	0.2618	0.2109	0.1703	0.1378	0.1117	0.0738	0.0491	0.0402	0.0329	0.0222	0.0151	0.0071	0.0034	0.0017	0.0008
24	0.7876	0.6217	0.4919	0.3901	0.3101	0.2470	0.1971	0.1577	0.1264	0.1015	0.0659	0.0431	0.0349	0.0284	0.0188	0.0126	0.0057	0.0027	0.0013	0.0006
25	0.7798	0.6095	0.4776	0.3751	0.2953	0.2330	0.1842	0.1460	0.1160	0.0923	0.0588	0.0378	0.0304	0.0245	0.0160	0.0105	0.0046	0.0021	0.0010	0.0005
26	0.7720	0.5976	0.4637	0.3607	0.2812	0.2198	0.1722	0.1352	0.1064	0.0839	0.0525	0.0331	0.0264	0.0211	0.0135	0.0087	0.0037	0.0016	0.0007	0.0003
27	0.7644	0.5859	0.4502	0.3468	0.2678	0.2074	0.1609	0.1252	0.0976	0.0763	0.0469	0.0291	0.0230	0.0182	0.0115	0.0073	0.0030	0.0013	0.0006	0.0002
28	0.7568	0.5744	0.4371	0.3335	0.2551	0.1956	0.1504	0.1159	0.0895	0.0693	0.0419	0.0255	0.0200	0.0157	0.0097	0.0061	0.0024	0.0010	0.0004	0.0002
29	0.7493	0.5631	0.4243	0.3207	0.2429	0.1846	0.1406	0.1073	0.0822	0.0630	0.0374	0.0224	0.0174	0.0135	0.0082	0.0051	0.0020	0.0008	0.0003	0.0001
30	0.7419	0.5521	0.4120	0.3083	0.2314	0.1741	0.1314	0.0994	0.0754	0.0573	0.0334	0.0196	0.0151	0.0116	0.0070	0.0042	0.0016	0.0006	0.0002	0.0001
35	0.7059	0.5000	0.3554	0.2534	0.1813	0.1301	0.0937	0.0676	0.0490	0.0356	0.0189	0.0102	0.0075	0.0055	0.0030	0.0017	0.0005	0.0002	0.0001	*
40	0.6717	0.4529	0.3066	0.2083	0.1420	0.0972	0.0668	0.0460	0.0318	0.0221	0.0107	0.0053	0.0037	0.0026	0.0013	0.0007	0.0002	0.0001	*	*
45	0.6391	0.4102	0.2644	0.1712	0.1113	0.0727	0.0476	0.0313	0.0207	0.0137	0.0061	0.0027	0.0019	0.0013	0.0006	0.0003	0.0001	*	*	*
50	0.6080	0.3715	0.2281	0.1407	0.0872	0.0543	0.0339	0.0213	0.0134	0.0085	0.0035	0.0014	0.0009	0.0006	0.0003	0.0001	*	*	*	*
55	0.5785	0.3365	0.1968	0.1157	0.0683	0.0406	0.0242	0.0145	0.0087	0.0053	0.0020	0.0007	0.0005	0.0003	0.0001	*	*	*	*	*

注：*<0.0001。

复利现值系数=$(1+i)^{-n}$，$P=\dfrac{S}{(1+i)^n}=S(1+i)^{-n}$

式中，P——现值或初始值；

i——报酬率或利率；

n——计息期数；

S——终值或本利和。

附表三 年金终值系数表

期数	1%	2%	3%	4%	5%	6%	7%	8%	9%	10%	12%	14%	15%	16%	18%	20%	24%	28%	32%	36%
1	1.0000	1.0000	1.0000	1.0000	1.0000	1.0000	1.0000	1.0000	1.0000	1.0000	1.0000	1.0000	1.0000	1.0000	1.0000	1.0000	1.0000	1.0000	1.0000	1.0000
2	2.0100	2.0200	2.0300	2.0400	2.0500	2.0600	2.0700	2.0800	2.0900	2.1000	2.1200	2.1400	2.1500	2.1600	2.1800	2.2000	2.2400	2.2800	2.3200	2.3600
3	3.0301	3.0604	3.0909	3.1216	3.1525	3.1836	3.2149	3.2464	3.2781	3.3100	3.3744	3.4396	3.4725	3.5056	3.5724	3.6400	3.7776	3.9184	4.0624	4.2096
4	4.0604	4.1216	4.1836	4.2465	4.3101	4.3746	4.4399	4.5061	4.5731	4.6410	4.7793	4.9211	4.9934	5.0665	5.2154	5.3680	5.6842	6.0156	6.3624	6.7251
5	5.1010	5.2040	5.3091	5.4163	5.5256	5.6371	5.7507	5.8666	5.9847	6.1051	6.3528	6.6101	6.7424	6.8771	7.1542	7.4416	8.0484	8.6999	9.3983	10.146
6	6.1520	6.3081	6.4684	6.6330	6.8019	6.9753	7.1533	7.3359	7.5233	7.7156	8.1152	8.5355	8.7537	8.9775	9.4420	9.9299	10.980	12.136	13.406	14.799
7	7.2135	7.4343	7.6625	7.8983	8.1420	8.3938	8.6540	8.9228	9.2004	9.4872	10.089	10.731	11.067	11.414	12.142	12.916	14.615	16.534	18.696	21.126
8	8.2857	8.5830	8.8923	9.2142	9.5491	9.8975	10.260	10.637	11.029	11.436	12.300	13.233	13.727	14.240	15.327	16.499	19.123	22.163	25.678	29.732
9	9.3685	9.7546	10.159	10.583	11.027	11.491	11.978	12.488	13.021	13.580	14.776	16.085	16.786	17.519	19.086	20.799	24.713	29.369	34.895	41.435
10	10.462	10.950	11.464	12.006	12.578	13.181	13.816	14.487	15.193	15.937	17.549	19.337	20.304	21.322	23.521	25.959	31.643	38.593	47.062	57.352
11	11.567	12.169	12.808	13.486	14.207	14.972	15.784	16.646	17.560	18.531	20.655	23.045	24.349	25.733	28.755	32.150	40.238	50.399	63.122	78.998
12	12.683	13.412	14.192	15.026	15.917	16.870	17.889	18.977	20.141	21.384	24.133	27.271	29.002	30.850	34.931	39.581	50.895	65.510	84.320	108.44
13	13.809	14.680	15.618	16.627	17.713	18.882	20.141	21.495	22.953	24.523	28.029	32.089	34.352	36.786	42.219	48.497	64.110	84.853	112.30	148.48
14	14.947	15.974	17.086	18.292	19.599	21.015	22.551	24.215	26.019	27.975	32.393	37.581	40.505	43.672	50.818	59.196	80.496	109.61	149.24	202.93
15	16.097	17.293	18.599	20.024	21.579	23.276	25.129	27.152	29.361	31.773	37.280	43.842	47.580	51.660	60.965	72.035	100.82	141.30	198.00	276.98
16	17.258	18.639	20.157	21.825	23.658	25.673	27.888	30.324	33.003	35.950	42.753	50.980	55.718	60.925	72.939	87.442	126.01	181.87	262.36	377.69
17	18.430	20.012	21.762	23.698	25.840	28.213	30.840	33.750	36.974	40.545	48.884	59.118	65.075	71.673	87.068	105.93	157.25	233.79	347.31	514.66
18	19.615	21.412	23.414	25.645	28.132	30.906	33.999	37.450	41.301	45.599	55.750	68.394	75.836	84.141	103.74	128.12	195.99	300.25	459.45	700.94
19	20.811	22.841	25.117	27.671	30.539	33.760	37.379	41.446	46.019	51.159	63.440	78.969	88.212	98.603	123.41	154.74	244.03	385.32	607.47	954.28
20	22.019	24.297	26.870	29.778	33.066	36.786	40.996	45.762	51.160	57.275	72.052	91.025	102.44	115.38	146.63	186.69	303.60	494.21	802.86	1298.8
21	23.239	25.783	28.677	31.969	35.719	39.993	44.865	50.423	56.765	64.003	81.699	104.77	118.81	134.84	174.02	225.03	377.46	633.59	1060.8	1767.4
22	24.472	27.299	30.537	34.248	38.505	43.392	49.006	55.457	62.873	71.403	92.503	120.44	137.63	157.42	206.34	271.03	469.06	812.00	1401.2	2404.7

续表

期数	1%	2%	3%	4%	5%	6%	7%	8%	9%	10%	12%	14%	15%	16%	18%	20%	24%	28%	32%	36%
23	25.716	28.845	32.453	36.618	41.431	46.996	53.436	60.893	69.532	79.543	104.60	138.30	159.28	183.60	244.49	326.24	582.63	1040.4	1850.6	3271.3
24	26.974	30.422	34.427	39.083	44.502	50.816	58.177	66.765	76.790	88.497	118.16	158.66	184.17	213.98	289.49	392.48	723.46	1332.7	2443.8	4450.0
25	28.243	32.030	36.459	41.646	47.727	54.865	63.249	73.106	84.701	98.347	133.33	181.87	212.79	249.21	342.60	471.98	898.09	1706.8	3226.8	6053.0
26	29.526	33.671	38.553	44.312	51.114	59.156	68.677	79.954	93.324	109.18	150.33	208.33	245.71	290.09	405.27	567.38	1114.6	2185.7	4260.4	8233.1
27	30.821	35.344	40.710	47.084	54.669	63.706	74.484	87.351	102.72	121.10	169.37	238.50	283.57	337.50	479.22	681.85	1383.1	2798.7	5624.8	11 198
28	32.129	37.051	42.931	49.968	58.403	68.528	80.698	95.339	112.97	134.21	190.70	272.89	327.10	392.50	566.48	819.22	1716.1	3583.3	7425.7	15 230
29	33.450	38.792	45.219	52.966	62.323	73.640	87.347	103.97	124.14	148.63	214.58	312.09	377.17	456.30	669.45	984.07	2129.0	4587.7	9802.9	20 714
30	34.785	40.568	47.575	56.085	66.439	79.058	94.461	113.28	136.31	164.49	241.33	356.79	434.75	530.31	790.95	1181.9	2640.9	5873.2	12 941	28 172
40	48.886	60.402	75.401	95.026	120.80	154.76	199.64	259.06	337.88	442.59	767.09	1342.0	1779.1	2360.8	4163.2	7343.9	22 729	69 377	207 874	609 890
50	64.463	84.579	112.80	152.67	209.35	290.34	406.53	573.77	815.08	1163.9	2400.0	4994.5	7217.7	10 436	21 813	45 497	195 373	819 103	*	*
60	81.670	114.05	163.05	237.99	353.58	533.13	813.52	1253.2	1944.8	3034.8	7471.6	18 535	29 220	46 058	114 190	281 733	*	*	*	*

注：*>999 999.99。

年金终值系数 $=\frac{(1+i)^n-1}{i}$，$S=A\frac{(1+i)^n-1}{i}$

式中，A——每期等额支付（或收入）的金额；

i——报酬率或利率；

n——计息期数；

S——年金终值或本利和。

附表四　年金现值系数表

期数	1%	2%	3%	4%	5%	6%	7%	8%	9%	10%	12%	14%	15%	16%	18%	20%	24%	28%	32%	36%
1	0.9901	0.9804	0.9709	0.9615	0.9524	0.9434	0.9346	0.9259	0.9174	0.9091	0.8929	0.8772	0.8696	0.8621	0.8475	0.8333	0.8065	0.7813	0.7576	0.7353
2	1.9704	1.9416	1.9135	1.8861	1.8594	1.8334	1.8080	1.7833	1.7591	1.7355	1.6901	1.6467	1.6257	1.6052	1.5656	1.5278	1.4568	1.3916	1.3315	1.2760
3	2.9410	2.8839	2.8286	2.7751	2.7232	2.6730	2.6243	2.5771	2.5313	2.4869	2.4018	2.3216	2.2832	2.2459	2.1743	2.1065	1.9813	1.8684	1.7663	1.6735
4	3.9020	3.8077	3.7171	3.6299	3.5460	3.4651	3.3872	3.3121	3.2397	3.1699	3.0373	2.9137	2.8550	2.7982	2.6901	2.5887	2.4043	2.2410	2.0957	1.9658
5	4.8534	4.7135	4.5797	4.4518	4.3295	4.2124	4.1002	3.9927	3.8897	3.7908	3.6048	3.4331	3.3522	3.2743	3.1272	2.9906	2.7454	2.5320	2.3452	2.1807
6	5.7955	5.6014	5.4172	5.2421	5.0757	4.9173	4.7665	4.6229	4.4859	4.3553	4.1114	3.8887	3.7845	3.6847	3.4976	3.3255	3.0205	2.7594	2.5342	2.3388
7	6.7282	6.4720	6.2303	6.0021	5.7864	5.5824	5.3893	5.2064	5.0330	4.8684	4.5638	4.2883	4.1604	4.0386	3.8115	3.6046	3.2423	2.9370	2.6775	2.4550
8	7.6517	7.3255	7.0197	6.7327	6.4632	6.2098	5.9713	5.7466	5.5348	5.3349	4.9676	4.6389	4.4873	4.3436	4.0776	3.8372	3.4212	3.0758	2.7860	2.5404
9	8.5660	8.1622	7.7861	7.4353	7.1078	6.8017	6.5152	6.2469	5.9952	5.7590	5.3282	4.9464	4.7716	4.6065	4.3030	4.0310	3.5655	3.1842	2.8681	2.6033
10	9.4713	8.9826	8.5302	8.1109	7.7217	7.3601	7.0236	6.7101	6.4177	6.1446	5.6502	5.2161	5.0188	4.8332	4.4941	4.1925	3.6819	3.2689	2.9304	2.6495
11	10.3676	9.7868	9.2526	8.7605	8.3064	7.8869	7.4987	7.1390	6.8052	6.4951	5.9377	5.4527	5.2337	5.0286	4.6560	4.3271	3.7757	3.3351	2.9776	2.6834
12	11.2551	10.5753	9.9540	9.3851	8.8633	8.3838	7.9427	7.5361	7.1607	6.8137	6.1944	5.6603	5.4206	5.1971	4.7932	4.4392	3.8514	3.3868	3.0133	2.7084
13	12.1337	11.3484	10.6350	9.9856	9.3936	8.8527	8.3577	7.9038	7.4869	7.1034	6.4235	5.8424	5.5831	5.3423	4.9095	4.5327	3.9124	3.4272	3.0404	2.7268
14	13.0037	12.1062	11.2961	10.5631	9.8986	9.2950	8.7455	8.2442	7.7862	7.3667	6.6282	6.0021	5.7245	5.4675	5.0081	4.6106	3.9616	3.4587	3.0609	2.7403
15	13.8651	12.8493	11.9379	11.1184	10.3797	9.7122	9.1079	8.5595	8.0607	7.6061	6.8109	6.1422	5.8474	5.5755	5.0916	4.6755	4.0013	3.4834	3.0764	2.7502
16	14.7179	13.5777	12.5611	11.6523	10.8378	10.1059	9.4466	8.8514	8.3126	7.8237	6.9740	6.2651	5.9542	5.6685	5.1624	4.7296	4.0333	3.5026	3.0882	2.7575
17	15.5623	14.2919	13.1661	12.1657	11.2741	10.4773	9.7632	9.1216	8.5436	8.0216	7.1196	6.3729	6.0472	5.7487	5.2223	4.7746	4.0591	3.5177	3.0971	2.7629
18	16.3983	14.9920	13.7535	12.6593	11.6896	10.8276	10.0591	9.3719	8.7556	8.2014	7.2497	6.4674	6.1280	5.8178	5.2732	4.8122	4.0799	3.5294	3.1039	2.7668
19	17.2260	15.6785	14.3238	13.1339	12.0853	11.1581	10.3356	9.6036	8.9501	8.3649	7.3658	6.5504	6.1982	5.8775	5.3162	4.8435	4.0967	3.5386	3.1090	2.7697
20	18.0456	16.3514	14.8775	13.5903	12.4622	11.4699	10.5940	9.8181	9.1285	8.5136	7.4694	6.6231	6.2593	5.9288	5.3527	4.8696	4.1103	3.5458	3.1129	2.7718
21	18.8570	17.0112	15.4150	14.0292	12.8212	11.7641	10.8355	10.0168	9.2922	8.6487	7.5620	6.6870	6.3125	5.9731	5.3837	4.8913	4.1212	3.5514	3.1158	2.7734
22	19.6604	17.6580	15.9369	14.4511	13.1630	12.0416	11.0612	10.2007	9.4424	8.7715	7.6446	6.7429	6.3587	6.0113	5.4099	4.9094	4.1300	3.5558	3.1180	2.7746

续表

期数	1%	2%	3%	4%	5%	6%	7%	8%	9%	10%	12%	14%	15%	16%	18%	20%	24%	28%	32%	36%
23	20.4558	18.2922	16.4436	14.8568	13.4886	12.3034	11.2722	10.3711	9.5802	8.8832	7.7184	6.7921	6.3988	6.0442	5.4321	4.9245	4.1371	3.5592	3.1197	2.7754
24	21.2434	18.9139	16.9355	15.2470	13.7986	12.5504	11.4693	10.5288	9.7066	8.9847	7.7843	6.8351	6.4338	6.0726	5.4509	4.9371	4.1428	3.5619	3.1210	2.7760
25	22.0232	19.5235	17.4131	15.6221	14.0939	12.7834	11.6536	10.6748	9.8226	9.0770	7.8431	6.8729	6.4641	6.0971	5.4669	4.9476	4.1474	3.5640	3.1220	2.7765
26	22.7952	20.1210	17.8768	15.9828	14.3752	13.0032	11.8258	10.8100	9.9290	9.1609	7.8957	6.9061	6.4906	6.1182	5.4804	4.9563	4.1511	3.5656	3.1227	2.7768
27	23.5596	20.7069	18.3270	16.3296	14.6430	13.2105	11.9867	10.9352	10.0266	9.2372	7.9426	6.9352	6.5135	6.1364	5.4919	4.9636	4.1542	3.5669	3.1233	2.7771
28	24.3164	21.2813	18.7641	16.6631	14.8981	13.4062	12.1371	11.0511	10.1161	9.3066	7.9844	6.9607	6.5335	6.1520	5.5016	4.9697	4.1566	3.5679	3.1237	2.7773
29	25.0658	21.8444	19.1885	16.9837	15.1411	13.5907	12.2777	11.1584	10.1983	9.3696	8.0218	6.9830	6.5509	6.1656	5.5098	4.9747	4.1585	3.5687	3.1240	2.7774
30	25.8077	22.3965	19.6004	17.2920	15.3725	13.7648	12.4090	11.2578	10.2737	9.4269	8.0552	7.0027	6.5660	6.1772	5.5168	4.9789	4.1601	3.5693	3.1242	2.7775
35	29.4086	24.9986	21.4872	18.6646	16.3742	14.4982	12.9477	11.6546	10.5668	9.6442	8.1755	7.0700	6.6166	6.2153	5.5386	4.9915	4.1644	3.5708	3.1248	2.7777
40	32.8347	27.3555	23.1148	19.7928	17.1591	15.0463	13.3317	11.9246	10.7574	9.7791	8.2438	7.1050	6.6418	6.2335	5.5482	4.9966	4.1659	3.5712	3.1250	2.7778
45	36.0945	29.4902	24.5187	20.7200	17.7741	15.4558	13.6055	12.1084	10.8812	9.8628	8.2825	7.1232	6.6543	6.2421	5.5523	4.9986	4.1664	3.5714	3.1250	2.7778
50	39.1961	31.4236	25.7298	21.4822	18.2559	15.7619	13.8007	12.2335	10.9617	9.9148	8.3045	7.1327	6.6605	6.2463	5.5541	4.9995	4.1666	3.5714	3.1250	2.7778
55	42.1472	33.1748	26.7744	22.1086	18.6335	15.9905	13.9399	12.3186	11.0140	9.9471	8.3170	7.1376	6.6636	6.2482	5.5549	4.9998	4.1666	3.5714	3.1250	2.7778

注：

$$年金现值系数 = \frac{1-(1+i)^{-n}}{i},\ P = A\frac{1-(1+i)^{-n}}{i}$$

式中，A——每期等额支付（或收入）的金额；

i——报酬率或利率；

n——计息期数；

P——年金现值或本利和。

参 考 文 献

财政部会计资格评价中心．2006．中级会计资格考试辅导教材：财务管理．北京：中国财政经济出版社．

财政部企业司．2007．企业财务通则．北京：中国财政经济出版社．

陈昌龙．2007．财务管理．北京：清华大学出版社，北京交通大学出版社．

陈玉菁．2011．财务管理实务与案例．北京：中国人民大学出版社．

单祖明．2007．管理会计学习指导与练习．北京：高等教育出版社．

邓明然，徐凤菊．2003．公司理财学．武汉：武汉理工大学出版社．

丁元霖．2006．财务管理．上海：立信会计出版社．

丁志可，王国安．2004．公司财务管理．北京：经济管理出版社．

东奥会计在线．2013．全国会计专业技术资格考试辅导用书：财务管理．北京：北京大学出版社．

荆新，王化成，刘俊彦．2002．财务管理学．北京：中国人民大学出版社．

马元兴．2006．财务管理．北京：高等教育出版社．

彭韶兵．2004．财务管理．北京：高等教育出版社．

邵敬浩．2007．管理会计．北京：高等教育出版社．

田钊平．2007．财务管理．北京：中国人民大学出版社．

王希旗，江小毅．2004．财务管理．杭州：浙江大学出版社．

王希旗，王红珠．2008．财务管理（含实训与案例）．北京：科学出版社．

王辛平．2007．财务管理学．北京：清华大学出版社．

杨欣．2005．财务管理实训与练习．北京：中国财政经济出版社．

杨雄胜．2007．财务管理原理．北京：北京师范大学出版社．

姚晓民．2007．财务管理学．上海：上海财经大学出版社．

张家伦．2006．财务管理．北京：首都经济贸易大学出版社．

朱传华．2007．财务管理案例分析．北京：清华大学出版社，北京交通大学出版社．